부부 치유학

COUPLE THERAPY

부부
+
치유학

임종천 | 지음

행복우물

부부＋치유학

초판1쇄 발행 2010년 9월 15일

지은이 임종천 | **펴낸이** 최대석 | **펴낸곳** 행복우물 | **디자인** 정다인
등록번호 제307-2007-14호 | **등록일** 2006년 10월 27일 |
주소 경기도 가평군 가평읍 경반리 173 | **전화** 031-581-0491 |
팩스 031-581-0492 | **이메일** danielcds@naver.com

ISBN 978-89-93525-09-0
정가 14,000원

※ 잘못된 책은 교환해 드립니다.

"행복한 가정을 소망하는 모든 사람들에게…"

목차

 과연 부부들 중에 갈등 없이 사는 사람들이 몇 사람이나 될까? 요즘 우리나라가 돌아가는 모양새를 보면 갈등 없이 사는 부부들을 찾기란 공해로 가득한 서울 하늘에서 북두칠성을 찾는 일만큼이나 힘든 형편이다.

 그 어떤 사람도 불행한 결혼생활을 원하지 않을 것이다. 그런데도 불구하고 현대의 많은 가정들이 돛대도 없고 삿대도 없는 배처럼 중심을 잡지 못하고 있으며, 사랑만 주고 살아도 부족한 부부들이 치열하게 싸우며 갈등하고 있지 않은가.

 부부의 싸움과 갈등은 다양한 원인에서 생겨난다. 하나님이 원하는 행복한 부부가 되려면 그 다양한 갈등의 원인을 발견하고 치유하여야 한다. 그리고 부부가 서로 에너지를 소비하며 싸울 것이 아니라, 서로에게 에너지를 주며 삶의 활력을 주는 방법을 배워야 한다. 이 책에서는 바로 그 방법을 자세히 안내하고 있다.

 임종천 목사님의 〈부부 치유학〉를 읽으면 부부갈등의 원인을 예방할 뿐만 아니라, 근본적인 문제를 발견하고 해결하게 만든다. 그리고 저자의 해박한 지식과 재미있게 글을 전개하는 능력 때문에, 이 책을 읽는 데 전혀 지루하지 않고 유익한 시간을 보낼 수 있을 것이다.

민경배 박사
(서울장신대학교 총장 역임, 연세대학교 명예교수, 백석대학교 석좌교수)

추천의 글

 임종천 목사님의 글의 특징은 쉽게 머리에 쏙 들어오도록 글을 쓰신다는 데에 있다. 그러면서도 내용에 깊이가 있고 전문성이 있다. 사실 나는 cbs TV 〈행복 토크 가족〉이라는 프로그램을 2년동안 진행하면서, 가족 치유와 부부 치유 문제를 고정으로 계속 다루어 왔던 터라, 임종천 목사님의 글을 한 문장 한 문장 자세히 검토했다.

 나 개인적으로는 지가원의 이희범 목사와 오랫 동안 방송을 함께 했고, 또 그 분이 추천하는 〈하나가 되는 기쁨〉을 영화로 만들 계획을 갖고 있기 때문에 기독인의 성문제에 대해선 사명감과 의지를 갖고 도전하고 있다.

 이번에 임 목사님의 〈부부 치유학〉을 읽으면서 100% 공감하는 감동을 받았다. 그래서 나는 이 책이 많이 읽혀져서 하나님이 기뻐하시는 부부의 이상적인 관계를 세상에 널리 알렸으면 좋겠다는 심정으로 이 책을 적극 추천하는 바이다.

 이 책을 읽고 정말 이 땅 위의 부부들이 행복한 가정을 만들기를 소원한다. 이번에도 좋은 글을 써주셔서 좋은 책을 읽는 기쁨을 주신 임종천 목사님에게 감사를 드린다.

이장호 감독
(영화감독, 전주대 교수)

어떤 유명한 사람의 말처럼 결혼은 배우자의 모난 부분까지 품고 사랑함으로써, 내 영혼이 하나님의 형상을 닮아가는 것이라고 생각합니다. 믿음의 실천을 집에서 행하지 못한다면 그 믿음은 가짜요 위선일 것입니다.

임종천 목사님은 〈부부 치유학〉라는 책에서, 부부들이 서로 믿음의 실천을 집에서, 특히 배우자에게 행할 수 있도록 조언을 하며 격려하고 있습니다. 저자가 조언하며 격려하는 대로 부부들이 실천한다면 정말 세상에서 가장 행복한 부부들이 될 것이라고 확신합니다.

그런 믿음을 갖고 나는 이 책을 독자들에게 적극 추천합니다.

조정환 박사
(국제사이버 평생교육원장- 학점은행)

책머리에…

 어느 교회에서 성경공부 시간에 지도자가 다음과 같은 질문을 하였다고 합니다.

"아담이 선악과를 따 먹은 후에 하나님으로부터 받은 벌이 무엇입니까?"

 이 질문이 떨어지자마자 교회에 나온 지 얼마 안 된 한 남자 성도가 대답을 하였습니다.

"예, 아담이 하와와 결혼하여 평생 동안 살게 된 것입니다."

 이 대답이 떨어지자마자 '와'하는 웃음소리가 터져 나왔다고 합니다. 그는 남자와 여자가 결혼한 자체를 하나님이 주신 벌로 받아들였던 것입니다. 물론 성경지식이 없는 새 신자이었겠지만, 그 성도의 대답은 무엇인가 우리들 가슴 속에 숨겨둔 상처를 찌른 것 같은 얼얼한 느낌을 주고 있습니다.

결혼 자체가 벌이다.

 이 말은 불행하게도, 오늘날 많은 가정에 적용되고 있는 게 현실입니다. 나는 목사이자 치유사역자로서 많은 부부들을 만나게 됩니다. 그런데 그들로부터 죽지 못해서 할 수 없이 살고 있다는 말을 자주 듣습니다. 가정이 흔들리고 부부들이 갈등하며 고통스러워하고 있는 현장들을 흔하게 목격합니다.

　부부의 갈등은 신약시대 예수님의 제자들에게도 심각하였나봅니다. 마태복음 19장 3절 이하를 보면 바리새인들이 예수님을 시험하려고 '이유 불문하고 아내를 내어버리는 것이 옳은 일입니까?'라고 질문을 합니다. 이때 예수님은 '음행한 연고 외에 아내를 내어버려서는 안 된다.'고 대답하였습니다. 예수님의 이 말씀에 바리새인들보다 제자들이 더욱 놀라서 다음과 같은 반응을 보였습니다.

"제자들이 가로되 만일 사람이 아내에게 이같이 할진대 장가 들지 않는 것이 좋겠나이다." (마 19:10)

　제자들의 이 말을 근거로 하여 볼 때, 그들의 결혼생활이 순탄하지 않았음을 알 수 있습니다. 그래서 제자들은 아내들이 음행을 저지르지 않았음에도 불구하고 아내와 평생을 같이 살 바에는 차라리 결혼을 하지 않는 편이 더 좋겠다고 말하였던 것입니다. 아내와의 결혼생활이 얼마나 지루하고 스트레스가 가득하면 그런 말을 하였겠습니까?

　어떤 분은 예수님이 제자들에게 '너희는 나를 따르라.'고 말씀하셨을 때 그들이 즉시 순종하였던 이유는 다름 아닌 마누라의 지긋지긋한 잔소리 때문이라고 농담하시는 분도 있습니다. 참으로 한 남자와 한 여자가 결혼을 해서 행복한 가정을 만들기가 그리 만만한 일은 아닌 것 같습니다.

본래 결혼제도는 하나님이 최초로 만든 거룩하고 신성한 제도입니다. 그것이 바로 가정을 천국의 모형이라고 지칭하는 이유입니다.

자녀들이 '천국은 어떤 곳이야?'라고 질문을 할 때, 부모가 '애야, 천국은 바로 우리 집과 같은 곳이란다.'라고 대답하기를 원하시면서 하나님이 남녀의 가정을 만드신 것입니다. 정말 하나님의 의도하신 바대로 우리들이 결혼생활을 한다면 가정만큼 따뜻하고 행복한 곳이 이 세상 어디에 또 있겠습니까?

미국에서 미래의 국가정책에 반영하기 위해서 '가장 행복한 미국인이 누구인가?'에 대한 연구조사를 한 적이 있습니다.

결과에 의하면, 행복지수가 가장 높은 사람들의 공통분모로 흔히 예상되는 외모, 돈, 건강, 학력, 직업 등은 그 사람의 행복지수와는 아무 상관관계가 없는 것으로 나타났습니다. 오히려 놀랍게도 가족관계가 좋은 사람, 그 중에서도 특히 부부관계가 좋은 사람이 가장 행복지수가 높게 나왔습니다.

이 책을 읽는 모든 분들이 부부관계가 행복해져서 천국과 같은 가정을 만들기를 축복합니다.

사람들은 흔히 사회가 무너지고 있다고도 하고 사회가 병들었다고도 합니다. 맞는 말입니다. 정말 사회가 병들어 가고 있는 현상들이 곳곳에서 목격되고 있습니다. 그런데 사실은 사회가 병들은 것이 아니라 가정이 병들어 있는 것입니다. 병든 가정 때문에 사회가 병들고 국가가 차례로 병들어가는 것입니다. 오늘날 위기의 핵심에는 바로 가정의 위기가 있습니다.

왜 우리나라가 OECD 국가들 중에서 이혼증가율과 자살비율이 1위가 되었을까요? 많은 부부가 이혼은 하지 않았지만 보이지 않는 배우자(invisible partner) 처럼 사는 경우가 태반이라고 합니다.

거기에는 여러 가지 이유가 있을 것입니다. 자녀문제, 금전문제, 성적인 문제, 고부간의 문제, 건강문제, 부부문제 등등이 있겠지요. 나는 행복한 가정이 만들어지기 위해서는 이 모든 문제가 다 해결되어야 한다고 봅니다. 그러나 그 중에서 가장 심각한 문제를 꼽으라고 하면 서슴치않고 부부문제를 꼽을 것입니다.

존 그레이는 부부에게 문제가 생기는 원인은 화성남자와 금성여자가 만났기 때문이라고 보고 있습니다. 게리 채프먼(Gary Chapman)은 제1의 사랑의 언어가 채워지지 않았기 때문에 부부관계에 문제가 생긴다고 보고 있습니다.

그는 사랑의 언어를 ①인정하는 말 ②함께하는 시간 ③선물 ④봉사 ⑤육체적인 접촉의 순으로 분류하고, 그 중에서 사람마다 제일 우선순위로 생각하는 것이 다르다고 보았습니다. 그렇기 때문에 가정에 분란이 끊임없이 일어난다는 것입니다. 그 해결 방법으로는, 자신이 원하는 우선순위 방식이 아닌 배우자가 원하는 우선순위 방식으로 접근하여야 한다고 주장하고 있습니다.

나는 부부의 문제는 다양한 방법으로 접근하여야만 치유 효과가 나타난다고 봅니다. 아무리 인정하는 말을 제일 중요시 하는 사람이라도 인정하는 말 외에 배우자와 함께하는 시간을 필요로 할 수도 있을 것이며, 선물을 주고받는 기쁨도 누리고 싶어 할 것입니다. 일상생활에서 서로 돕고 도와주는 것을 제일로 치는 사람에게도 로맨틱한 성적인 접촉이 필요하기도 할 것입니다.

정말 남녀의 차이는 여러 모양으로 나타납니다. 사고하는 방식이 틀리고 이해하는 방식이 틀립니다. 의사를 전달하는 방식과 사랑을 전달하는 방식이 틀리기 때문에 부부의 연합에 틈이 생기고 상처가 생겨 고통을 받고 있습니다. 그러나 이것이 다가 아닙니다. '낮은 자존감'의 문제 또한 심각한 부부문제의 원인이 됩니다.

낮은 자존감을 가지고 있으면 사람이 위축되고 분노를 숨겨놓고 살게 됩니다. 숨겨진 분노는 대부분 배우자에게 파괴적으로 전달됩니다. 그래서 나는 이 책에서 '낮은 자존감의 치유'에 많은 부분을 할애하였습니다.

또한 많은 부부들이 '우리는 대화가 통하지 않아요, 대화를 하면 더 열 받아요.'라고 말하는 것을 볼 때에 대화의 필요성을 느껴 '부부의 축복 대화법'을 다루었습니다.

그리고 부부생활에서 가장 중요한 '아름다운 노래 - 부부의 성'에서 부부간의 행복한 성생활을 위한 조언을 하였습니다.

모쪼록 이 책을 통하여 싸우며 힘겨루기를 하던 부부들이 서로 양보하고 화해하여 복된 가정을 이루기를 간절히 소망합니다.

- 대전에서 임종천 목사

제1부

하나님의 축복

– 결혼생활

하나님이 결혼제도를 만드신 이유는
어느 한 쪽의 외로움을 달래주려기보다는,
배우자를 통하여 이기심을 버리고
경건훈련을 하도록 하기 위함입니다.
여러분은 마틴 루터가 한 말을 알고 계십니까?
"내가 죄인이라는 사실을
가장 실감나게 느끼는 곳은 바로 가정이다.
가정이야말로 가장 강도 높은
경건훈련을 하는 수련장이다."

01

결혼 전에
점검해야 할 사항

통계청의 통계에 의하면 첫 번째 결혼의 실패율이 약 35%인 반면, 재혼의 경우는 70%이상, 그리고 세 번째 결혼의 경우는 이혼율이 무려 80% 이상에 달한다고 합니다.

부부의 이혼 사유는 참으로 다양합니다. 그래서 함부로 결론을 내리기가 어렵습니다. 연구에 의하면 가장 보편적인 이유는 배우자를 선택할 때, 겉모습과 조건만을 보고 결혼했기 때문이라고 합니다.

참으로 안타까운 노릇은 한 번 결혼에 실패하였으면 다음에는 좀 더 신중하게 배우자를 선택하여야 하는데 대부분의 재혼 커플들이 그렇게 하지를 못한다는 사실입니다. 결혼 전문가들의 말을 들어보면 재혼하는 사람들이 오히려 초혼의 경우보다 상대방의 조건을 더 따진다고 합니다. 내가 보기에는, 한 번 이혼한 전력이 열등감으로 작용하여 새로운 배우자가 자신의 수준에 미치지 못하여도 '생활만 안정이 되면 만사 오케이다.'라는 생각으로 그냥 재혼을 결정해 버리는 것이 또 다른 이혼의 원인이 되는 것은 아닌가 생각해 봅니다.

 재혼을 할 경우에는 초혼이상으로 신경을 써야만 합니다. 재혼인 경우에는 먼저 이혼의 상처가 아물어야 합니다. 팔이 부러졌을 때에 사용하지 않고 기브스를 하고 낫기를 기다리는 것과 같은 이치입니다. 그런데 어떤 분은 이혼한 배우자에게 '너 아니라도 나는 얼마든지 다른 사람과 결혼해서 행복하게 살 수 있다.'라는 사실을 증명해 보여주기 위해서 헌신된 사랑의 마음이 없는 사람과 결혼을 하는 경우가 있습니다. 이런 결정은 아주 위험한 일이며 이런 분은 머지않아 또 다른 이혼을 경험할 가능성이 많습니다.

 초혼이든 재혼이든 결혼은 헌신된 순수한 사랑, 죽음도 불사하는 사랑의 감정이 있을 때에 해야 하는 것입니다. 그래야 험난한 풍파에도 끄떡없이 견딜 수가 있다는 말입니다. 그런데 요즘은 너무 외모와 직업, 물질에만 치중을 하는 것 같아서 심히 우려가 됩니다.

어느 날 TV를 보는데 송진구 교수가 강의를 하고 있었습니다. 그 분은 다음과 같은 재미있는 이야기를 들려주었습니다.

어느 총각이 세 명의 아가씨와 교제를 하고 있었습니다. 이제 결혼을 할 때가 되어서 그 중에서 한 명을 선택해야만 하는 기로에 섰습니다. 그래서 그 총각은 아가씨들에게 각각 천만 원씩을 주었다고 합니다. 1,000만원을 받은 A라는 아가씨는 자기 옷을 쫙 빼입고 나타났습니다. B라는 아가씨는 자신의 옷이 아닌, 남자의 옷을 사가지고 나타났습니다. 마지막 C라는 아가씨는 그 돈을 투자하여 2,000만원을 만들어서 나타났습니다.

"자, 이 총각이 어떤 아가씨를 선택하여 결혼을 했겠습니까?"

송진구 교수의 질문에 많은 사람들이 C와 B를 선택하였습니다. 나도 C라는 아가씨를 선택하였습니다. 그러자 강사는 다음과 같이 대답하는 것이었습니다.

"그 총각은 제일 예쁜 아가씨와 결혼 했습니다."

그러자 결혼 경험이 오래된 분들은 하나같이 혀를 찼습니다. 그 예쁜 아가씨가 C라면 다행이지만, 그럴 경우는 희박하다고 보아야합니다. 아마도 A를 선택하였을 가능성이 제일로 많습니다. 왜냐하면 그녀는 자기 치장에 모든 정성을 다 쏟고 남자의 마음을 사로잡는 데만 혈안이 되어 있었으니까요.

자기를 아름답게 가꾸는 것을 제1의 목표로 두고 있는 사람이 결혼생활까지도 잘 한다는 보장은 없습니다. 필경 그 남자는 평생을 후회하면서 살았을 것입니다. 결혼 전에 우리가 조금만 눈을 크게 뜨고 정확한 진단을 한 후 결혼하였다면 결혼 생활이 그토록 비참하지는 않을 것입니다.

그래서 나는 '결혼 전에 점검해야 할 사항'을 살펴봄으로써 이 책을 시작합니다. 결혼 전에 반드시 확인하고 진단할 문제는 다음과 같습니다.

첫째, 그 사람은 결혼의 의미를 알며 당신을 위해서 죽을 수도 있는 사람 입니까?

당신이 결혼을 하려고 하는 상대방이 결혼의 의미를 확실히 알고 있습니까?

어떤 사람은 단순히 나이가 먹었다고 결혼을 생각하는 사람이 있고, 어떤 사람은 부모님의 성화에 못 이겨서 결혼을 생각하는 사람이 있고, 또 어떤 사람은 지긋지긋한 부모의 집에서 탈출하려고 결혼을 결심하는 사람도 있습니다.

그뿐입니까? 심지어 어떤 사람은 밥 해주고 빨래 해주는 사람이 필요해서 결혼을 하려고 하는 사람도 있는가 하면, 성적인 욕구를 해결해보려고 결혼을 생각하는 사람도 있습니다. 이 모두가 하나같이 이기적이거나 도피적인 태도들뿐입니다.

결혼이 준비된 사람은 정신적, 정서적, 육체적, 재정적으로 부모에게서 독립하고 자립이 가능한 사람입니다. 왜냐하면 하나님은 결혼할 사람에게 부모를 떠나라고 명령하셨기 때문입니다. 결혼을 하고자 하는 사람은 배우자에게 헌신을 하겠다는 결심이 서 있어야만 하는 것입니다. 결혼은 '내가 그 사람을 위해 죽을 수 있는가?'라는 질문에 '예스'라고 대답할 수 있을 때 하여야 하는 것입니다.

나는 모든 남편들은 아담이 하와를 사랑하듯이 자신들의 아내를 사랑하여야 한다고 생각하고 있습니다. 아담은 자신의 아내인 하와를 위하여 죽음을 선택한 사람입니다. 조금 생소한 말인가요?

인류의 고통은 하나님께서 따 먹지 말라는 선악과를 따 먹은 결과로 생긴 일입니다. 그 선악과는 하와가 먼저 따 먹고 남편인 아담에게 주어서 먹게 하였습니다. 이때 아담이 하와가 건네 준 선악과를 거부하여 먹지 않았더라면, 하나님은 과연 어떤 벌을 내리셨을까요?

정답을 위한 두 가지 힌트를 드리겠습니다.

첫째, 하나님은 선악과를 먹으면 정녕 죽으리라고 하였습니다. 그래서 아담과 하와는 영원히 살 수 있는 에덴동산에서 쫓겨나서 죽음을 맛보게 되었습니다.

둘째, 하나님은 아담이 독신으로 있을 때, 사람이 독처하는 것이 좋지 못하다고 하시고 아담을 깊이 잠들게 하신 후에 아담의 갈비뼈로 하와를 만들어서 선물하였습니다. 그런데 하와가 아담에게도 먹기를 강요한 것입니다.

자, 과연 아담이 선악과를 거부하였다면 하나님은 어떤 조치를 취하였을까요? 아마도 하나님은 최초로 부부의 이혼에 개입하셨을 것입니다. 선악과를 따 먹은 하와를 에덴동산에서 추방하시고, 다시 독신이 된 아담에게는 새로운 갈비뼈를 취하여 새로운 아내를 만들어서 선물하였을 것입니다.
아담은 이런 사실을 알고 있었습니다. 그런데도 불구하고 아담은 하와가 건네준 선악과를 먹었습니다. 아담이 바보라서 그랬을까요? 아닙니다. 아담은 세상의 그 어떤 사람보다 머리가 좋은 사람이며 지혜로운 사람입니다.
그는 에덴동산에서 날마다 하나님과 동행하며 친구처럼 지냈던 사람이라 영성도 살아있었고, 모든 동식물들의 이름을 지어줄 정도로 지혜와 지식이 뛰어난 사람이었습니다. 그런 그가 하와가 주는 선악과를 따 먹으면 하나님의 책망을 받고 에덴동산에서 쫓겨날 뿐만 아니라, 비참한 죽음을 겪어야 한다는 사실을 몰랐을 리 없었을 것입니다.
아담이 볼 때 하와는 하나님의 권위뿐만 아니라 남편의 권위도 무시한 교만한 여인이었습니다. 그녀는 그 중요한 일을 남편의 의견도 물어보지 않고 혼자 결정하였던 것입니다. 아담은 선악과를 먹지 않으면 하나님이 자신에게 더 겸손하고 더 순종 잘하는 아내를 주리라는 사실도 알았을 것입니다.

그런데도 왜 아담이 선악과를 먹었을까요? 그 대답은 바로 아담은 돈키호테처럼 무모할 정도로 자신의 아내인 하와를 사랑하였다는 사실에 있습니다. 아담은 죽음조차도 갈라놓을 수 없는 연합을 자신의 아내와 이루었던 것입니다.

많은 목사들이 하나님이 아담에게 왜 선악과를 먹었느냐고 질문하셨을 때, '하나님이 주셔서 나와 함께하게 하신 여자, 그가 그 나무실과를 내게 주므로 내가 먹었나이다.'라고 말 한 것을 두고, 아담이 비겁하게 아내에게 책임을 전가하였다고 비난합니다.

나는 그분들의 해석이 틀렸다고 생각은 하지 않지만, 다른 각도에서 해석을 해 보면 어떨까 하는 생각을 해 봅니다. 나는 아담의 그런 변명은 책임전가 이전에 사건의 정확한 진술을 한 것이라고 보고 있습니다. '나는 내 아내 하와와 함께 죽을 각오가 되었습니다. 나는 아내와 분리될 수 없습니다.'라고 말한 것은 아닐까요?

아담처럼 죽음도 갈라놓을 수 없는 연합이야 말로 진정한 부부의 자세입니다. 그러므로 나는 결혼을 앞 둔 사람들이 다음의 질문에 '예'라고 대답을 할 자신이 있을 때에만 결혼을 결정하는 것이 좋다고 생각합니다.

"당신과 결혼을 하고자 하는 사람은 아담처럼 모든 것을 포기하고 당신을 위해서 죽을 각오가 되어 있는 사람입니까?",

"당신도 그를 위해서 죽을 수가 있습니까?"

행복한 결혼생활은 배우자를 위해서 죽음까지 마다하지 않는 헌신이 없으면 불가능한 것입니다. 노만 라이트(Nor-man Wright)는 교회 안에서의 결혼을 다음과 같이 정의하였습니다.

"신자들의 결혼은 예수 그리스도와 상대방에 대한 두 사람의 전적인 헌신이다. 신자들의 결혼은 마치 용매제(溶媒濟)와도 같아서 남자와 여자의 틈새를 빈틈없이 채워주어 그들 자신이 하나가 되게 만들고 하나님이 의도하신 모습에 이르도록 한다. 결혼이란 하나님이 당신의 뜻대로 우리들을 남자 또는 여자로 만들기 위해 사용하시는 정련 과정이다."

결혼은 헌신, 다시 말해 배우자를 위해 죽고자 하는 마음이 없으면 하지 말아야 합니다. 그런데 아이러니한 사실은 하나님을 믿는 사람만이 자신의 배우자를 위해서 죽을 수 있다는 것입니다. 그렇다면 다시 질문을 하여야 할 것 같습니다.

"당신의 배우자가 될 사람은 진심으로 하나님을 믿는 사람입니까?"

둘째, 그 사람은 당신을 있는 모습 그대로 받아들이고 당신의 자존심을 세워줍니까?

결혼을 하고자 하는 그 사람이 당신의 외모에 상관없이 당신을 자랑스럽게 생각합니까? 그 사람은 당신에게 자주 확언과 격려를 해 줍니까? 당신이 얼마나 소중하고 가능성 있는 사람인지. 얼마나 좋은 점들이 많이 있는지를 그가 확언해 주고 있습니까?

결혼 생활의 어려움을 이기는 능력은 배우자가 힘을 주고 격려할 때 생기는 법입니다. 지금 그 사람이 당신을 격려하지 못한다면 나중에는 더 어려울 것입니다.

또한 그 사람은 당신의 약점과 허물을 공격하지 않으면서 당신을 있는 모습 그대로 받아주고 있습니까? 부부는 서로의 허물과 약점을 공격하거나 비난하지 않고 있는 모습 그대로 받아들이는 연합체입니다.

아담과 하와는 벌거벗었으나 서로 부끄러워하지 않았습니다. 그들이 그렇게 할 수 있었던 이유는 상대가 자신을 비난하거나 공격하지 않는다는 믿음이 있었기 때문입니다. 부부는 아담과 하와처럼 서로의 허물을 부끄러워하지 않고 서로에게 내 보일 줄 알아야 합니다. 이런 사랑이 바로 고린도전서 13장에서 말하는 사랑인 것입니다.

사랑은 오래 참고, 사랑은 온유하며, 투기하는 자가 되지 아니하며,

사랑은 자랑하지 아니하며, 교만하지 아니하며, 무례히 행치 아니하며, 자기의 유익을 구치 아니하며, 성내지 아니하며, 악한 것을 생각지 아니하며, 불의를 기뻐하지 아니하며, 진리와 함께 기뻐하고, 모든 것을 참으며, 모든 것을 믿으며, 모든 것을 바라며, 모든 것을 견디느니라.

당신이 선택한 사람은 위의 말씀을 당신에게 실천할 수 있는 사람입니까? 또한 그 사람은 당신을 강하게 만들어줍니까?

혹시 그 사람과 관계중독증에 있는 것은 아닙니까? 그와 관계를 맺으면서도 그에게 의존적이지 않고, 독립적이며 상호의존을 향해 나아가도록 도와주는지 잘 분별하여야 합니다. 이것은 관계중독에 걸리지 않게 하기 위한 조치입니다.

관계중독자들의 문제는 자신의 존귀한 가치를 잃어간다는 사실입니다. 상대는 왕자나 공주로 생각하면서 자신은 그들의 하인정도로 취급하는 것이 관계중독자의 특징입니다. 그 사람은 당신을 부속물로 봅니까, 아니면 당신을 소중하게 대하며 더 강해지도록 해 줍니까? 그 사람이 정말로 당신을 소중하게 여기고 당신의 성장을 바란다면 그 사람은 당신에게 자청하여 헌신하고자 할 것입니다.

셋째, 그 사람의 장점뿐만 아니라 단점도 받아들일 준비가 되었습니까?

모 대학교 학생들을 대상으로 설문조사를 한 결과, 이성교제를 하다가 헤어진 커플의 80%가 대부분 1년 6개월 전후로 해서 헤어졌다고 합니다. 이는 심리학자인 도로시 테노브(Dorothy Tennov) 박사가 결혼한 부부들을 대상으로 연구한 결과와 비슷한 수치입니다.

테노브 박사의 연구에 의하면 결혼한 부부들이 평균 결혼 2년 만에 로맨틱한 사랑에서 빠져나오고, 그때부터 배우자의 흠과 결점이 보이기 시각하며 서로를 고치려고 힘겨루기에 들어간다고 말하고 있습니다.

로맨틱한 사랑에 빠졌을 때는 상대방의 결점이 눈에 들어오지 않아서 배우자의 결점을 보지 못한다고 합니다. 이는 몸에서 도파민과 페닐에틸아민(PEA)이라는 호르몬이 분비되기 때문이라고 합니다. 이 호르몬은 흥분감과 도취감을 불러일으키는 물질입니다. 그런데 이 호르몬이 분비되는 기간이 길어야 1년 6개월이라고 합니다.

많은 사람들이 이런 흥분상태에서 배우자를 선택하여 결혼을 합니다. 특히 텔레비전 연속극, 영화, 소설, 동화, 왜곡된 광고 같은 것들이 모두 도파민과 페닐에틸아민이라는 호르몬이 분비되는 이 기간에 하는 사랑이 진정한 사랑이라고 포장하여 많은 사람들을 현혹하고 있습니다.

여기에 등장하는 주인공 여자들은 하나같이 공주처럼 예쁘고 날씬한 여성들입니다. 남자 주인공들은 모두 키가 크고 잘 생겼습니다. 그래서 이상적인 배우자 하면 예쁘고 날씬한 여성과, 키가 크고 잘 생긴 남성으로 각인이 되는 것입니다. 그러다보니 못생긴 여성과 키가 작은 남성은 경멸의 대상으로 여깁니다.

이런 사고방식은 교회 안에서도 별반 차이가 없습니다. 이런 현상은 교회가 세상에 영향을 받기 때문입니다. 그 결과 교회 안에서도 38%의 이혼율이 발생하게 되었던 것입니다.

경멸의 대상은 하나님을 망령되이 일컫는 자와 타인에게 해를 입히는 자, 교만한 자, 사람을 외모로 판단하는 자가 되어야 합니다. 사람을 외모로만 판단하는 짓은 사람을 짐승의 수준으로 격하하는 행위이자 하나님을 욕보이는 행위인 것입니다. 왜냐하면 모든 사람은 하나님의 작품이기 때문입니다.

나는 요즘에 닉 부이치치(Nicholas James Vujicic) 전도자를 통하여 많은 은혜를 받았습니다.

닉 부이치치는 오스트렐리아에서 1982년에 사지가 없는 몸으로 태어났습니다. 그러나 그는 그리피스대학교에서 회계학을 전공하였고 지금은 '사지 없는 인생'이란 비영리단체의 대표로 있으면서 전 세계를 돌아다니며 복음을 전하고 있습니다.

처음 닉 부이치치를 보았을 때 나는 속으로 '그래도 나는 팔 다리가 멀쩡하니 얼마나 감사한 일인가.' 라고 생각하며 나를 위로하였습니다. 그러자 내 속에 있는 성령님이 이렇게 말씀하시는 것이었습니다.

"얘야, 너는 닉 부이치치만큼 나를 사랑하니?"

성령님의 이 질문에 나는 할 말을 잃었습니다. 내가 팔다리가 없는 상태로 태어났다면 나는 과연 전 세계를 돌며 '하나님은 사랑이십니다. 하나님은 공평하십니다.'라고 고백할 수 있을까?

하나님의 눈으로 볼 때에는, 나보다 닉 부이치치가 더 아름답고 귀하게 사용되고 있었던 것입니다. 닉 부이치치는 팔다리가 없는 몸으로 태어났지만, 전 세계를 다니며 절망하는 사람들에게 위로와 소망을 주는 존귀한 사람입니다.

나는 성령님의 책망에 바로 회개를 하였습니다. 이처럼 사람은 다른 사람을 상대적으로 비교하여 판단하는 교만함을 가지고 있습니다.

배우자 선택에도 우리는 똑 같은 실수를 범할 수 있습니다. 그래서 스코트 펙(M. Scott Peck)은 이성을 마비시키고 사랑의 눈을 멀게 하는 도파민과 페닐에틸아민이라는 호르몬이 분비되는 시기에 하는 사랑을 '사랑'이라고 부르지 말아야 한다고 주장하고 있습니다.

그 이유를 그는 다음과 같이 말하고 있습니다.

첫째, 진정한 사랑은 의지에 따른 행동이나 의식이 있는 상태에서 선택이 되어야 하는데, 초기의 사랑은 올바른 분별력이 없이 이성이 마비된 상태에서 결정되기 때문이라는 것입니다.

둘째, 진정한 사랑에는 노력이 따라야 합니다. 여기에서 말하는 노력이란 몇 시간씩 전화통을 붙들고 있는 상태를 말하는 것이 아닙니다. 진정한 사랑을 위한 노력은 사랑의 나무가 건강하게 잘 자라도록 가꾸고 돌보는 정성입니다. 그런데 도파민과 페닐에틸아민 호르몬에 눈이 먼 사람들은 상대방이 흠이 없는 완전한 사람으로 보이기 때문에 더 이상 성장이 필요 없다고 생각하는 것입니다. 펙 박사는 이런 사랑에 빠지는 사람들을 보고 다음과 같이 결론짓고 있습니다. "그것은 교미하려는 유전적이고 본능적인 요소이다. 다시 말해서, 사랑에 빠질 때 생기는 자아의 일시적인 붕괴는 종족 보존을 위한 짝짓기나 성적인 결합의 가능성을 증가시키기 위한 행위일 뿐이다. 그것은 내적인 성적 본능과 외적인 성적 자극을 만들어 내는 천편일률적인 인간의 반응에 다름 아니다."

펙 박사의 지적처럼, 결혼은 짐승들의 짝짓기 상대를 고르는 행사가 아닙니다. 짐승들의 짝짓기에는 인품이나 교양 또는 신앙이 없습니다. 다만 육체적인 조건만이 있을 뿐입니다. 보통 짐승들의 짝짓기는 발정기만 끝나면 그들의 관계도 끝나고 맙니다. 그래서 그런지 요즘은 너무나 쉽게 헤어지는 커플들이 많습니다. 마치 발정기가 끝난 짐승들처럼 말입니다.

그래서 나는 결혼의 상대를 결정하려면 적어도 2년 이상은 교제를 하는 것이 바람직하다고 생각합니다. 그래야 도파민과 페닐에틸아민이라는 호르몬 때문에 눈이 먼 상태에서 배우자를 선택하는 실수를 저지르지 않을 수 있겠기에 드리는 말씀입니다.

배우자가 될 사람이 겉 사람도 멋있고 속사람도 멋있다면 그보다 더 좋을 수가 없겠지요. 그런데 문제는 요즘 사람들이 너무 겉 사람에만 치중한다는 데에 있습니다. 결혼을 하면 정말 중요한 건 속사람이라는 사실을 깨닫게 됩니다.

이혼을 하려고 하는 사람들을 만나보면 백이면 백, 배우자가 못생겼거나 키가 작거나 뚱뚱해서 이혼을 하려고 하는 사람이 단 한 명도 없다는 사실이 이를 여실히 증명합니다.

연애 초기에는 누구나가 '눈이 머는 사랑'에 빠질 수 있습니다.

"당신은 정말 멋지고 완벽하고 사랑스러운 사람입니다. 당신은 제가 지금껏 찾아다니던 바로 그 사람이에요."

만남 초기에는 이런 감정이 자연스럽게 나올 수 있습니다. 그러나 관계가 건강하게 지속적으로 성장하기를 바란다면 두 사람 다 그런 감정에서 눈을 떠야만 합니다. 요즘 '긍정적인 사고방식'이라는 말이 유행처럼 번지고 있는데, 대책이 없는 긍정적인 사고방식만큼 위험한 것도 없습니다.

 객관적인 판단이 없는 긍정적인 태도는 사람을 무모하게 만들며 위험에 빠트릴 수 있기 때문입니다. 수영을 할 줄 모르는 사람이 '괜찮아, 수영을 할 줄 모른다고 꼭 물에 빠지는 것은 아니야. 긍정적으로 생각하면 살 길이 열리는 거야.'라며 깊은 물에 뛰어든다면 과연 그 사람이 살아 나올 수 있는 확률은 몇 퍼센트나 될까요? 긍정적인 사고의 단점이 바로 이런 것입니다.

 그러므로 배우자를 선택할 때에는 무조건 긍정적으로 판단하지 말고, 도파민과 페닐에틸아민이 사라졌을 때에 냉철하고 정확하게 판단하여야 한다는 말입니다. 상대에게 눈이 먼 상태에서 결혼을 하면 결혼을 하고 나서야 눈꺼풀이 벗겨지는데, 그 때부터 그 가정은 이혼이라는 파국을 향하여 달려가게 된다는 것이 나의 지론입니다.

 우리들에게는 어릴 때 이루지 못한 미해결 과제를 이루고자 하는 본능적인 욕구가 있습니다. 어렸을 때 부모들이 행복하게 사는 모습을 보지 못하고 살았거나 부모에게 사랑을 받지 못하고 자랐다면, 부모님과 비슷하게 닮은 사람을 만나면 우리의 잠재력은 그런 사람에게 첫 눈에 반하게 최면을 겁니다. 그래서 부모에게 받지 못했던 사랑을 배우자를 통하여 성취하고자 하는 것입니다. 그런데 문제는 많은 부부들이 어릴 때의 미완성과제를 해결하는 것이 아니라, 오히려 더 큰 고통을 받으며 생활한다는 사실입니다.

이런 상태를 심리학자들은 사랑중독증이나 관계중독증에 빠져서 산다고 표현하고 있습니다. 이런 사람들은 상대편의 단점과 허상을 애써 부인하며 혼자 남는 것이 두려워서 병적으로 상대방에게 매달리며 삽니다. 그러므로 결혼하고 나서 후회하지 않으려면 불같은 사랑이 식고 나서부터 시작하는 것이 좋습니다.

상대와 일정한 거리를 두고 그 사람의 한계를 파악하고 상대를 정확하게 이해해야 합니다. 그런 후에 그런 단점들을 내가 소화할 수 있으면 계속적인 관계를 유지하고, 그렇지 않으면 헤어져야 나중에 후회하지 않게 되는 것입니다.

결혼이란, '전 당신 없인 살 수 없어요. 당신은 제 전부예요.'가 아닙니다. 이런 감정의 상태는 자신과 상대를 동등한 위치가 아닌, 주인과 하인의 상태로 만들기 쉽습니다. 이런 사람은 상대에게 무시를 당하고 학대를 당해도 그 사람을 떠나지 못하며, 배우자가 언젠가는 바뀔 것이라는 헛된 희망을 품고 평생을 고통 속에서 살아갑니다.

그러면 진정한 결혼, 참된 행복은 어떤 것일까요?

"전 당신의 단점과 장점을 다 알고 있습니다. 당신의 단점을 알고 있음에도 불구하고 당신을 선택합니다. 나도 단점이 있지만 난 언제까지나 당신에게 진실할 거예요. 당신도 나에게 진실하게 대해주셔야 합니다. 그리고 당신과 서로 섬기고 존경하는 사이가 되고 싶습니다.”

 이런 고백이야말로 행복한 결혼생활을 위한 참된 사랑의 고백인 것입니다.

넷째, 비전과 목표가 있는 사람입니까?

 테디 루즈벨트는 이런 말을 했습니다.

“지금 그가 어떤 사람인가 보다는 어떤 사람이 되어 가고 있는가 하는 점이 더욱 중요하다. 왜냐하면, 지금 그가 그런 과정에 있다는 말은 언젠가는 정말 그런 사람이 될 것이기 때문이다.”

 배우자를 선택하는 과정에서도 이 말이 그대로 적용됩니다. 지금 현재 그가 무엇을 가지고 있는가 보다는, 그가 어떤 비전과 목표를 가지고 있는가를 살펴보아야 합니다. 그의 비전과 목표가 확실하다면 루즈벨트 대통령의 말처럼 그는 반드시 그런 인물이 될 것입니다. 결혼을 해서 서로가 성숙하고 성장하는 모습을 보는 것만큼 보람된 일이 또 있을까요?

 비전과 목표가 없는 사람은 삿대와 돛대가 없는 배와 같습니다. 그런 배는 바다를 떠돌다가 풍랑을 만나면 좌초되고 맙니다. 당신의 보금자리인 가정이 좌초되지 않으려면 그의 말과 행동을 유심히 듣고 보십시오. 그 사람에게 목표가 있으며, 그 목표를 성취하기 위하여 노력을 하고 있는지 잘 살펴보세요. 노력 없는 목표와 비전은 몽상에 불과합니다.

다섯째, 그 사람은 실패했을 때와 상처받았을 때, 어떤 반응을 보입니까?

어떤 사람은 기분이 좋을 때나 어떤 일이 성공적으로 잘 이루어지고 있을 때는 한없이 너그럽다가도, 뜻하는 일이 실패하거나 상대로부터 상처를 받았을 때는 사람이 돌변하는 경우가 있습니다. 당신이 사귀는 사람이 이런 사람이라면 결혼을 신중히 재검토하는 것이 좋습니다.

결혼을 해서 살다보면 크고 작은 실패를 경험할 수 있습니다. 또한 살다보면 사람들로부터 원치 않는 상처를 받을 때가 있습니다. 그럴 때마다 상대가 길길이 뛰고, 난폭한 행동을 하고, 되로 받고 말로 돌려주는 그런 성격이라면 그건 정말 견디기 어려운 일입니다. 그래서 베드로는 베드로전서 3장에서 아내와 남편에게 다음과 같이 권면하였습니다.

마지막으로 말하노니 너희가 다 마음을 같이 하여 체휼하며 … 악을 악으로, 욕을 욕으로 갚지 말고.

부부 싸움이 심각해지는 이유는 욕을 욕으로 갚기 때문

입니다. 상대의 좋은 면은 메아리로 되돌려주는 것이 좋지만, 아이들 돌팔매 같은 공격은 그냥 끌어안는 것이 중요합니다. 풍덩! 하고는 이내 잠잠해지는 호수처럼 말이지요. 그런데 아내가 속상해서 마음을 찌르는 말을 하였다고 남편도 질세라 무차별 공격을 한다면 이는 욕을 욕으로 갚는 하책입니다.

살다보면 부부사이에 의견이 엇갈리는 문제가 있을 수 있습니다. 이 때 건강한 부부는 그런 문제들을 대화로 해결합니다. 서로 양보하며 이해하며 문제 속에서도 계속 성장합니다. 혹시 당신이 사귀는 사람이 말다툼을 했을 때, 양보와 이해심이 없이 어린아이처럼 자기 고집만 주장하지는 않습니까?

여섯째, 그 사람은 돈보다 당신을 더 사랑하는 사람입니까?

배우자를 선택하였다는 말은 그 사람의 장점뿐만 아니라 그 사람의 단점도 받아들인다는 뜻입니다. 또한 자신의 재산이 얼마이든지 배우자와 함께 공유하려는 마음자세가 되어 있다는 말입니다.

만약에 여자의 재산이 10억이 있고, 남자의 재산이 1천만 원이라면 이들의 공동 자산은 10억 1천만 원이 되는 것입니다. 이럴 때 돈이 많은 사람은 돈이 합해지는 것을 거부하는 경우가 있습니다. 이런 사람들은 '내가 정말 돈보다도 이 사람을 사랑하고 있는가?'하고 스스로 물어보아야 할 것입니다.

돈이 합해지는 것이 꺼려진다면 그 사람은 결혼할 마음의 준비가 된 사람이 아닙니다. 그는 결혼할 사람보다 돈을 더 사랑하는 사람입니다. 과연 그런 사람이 배우자와 마음이 하나 되고 영혼이 하나 되는 연합을 이룰 수 있을까요?

그런 사람은 돈을 배우자보다 더 사랑하는 사람이기 때문에, 돈과 관련된 문제가 생기면 언제든지 배우자를 버릴 사람입니다. 많은 사람들이 돈 많은 사람과 결혼을 했다가 비참하게 버림받는 경우가 많음을 유념하여야 합니다. 그럴 바에는 차라리 돈이 없는 사람과 결혼해서 열심히 노력하여 재산을 늘려가는 편이 더 행복합니다.

부부의 연합이란 몸의 연합뿐만 아니라, 영혼, 마음, 그리고 재산의 연합인 것입니다. 사랑으로 연합된 사람들은 재산뿐만 아니라 채무까지도 공유합니다. 부채가 있는 상태에서 결혼을 하는 것은 분명 잘못된 일이지만, 사전에 그 부채 상황에 대해 배우자 될 사람과 의논을 하고 상환 계획과 일정에 대해 합의가 이루어져야 합니다. 그렇지 않으면 불행한 결말로 결혼생활이 막을 내릴 수 있습니다.

근래에 인기 탤런트 안재환이 부채로 인하여 자살을 하여 가정이 파탄이 나고 사회적으로 크게 동요된 사건이 있었습니다. 당신 또한 배우자와 돈 문제에 있어서 투명하며 온전한 연합이 이루어지지 않는다면 불행한 결말을 보게 될지도 모릅니다.

물론 재혼일 경우, 초혼에서 얻은 거액의 재산이 있는 때에는 자녀들을 위하여 일정 재산을 자녀들 앞으로 해 놓는 지혜가 필요하기도 합니다. 하지만 대부분의 경우, 연합의 원칙은 부동산이나 예금된 돈은 공동으로 한다는 뜻을 가지고 있어야 합니다.

부부는 어느 한 쪽이 돈이 많다고 그 사람이 일방적으로 돈을 관리하면 안 됩니다. 돈 문제에서 배우자를 완전히 무시하고 혼자서 재정을 관리하려 한다면 이 부부는 마치 주인과 하인의 관계처럼 되고 말 것입니다. 아내가 사우나에 가거나 미용실에 가는 돈을 남편에게 일일이 사정사정해서 얻는다면 얼마나 비참한 일이겠습니까.

결혼을 해서 예산을 세울 때는 부부 각자의 용돈 항목도 포함시키는 것이 좋습니다. 남편은 아내에게 구차하게 사정하지 않고도 친구들과 커피정도는 마실 여유가 있어야 합니다. 또한 아내도 남편에게 아쉬운 소리 하지 않고 불가마 정도는 다닐 여유가 있어야 합니다.

돈 문제로 부부간의 사랑이 깨지지 않게 하기 위해서는 돈의 주인이 하나님이라는 진리를 인정해야 합니다. 당신이 결혼을 하고자 하는 사람은 하나님이 진정한 돈의 주인이라고 고백하고 있습니까?

미국 화폐의 뒷면에는 '우리는 하나님을 믿는다.'라고 씌어 있습니다. 이는 돈을 우상으로 섬기는 잘못을 미리 차단하는 지혜일뿐 아니라, 돈의 주인이 하나님이심을 고백하는 신앙고백입니다. 예수님은 우리가 돈과 하나님을 동시에 섬길 수 없다고 말씀하셨습니다.

C. S. 루이스는 다음과 같이 말했습니다.

"돈이 많으면 자칫 그 돈이 주는 행복에 푹 빠져서 자신에게 하나님이 필요하다는 사실을 깨닫지 못할 수가 있다. 수표에 서명만 하면 모든 것을 다 얻을 수 있다고 생각한다면, 자신이 매순간 전적으로 하나님께 의지하고 있는 존재라는 생각을 구태여 할 필요가 없기 때문이다."

맞는 말입니다. 돈에 대한 청지기 개념을 가지지 않는다면 하나님과의 관계뿐 아니라 부부관계도 파괴되고 말 것입니다. 돈의 주인은 하나님이시라는 사실을 늘 명심하시고 돈에 관한 결정을 내릴 때 부부가 같이 기도하여 하나님의 지혜를 구하십시오. 그러면 당신의 삶에서 후회되는 일을 많이 줄일 수 있을 것입니다.

당신이 결혼을 하고자 하는 사람은 인생의 목표를 단순히 돈을 많이 버는 데에만 중점을 두는 사람은 아닙니까? 돈은 결혼생활에서 필수적입니다. 그러나 돈이 결혼생활의 목표가 되어서는 안 됩니다.

돈은 물질적인 풍요로움을 좀 더 누리는데 사용될 수는 있지만 행복한 결혼 생활을 만들어내지는 못합니다. 이것이 바로 돈이 부부생활의 목적이 되어서는 안 된다고 주장하는 이유입니다.

돈이 목적이 될 때 부부생활을 황폐하게 만들뿐만 아니라 신앙생활까지 병들도록 만들 수가 있습니다. 예수님은 '사람의 생명이 그 소유의 넉넉한데 있는 것이 아니다.'라고 말씀하시면서 돈에 대한 탐심을 경계하였습니다.

그렇다고 돈을 악하게 보는 태도 또한 곤란합니다. 어떤 사람은 '돈은 일만 악의 뿌리이다.'라는 성경의 구절 때문에 돈 자체를 멀리하는 사람이 있습니다. 그런 잘못된 가치관을 가지고 있는 사람과 결혼을 한다면 아마도 생활비는 당신이 벌어야 할 것입니다.

부하려 하는 자들은 시험과 올무와 여러 가지 어리석고 해로운 정욕에 떨어지나니 곧 사람으로 침륜과 멸망에 빠지게 하는 것이라. 돈을 사랑함이 일만 악의 뿌리가 되나니 이것을 사모하는 자들이 미혹을 받아 믿음에서 떠나 많은 근심으로써 자기를 찔렀도다. (딤전 6:9~10)

디모데전서 6장의 이 말씀은 돈에 너무 집착하여 믿음을 버리는 우를 범하지 말라는 사도 바울의 권면인 것입니다.

결혼은 현실입니다. 처음부터 여자가 경제적인 문제를 해결하려고 작정하지 않았다면, 처자식을 위해서 생활비 정도는 버는 남자를 선택하여야 합니다. 하나님은 돈을 우상으로 섬기는 것을 경계하셨지 정당한 생활비를 버는 것을 책망하시지 않았습니다.

의외로 많은 부부들이 돈 문제 때문에 싸우고 이혼을 하고 있습니다. 그 사람은 돈 보다 당신을 더 귀하게 생각합니까? 돈 문제로 당신을 속이는 사람이라면 다른 면에서도 당신을 속일 확률이 높습니다.

배우자가 될 사람이 돈 관계가 깨끗한가 보아야 합니다. 경제적인 문제에 믿을 만한 사람이 다른 생활에도 잘 정리된 생활을 합니다. 그 사람이 지나치게 카드를 남발하여 쓴다면 결혼을 재고하십시오. 잘못하면 당신은 그 사람의 빚을 갚는데 인생을 낭비할 수도 있습니다.

일곱째, 그 사람은 가정생활의 우선순위를 잘 알고 있습니까?

가정의 우선순위는 하나님, 배우자, 자녀, 그리고 직업과 일입니다. 부부가 하나 되기 위해서는 부부 각자가 먼저 하나님을 섬기는 신앙이 있어야 합니다. 마찬 가지로 자녀를 잘 양육하기 위해서는 부부가 먼저 하나가 돼야 합니다.

너희는 먼저 그의 나라와 그의 의를 구하라. 그리하면 이 모든 것을 너희에게 더하시리라. (마 6:33)

너희는 먼저 그의 나라와 그의 의를 구하라는 말씀은 아내와 가정보다 사역이 더 중요하다는 뜻이 아닙니다. 하나님이 가장 먼저라는 말은, 아내와 가족보다 하나님과의 개인적인 교제를 더욱 돈독히 하고 키워 나가는 태도를 중시하라는 말입니다.

하나님 다음에는 배우자입니다. 하나님은 직업이나, 나라를 지키는 것 보다 가정과 아내를 기쁘게 해 주는 것을 우선으로 말씀하시고 있습니다.

그런데 얼마나 많은 남자들이 자신들의 일 때문에 사랑하는 아내를 외롭게 만들고 있습니까? 하와가 뱀의 유혹에 넘어간 것은 아담이 그녀 옆에 없었기 때문이었다는 사실을 기억하십시오.

명심하십시오. 일보다 아내이며, 배우자 다음에는 자녀입니다. 일도 중요하지만 자녀가 부모를 필요로 하는 시간은 아주 짧은 시간이라는 점을 기억해야만 합니다. 아이들이 영원히 부모와 함께 있을 것 같습니까? 초등학교 고학년만 되어도 부모보다는 친구를 더 찾는 게 요즘 현실입니다.

여덟째, 그 사람은 성에 대해서 건전한 사고방식을 가지고 있습니까?

결혼 전에는 철저하게 상대를 해부하며 분별을 해야 한다고 앞에서 말을 했습니다. 정말 이 사람에게 내 인생을 맡길 수 있는지, 평생 동안 변함없는 사랑을 유지할 수 있는지, 아름다운 가정, 복된 가정을 이룰 수 있는지, 등등을 파악해야 합니다. 그중에서도 결혼 생활에서 빼놓을 수 없는 것이 부부의 성입니다. 배우자가 될 사람이 성에 대해서 부정적인 시각을 가지고 있다거나, 방탕하고 성적으로 문란한 사람이라면 결혼을 심각하게 재고하는 편이 좋을 것입니다.

부부의 성생활은 하나님의 축복입니다. 당신이 결혼을 하고자 하는 사람은 성에 대해서 긍정적으로 생각하고 있으며 소중하게 생각하고 있습니까? 당신이 정말로 행복한 결혼생활을 하기 원한다면 결혼 전에는 혼전 성관계를 맺지 말아야 합니다.

결혼 전에 성적인 결합을 하면 육적인 애무와 쾌락에 빠져서 상대방을 정확하게 파악하지 못할 수가 있기 때문입니다. 그냥 막연히 '결혼을 하면 그 사람은 변하고 좋아질 거야.'라며 근거 없는 낙천적인 생각을 가지게 됩니다. 근거 없는 낙천적인 생각은 결혼 후에 당신을 끝도 없는 나락으로 떨어뜨릴 것입니다.

당신의 결혼이 불행해지지 않으려면 상대의 말과 행동에 이기적인 면이 없는가를 잘 살펴야 합니다. 만일 상대방이 내 기분은 무시하고 자기의 기분만 우선시 한다면 큰 문제가 아닐 수 없습니다.

결혼을 한 뒤에도 당신에게 정서적 문제가 생기거나 아이들과 문제가 생겼을 때, 배우자가 전혀 도움이 되지 않는다면 어떻게 하시겠습니까? 지금 그 사람이 당신의 말을 무시하고 자기 일만 중요시 하고 자기의 요구만 주장한다면 결혼을 하지 않는 만도 못할 것입니다.

이기적이고 자기밖에 모르는 사람은 늘 어린아이처럼 자기의 요구만 들어줄 것을 강요합니다. 당신이 아무리 혼전 순결을 강조해도 그는 막무가내로 자기의 욕망을 풀어달라고 요구할 것입니다.

이럴 때 마음이 약해지면 안 됩니다. 당신은 철없는 어린아이와 결혼생활을 하길 원하십니까? 아니면 의논의 대상이 되고 당신이 기댈 수 있는 배우자를 원하십니까? 성숙한 배우자를 원한다면 당신의 의견을 존중해 주고 자신의 욕구를 절제할 줄 아는 그런 사람을 선택하십시오.

아홉째, 그 사람은 성경의 권위와 도덕의 권위를 인정하며 순종합니까?

성경의 권위와 세상의 권위에 순종하지 않는 사람은 세상에서 성공하기 힘듭니다. 그런 사람은 분명히 대인관계도 원만하지 않을 테니까요. 하나님의 권위와 세상의 권위를 쉽게 무시하는 사람은 당신의 인격조차도 쉽게 무시할 것입니다.

그 사람이 부모님, 선생님, 목사님, 또는 상사를 어떻게 대하는지 유심히 살펴보십시오. 성경은 좋은 상사뿐만 아니라 까다로운 상사에게도 순종하며 주께 하듯 하라고 권하고 있습니다.

행복한 가정을 만들려면 부부가 서로 복종하여야 합니다. **그리스도를 경외함으로 피차 복종하라.** (엡 5:21).

특히 남자는 신부가 될 여자에게 자신에게 기꺼이 복종할 것인지 물어보아야 합니다. 성경은 '아내들이여 자기 남편에게 복종하기를 주께 하듯 하라.'고 말씀하고 있기 때문입니다.

그녀가 당신을 진심으로 존경한다면 당신의 권위에 순종할 것입니다. 만일 그 여성이 당신의 말을 귀담아 듣지 않고, 자신의 일과 자기 권리만 주장하며, 복종의 정신을 가지고 있지 않다면 결혼을 다시 한 번 생각해 보십시오.

부부는 평등하지만 가정의 평화를 위해서 자신을 내려놓을 줄 아는 여자가 지혜로운 여자이며, 그런 여자들이 남자들을 잘 내조하여 성공시킵니다.

남자건 여자건 결혼을 앞 둔 사람들은 상대가 나를 정말로 존경하는가를 질문해 보아야 합니다. 그 사람이 정말로 당신을 존경한다면 당신이 하는 일들을 지지해 주며 당신의 판단을 수긍해 줄 것입니다. 그런데 상대가 당신을 지지하지는 않고 매사에 자기주장만 고집한다면 그건 정말 큰 문제입니다.

끝으로, 그 사람은 사랑을 스스럼없이 표현하는 사람입니까?

로맨틱한 감정에 빠져서 배우자를 선택한다면 나중에 결혼을 하여서 크게 후회하게 될 것이라고 앞에서 경고를 하였습니다. 그러나 결혼 후에는 로맨틱한 감정을 잃지 않기 위해서 계속하여 노력을 해야만 합니다. 그래야 결혼생활이 지루하지 않고 생동감이 넘치기 때문이지요.

보통 여자들은 로맨틱한 사랑을 꿈꿉니다. 너무 현실과 동떨어진 로맨틱한 꿈은 곤란하지만, 적당한 로맨틱한 감정은 삶에 활력이 되고 에너지가 됩니다. 사람은 짐승이 아닙니다. 밥만 먹고 살 수는 없는 노릇입니다. 때로는 로맨틱한 분위기도 즐겨야죠.

남자들은 그런 게 별로 필요하지 않지만, 여자들은 로맨틱한 사랑을 받지 못하면 존재의 근거 자체가 흔들린다고 합니다. 당신이 로맨틱한 감정을 중요시 하는 사람이라면 결혼 전에 그 사람에게 시적인 감각은 아니더라도 비슷한 흉내를 내는지 잘 살펴보십시오. 그러나 조심할 점은, 남자들은 자기가 원하는 여자를 얻기 위해서라면 얼마든지 쇼를 할 수도 있다는 사실입니다.

많은 여성들이 '결혼을 하고 나니 우리 남편이 변해도 너무 변했습니다. 결혼 전에는 꽃 선물도 자주 해 주고, 멋있고 낭만적인 곳에 자주 데리고 가더니, 결혼을 하고 나서는 그런 모습이 전혀 없어요.' 라고 불평을 합니다.

보통 남자들이 결혼 전에 보여 주는 낭만과 애정 표현은 상당부분은 여자를 품에 안거나 애무할 때 느끼는 성적인 보상과 무관하지 않습니다. 남자들은 여자들을 정복의 대상으로 봅니다. 그래서 남자들은 자신이 점찍은 여자를 정복하기 위해서는 어떤 짓도 마다하지 않습니다.

이것이 바로 로맨틱하지 않은 남자도 그 때에는 로맨틱한 척 했던 이유입니다. 이런 남자들은 결혼을 하고나면 언제든지 마음 내키는 대로 여자를 품을 수 있으니 구태여 더 이상 로맨틱한 행위를 하지 않는 것입니다. 물론 아내를 침대로 끌어들일 때는 제외하고 말이지요.

많은 아내들이 말합니다.

"나는 그 인간이 섹스를 하고 싶어 하는 것을 금방알 수 있어요. 꼭 그때만 로맨틱한 척하거든요."

02

남녀의 차이점

남자와 여자는 틀리다.

어느 부부가 서커스 구경을 갔습니다. 공중그네를 타는 시간에 에스(S) 라인의 젊은 여성이 반라의 옷차림으로 나와서 인사를 하자, 장내는 휘파람 소리와 박수 소리로 요란했습니다. 젊은 여성이 공중그네 쇼를 보여주려고 줄을 잡는 순간에 아내가 깜짝 놀라서 소리쳤습니다.

"어머, 아무것도 없네!"

아내가 놀라서 말을 하자 남편이 말을 했습니다.

"아무것도 없긴 뭐가 없어, 속에 살색 속옷을 입었구먼."

남편이 이렇게 말을 하자, 아내가 남편의 허벅지를 꼬집으며 말했습니다.

"여보, 지금 무슨 생각하는 거예요. 나는 공중그네 아래에 그물이 없다고 말하는 건데."

이 부부처럼 남녀는 같은 환경에서 같은 장면을 보고 있어도 생각하는 방향이 틀립니다. 그래서 부부간에 마찰이 생기고 싸우게 되는 것입니다. 부부가 갈등과 싸움을 줄이기 위해서는 남녀의 차이점을 이해하는 지혜가 필요합니다.

워싱턴대학교의 존 고트맨(John M. Gottman) 교수는 남녀의 차이를 다음과 같이 말했습니다.

- 여자가 심리학의 원서라면 남자는 서툰 번역자이다.
- 여자의 사랑은 환상적이고 남자의 사랑은 충동적이다.
- 여자는 몰라도 되는 일을 너무 많이 알고, 남자는 꼭 알아두어야 할 일을 너무 모른다.
- 여자는 본능으로 남자를 알고 남자는 경험으로 여자를 안다.
- 여자는 과거에 의지해서 살고 남자는 미래에 이끌려 산다.
- 여자는 현미경으로 들여다보아야 알 수 있고, 남자는 망원경으로 바라보아야 알 수 있다.
- 여자는 무드에 약하고 남자는 누드에 약하다.
- 여자는 마음에 떠오른 말을 하고, 남자는 마음에 먹은 말을 한다.
- 여자는 사랑의 질을, 남자는 사랑의 양을 원한다.
- 여자는 아는 것도 모르는 체 하고, 남자는 모르는 것도 아는 체 한다.

- 여자는 모성으로 수용하고 남자는 유아성으로 망각한다.

존 고트맨은 남녀의 차이점을 정말 잘 정리한 것 같습니다. 존 그레이(Jon Gray)는 그의 저서 〈화성에서 온 남자, 금성에서 온 여자〉에서 남녀는 서로 다른 행성에서 왔기 때문에 환경적인 영향에 의해 사고방식이나 생활양식이 서로 다르다고 말하고 있습니다. 어떤 분은 존 그레이의 주장을 반격하는 분도 있지만, 나는 여기에서 보편적으로 남녀의 차이를 몇 가지 더 설명하고자 합니다. 이는 남녀가 생각하는 방식과 생리적인 구조가 다르다는 사실을 부부들이 인정함으로써 서로간의 다툼과 오해를 예방하고자 함입니다.

남성은 왼쪽 두뇌, 여성은 오른쪽 두뇌가 발달되었다.

일반적으로 남자는 왼쪽 두뇌, 여자는 오른쪽 두뇌가 발달되었다고 합니다. 그래서 남성은 사실적, 분석적, 객관적, 목적지향적, 행동적, 개념적이라고 합니다. 그러나 여성은 오른쪽 두뇌가 발달되었기 때문에 감정적, 직관적, 주관적, 관계지향적, 언어적, 세부적인 특성을 지니고 있습니다.

남녀가 같은 영화를 보더라도 남자는 감정을 끄기 위해 영화를 보고 여자는 감정을 깨우기 위해 영화를 본다고 합니다. 여자는 관계 지향적이기 때문에 대부분 낭만적인 사랑이나 가족에 대한 사랑을 자극하는 영화를 좋아합니다.

그러나 남자는 일 중심적이고 성공 지향적인 경향이 있기 때문에 정의의 사자가 악한을 물리치는 액션 영화를 좋아합니다. 남성들이 이런 영화를 좋아하는 이유는 아마도 아담이 자신의 아내 하와를 뱀(사탄)으로부터 보호하지 못한 죄책감 때문이 아닌가 생각합니다.

남자들은 성취동기가 강하기 때문에 결혼생활보다는 일에 더 중심을 두는 경향이 있습니다. 남자들이 일중심인 이유는 하나님의 명령에 순종하기 위함이라는 주장도 있습니다. **여호와 하나님이 그 사람을 이끌어 에덴동산에 두어 그것을 경작하며 지키게 하시고. (창2-15).**

하나님이 아담에게 이렇게 명령을 하셨기 때문에 남자들은 자기의 땅(일터)에서 자신의 가치를 찾는다는 주장입니다. 남자는 자신의 일에서 자신의 가치를 찾으려고 하기 때문에 일에 외골수처럼 몰두합니다.

남자는 자신의 분야에서 정점인 꼭대기에 있으려고 하고 그 정점에 있을 때 안정감을 느낍니다. 남자에게 일이 없으면 금방 기가 죽고 자신감을 잃어버립니다. 그것이 정년퇴직한 남자들이 쉽게 죽는 이유입니다.

여자들은 일의 성취에서 안정감을 얻기 보다는 관계 속에서 만족을 느낍니다. 그래서 경쟁심보다는 화목한 관계를 맺기를 원하고 수평적이고 대등한 관계를 원합니다. 여자는 새로운 친구를 잘 사귀고 관계가 좋을 때 안정감을 느 낍니다.

남자는 분석적이고 사실적인 반면에 여자는 관계지향적인 면이 강합니다. 그래서 아내는 남편과 대화를 함으로 좋은 관계를 형성하려고 합니다. 아내가 '우리 얘기 좀 해요.'라고 말하면 남편은 속으로 '내가 뭘 또 잘못했지?' 이렇게 겁부터 집어 먹게 되는 것입니다.

아내는 남편에게 불만이 있거나 뭔가를 따지려고 그렇게 말을 한 것이 아닙니다. 그냥 남편과 이런 저런 이야기를 하고 싶어서입니다. 그런데 남편은 아내의 그런 의도를 눈치 채지 못하고 무엇인가 아내가 자신에게 불만이 있어서 따지려고 한다고 생각합니다. 이렇게 생각하는 원인은 남자는 분석적이고 사실적이기 때문입니다.

그러나 여자는 해결책 보다는 감정을 표현하는 과정을 더 중요시 합니다. 예를 들어서 남편이 집에 들어왔을 때 아내가 이렇게 말을 합니다.

"여보, 글쎄, 우리 정석이가 야구를 하다가 옆 집 창문을 깼어요."

"그래? 그럼 내가 돈을 줄 테니까 가서 해결해."

남편은 아내의 말에 바로 해결책을 제시합니다. 남자들이 이렇게 논리적이고 합리적인 문제 해결사의 기질이 강하게 나타나는 현상은 어릴 때 양육자에 의하여 길들여진 이유 때문이라고 봅니다.

남자 아이들도 고통이나 상실감으로 울 수 있습니다. 그런데 보통 부모들은 남자 아이가 울면 '울지 마! 남자는 우는게 아니야.'라고 말을 합니다. 부모의 이런 지시를 받은 남자아이들은 감정표현을 차단하게 됩니다. 이렇게 제지된 감정에너지는 사고 기능으로 들어가 생각하는 쪽에 집중하게 되는 것입니다.

이런 환경 속에서 성장한 사람은 자신의 감정을 잘 나주지 못하며, 논리적이고 합리적인 것에만 더욱 평안함을 느끼는 '문제 해결사'적 기질을 가지게 되는 것입니다.

남녀 간 대화방식의 차이점

남자는 말을 무기나 지배수단으로 사용하는 습성이 있습니다. 그래서 자기주장에 허풍이 있고 상대를 제압하려는 경향이 강합니다. 보통 남자들은 자신들의 말에 상대가 질문을 하면 간섭이나 프라이버시 침해로 느껴 경계를 합니다.

반면에 여자는 대화를 관계를 위한 다리 정도로 생각하는 경향이 강합니다. 그래서 여자들은 대화로 자신이 느끼고 있는 사랑과 미움, 불안, 슬픔 등을 나누기를 원합니다. 문제가 있을 때 남편이 해결책을 주는 것도 고맙지만, 남편이 자신을 이해해 주기를 바랍니다. 그리고 자신의 말에 질문을 하면 친밀감과 돌봄의 표현으로 인식하는 경향이 있습니다.

결혼관에 대한 남녀의 차이

보통 남자들은 결혼을 중요하게 생각하지만, 결혼이 인생의 전부는 아니라고 생각합니다. 그래서 남자들은 집에 돌아와서도 계속하여 새로운 정보를 얻으려고 신문이나 TV에 열중하는 경향이 있습니다. 이는 하나님의 정복하고 다스리라는 말씀에 본능적으로 순종하고자 하는 마음인 것입니다.

남자는 가족관계에서 아내에게 중점을 둡니다. 그래서 집에 왔을 때, 아내가 없으면 아무도 없는 것으로 생각합니다. 선물을 할 때에도 아내를 기쁘게 하려면 큰 것을 해주어야 한다고 생각하는 경향이 있습니다.

반면에 여자는 결혼에 인생의 전부를 겁니다. 결혼을 애정적인 견지에서 바라보며 가사, 육아, 식사, 가정의 행복이 최대의 관심사입니다. 가족관계에서 부부생활만으로 만족하지 않고 자식에게 중점을 두는 경향이 강합니다. 선물은 크기에 관계 없이 사소한 것에도 만족을 합니다. 특히 남편의 따뜻한 말에 크게 감동을 받습니다.

남녀의 욕구의 차이

남자는 자신을 존경하고 칭찬과 격려를 해주는 아내를 원합니다. 또한 성적으로 거부하지 않으며 만족을 주는 아내를, 원합니다. 남자는 성적으로 만족을 느끼지 못하면 마음이 열리지 않는 경향이 있습니다.

반면에 여자는 남편이 따뜻한 말로 애정을 표현해 주며, 자신을 공주처럼 사랑해 주기를 바랍니다. 그렇지 않으면 마음도 닫히고 몸도 닫히는 경향이 있습니다. 그 이유는 남자는 섹스를 갖기 위한 준비가 필요 없지만, 여자는 정신적으로 준비가 필요하기 때문입니다. 그래서 여자는 남편에게 무시를 당하거나 모욕적인 말을 들으면 며칠 동안 성적 욕구를 느끼지 못합니다. 남편으로 인해서 마음이 상해 있을 때 남편의 강요로 섹스를 하면 강간당한 기분이거나 자신이 창녀와 같은 불쾌감을 느낀다고 합니다.

남녀의 스트레스 대처법의 차이

존 그레이의 〈화성에서 온 남자, 금성에서 온 여자〉라는 책에서 남자들은 스트레스를 받거나 고민이 있으면 동굴 안으로 들어가 해결책을 찾을 때까지 나오지 않는다고 말하고 있습니다. 이때 남자들은 냉랭하고, 남의 일을 잘 잊어버리고, 부주의 하고, 반응이 없으며, 상대방을 건성으로 대하는 경향이 있습니다.

이렇게 동굴에 들어가 앉은 남자들을 보고 여자들은 자신에게 무관심하다고 비난을 하는 것입니다. 여자들은 우울한 기분을 풀기 위해 속에 있는 모든 문제를 말을 함으로

써 해결하려는 경향이 있습니다. 이때에 남편은 그저 들어주면서 '그래?', 또는 '아, 그랬구나.' 하는 식의 간단한 대응만 해주면 됩니다. 여자들은 남편이 자기의 이야기를 열심히 들어주고 있다는 사실만으로도 충분히 행복할 수 있기 때문입니다.

03

부부가 서로
지켜야 할 점

서로 섬기며 피차 복종하라.

바울은 에베소서 5장 21절에서 부부들에게 '그리스도를 경외함으로 피차 복종하라.'고 명하고 있습니다. 부부는 서로 복종하며 사랑을 키워나가야 합니다. 부부의 사랑의 핵심은 아가페적인 사랑입니다. 부부는 이기적인 의도 없이 사랑을 주어야 합니다.

너희도 각각 자기의 아내 사랑하기를 자신같이 하고 아내도 자기 남편을 존경하라. (엡 5:33)

이 말씀은 제안이 아니라 하나님의 명령입니다. 그래서 부부는 서로 조건 없이 사랑하고 존경해야 하는 것입니다.

사실 하나님의 명령을 실행하기란 보통 어려운 일이 아닙니다. 서로 기분이 좋을 때는 그런대로 이 말씀을 실천할 수 있다고 봅니다. 그러나 아내가 남편의 말에 순종하지 않고 무시할 때 그런 아내를 사랑하기란 성자가 아닌 이상 힘들 것입니다. 아내의 입장에서도 자신을 무시만하고 사랑이라고는 도통 주지 않는 남편을 말씀대로 존경하기란 쉬운 일이 아닐 것입니다.

그러나 에베소서 5장 33절은 다음과 같은 뜻이 아닙니다.

"아내가 먼저 남편을 존경하거나 존중해 줄 때 남편은 아내를 사랑할지어다."

또는,

"남편이 먼저 아내를 사랑해 주거나 자기 목숨처럼 귀하게 여길 때 아내는 남편을 존경할지어다."

많은 부부들이 위와 같은 조건으로 배우자를 대합니다. 그러나 그것은 아가페적인 사랑이 아니라, 조건적인 사랑일 뿐입니다.

베드로 또한 베드로전서 3장에서 다음과 같이 말하고 있습니다.

아내들아 이와 같이 자기 남편에게 순종하라. 이는 혹 말씀을 순종하지 않는 자라도 말로 말미암지 않고 그 아내의 행실로 말미암아 구원을 받게 하려 함이니, 너희의 두려워하며 정결한 행실을 봄이라.

사도 베드로는, 남편이 하나님을 업신여기고 어린아이처럼 고집부리고 무례한 사람이라고 할지라도, 그 남편을 존경하라고 권하고 있는 것입니다.

그 이유는 첫째, 당신의 남편이 성인아이 기질이 다분히 있다고 해도 당신이 남편으로 선택하였기 때문입니다. 남편이 성인아이의 기질이 있으면 이 책의 4부 '낮은 자존감의 치유'를 같이 공부하면 좋은 결과를 얻게 될 것입니다.

둘째, 남편이 감동을 받아 예수님을 믿을 가능성이 있기 때문입니다. 당신의 행실로 인해 믿지 않는 남편이 하나님을 믿게 된다면 그보다 더 좋은 일이 어디 있겠습니까.

셋째, 남편을 왕으로 섬기면 당신은 왕비가 되기 때문입니다. 아내에게 왕의 대접을 받는 남편은 기분이 좋아져서 아내에게 조건 없는 사랑을 보여줄 것입니다. 남자는 돼지처럼 살살 긁어주어야 한다는 말은 다 경험에서 나온 말입니다.

결혼에 대한 거짓신념에서 벗어나라.

의외로 많은 사람들이 결혼에 대한 거짓 신념들을 가지고 있다고 합니다. 비합리적인 사고가 그의 성격과 삶을 왜곡되게 하고 힘들게 하듯이, 결혼에 대한 거짓 신념들은 결혼 생활을 매우 힘들게 하고 위태롭게 만드는 원인이 됩니다. 그러므로 하나님이 원하시는 행복한 가정을 이루기 위해서는 결혼에 대한 거짓 신념을 버리고 새로운 결혼관을 구축하여야 합니다.

먼저 결혼에 대한 거짓 신념들이 어떤 것들이 있는지 몇 가지만 살펴보겠습니다.

- 결혼만 하면 배우자의 문제와 성격은 변화될 것이다.
- 우리의 문제들은 전적으로 배우자의 잘못으로 인해서 발생되었다.
- 이렇게 마찰이 많은 이유는 우리들이 처음부터 잘 못 만났기 때문이다.
- 나의 배우자는 당연히 나의 모든 필요를 충족시켜주어야 한다.
- 나는 지난 10년 동안 열심히 노력해 보았지만, 그 사람은 조금도 바뀌지 않았고 앞으로도 바뀌지 않을 것이다.
- 우리들의 결혼생활을 개선하기 위해서 나 자신을 바꿀 필요는 없다.
- 내 배우자는 당연히 나와 같이 생각하고 나처럼 행동해야 한다.
- 지금의 배우자와 함께 행복한 결혼생활을 한다는 것은 절대로 불가능하다.

대체로 결혼에 대한 거짓 신념들은 이와 같습니다. 많은 사람들이 결혼 전에는 뜨거운 로맨스에 눈이 멀어서 상대의 허물을 보지 못하고 결혼만 하면 완벽한 가정을 이룰 줄 알고 결혼을 합니다. 이럴 경우에는 친구나 가까이에 있는 사람들이 배우자가 될 사람의 부정적인 면을 충고해 줍니다.

그러나 그 당시에는 주위에서 아무리 충고를 하더라도 그런 충고를 받아들이지 않고 막무가내로 결혼을 합니다.

이런 사람들은 결혼 후 1~2년이 지나면 배우자의 허물과 부정적인 면이 눈에 들어오면서 서서히 갈등이 시작됩니다. 바로 도타민과 페닐에틸아민 호르몬 분비가 고갈되는 시기이지요. 그때부터 상대를 바꾸려고 힘겨루기를 하다가 나중에는 그것마저도 지쳐서 포기상태로 들어가고 결국은 이혼을 꿈꾸기에 이릅니다.

결혼생활의 모든 문제는 50대 50으로 양쪽 모두에게 있다고 보는 것이 좋습니다. 물론 처음부터 잘못된 만남이 있을 수 있으며, 성숙하지 못한 배우자의 탓도 있겠지요. 그러나 배우자 탓만 해서는 문제가 해결되지 않습니다. 세상에 완전한 부부는 없다고 합니다. 다 문제들을 가지고 있지만 지혜롭게 해결하며 화합을 이루고 살아가고 있는 것입니다. 우리는 신이 아니기 때문에 서로가 배우자의 필요를 100% 만족시킬 수 없습니다.

건강한 부부관계에서는 주고받는 것이 쌍방향으로 이루어져야 합니다. 건강한 관계는 간혹 균형이 깨져도 이내 정상으로 회복됩니다. 그들은 사람들 앞에서도 서로에 대해 자주 이야기하며, '우리'라는 말을 많이 하며 부부의 연합을 자랑합니다.

반면, 균형이 깨진 관계에서는 서로가 '그 사람'이라는 말을 많이 하며 배우자와 자신을 분리하려고 합니다. 이러한 관계가 오래 되면 결국 비참한 결과를 맺을 수 있습니다. 그러므로 결혼에 대한 잘못된 거짓 신념에서 하루 빨리 벗어나야만 합니다.

노만 라이트(Norman Wright)는 결혼상담 모델에서 주로 '인지(認知) 재구성' 모델을 사용하여 결혼에 대한 거짓 신념을 바꾸고 있습니다. 당신도 당신의 거짓 신념을 재구성해 보시기를 권합니다.

거짓 신념	진 리
길동이 같은 사람이 내 남편이라는 사실은 정말 끔찍한 일이다.	길동이는 하나님께서 내게 주신 남편이다. 비록 그에게 만족스럽지 못한 면도 있지만, 그래도 그와 함께 잘 살 수 있다.
지금의 남편과 행복하게 산다는 것은 불가능한 일이다.	그가 변화된다면 좋겠지만, 반드시 그래야만 내가 행복해 지는 것은 아니다.
나는 더 이상 이 현실을 견딜 수 없다.	비록 남편이 내가 바라는 식으로 나를 대하지 않더라도, 나는 만족스럽고 행복한 삶을 영위할 수 있다.
나는 이 결혼으로 인하여 내 인생을 낭비하고 있다.	나는 하나님 말씀을 실천하며 신앙적으로 성숙하고 있다. 나는 하나님께서 남편의 마음속에 역사하셔서 그를 하나님이 원하시는 사람으로 만드실 것을 믿는다.

서로 불쌍히 여기며 용서하라.

바울은 에베소서 4장 32절에서 '서로 인자하게 하며 불쌍히 여기며 서로 용서하기를 하나님이 그리스도 안에서 너희를 용서하심과 같이 하라.' 고 명하고 있습니다.

부부의 관계는 계속해서 서로를 용서하지 않으면 관계를 유지할 수가 없습니다. 예수님께서 왜 베드로에게 70번씩 7번이라도 용서하라고 명령하셨는지 아십니까? 그 이유는 한두 번 용서해서는 관계를 유지할 수 없기 때문입니다.

특히 부부관계는 계속 용서하지 않고는 유지할 수 없는 관계입니다. 배우자가 다른 사람보다 부족한 점이 많으면 많을수록 더 사랑을 해주어야 합니다.

이런 동화가 기억납니다.

어떤 집에 손님이 왔을 때에 주인집 딸이 자기가 가지고 있는 인형들을 자랑하였습니다. 공주인형, 왕자인형, 말하는 인형, 춤추는 인형, 삐삐인형, 각종 동물 인형, 등등 인형이 참으로 많고 다양했습니다.

손님은 아이에게 다정스레 물었습니다.

"네가 가장 사랑하는 인형이 어떤 거니?"

손님의 질문에 아이가 맑고 빛나는 눈을 반짝이며 대답했습니다.

"아저씨가 흉보지 않으면 가르쳐 드릴게요."

손님은 흉보지 않는다고 약속을 하였습니다. 그러자 아이가 자기 방으로 가서는 한 인형을 등 뒤에 숨겨서 나왔습니다. 그리고 아이는 손님에게 다시 한 번 흉보지 말라고 다짐을 하고는 인형을 보여주었습니다.

그 인형을 본 손님은 깜짝 놀라며 의아한 표정을 지었습니다. 왜냐하면 그 인형은 머리카락이 다 빠지고 다리가 한 짝이 없는 망가진 인형이었기 때문입니다. 손님은 아이에게 궁금하여 물었습니다.

"애야, 너에게는 왕자인형, 공주인형, 춤추는 인형, 노래하는 인형이 있는데 왜 그렇게 망가진 인형을 가장 사랑하니?"

그러자 여자아이가 그 맑은 눈을 반짝이면서 주저 없이 다음과 같이 말 하더랍니다.

"왕자인형과 공주인형은 누구나 다 예쁘다고 말하고 사랑해요. 그러나 이 인형은 아무도 사랑하는 사람이 없어요. 그래서 내가 사랑해 주는 거예요."

손님은 아이의 말을 듣고 감탄을 하였습니다.

나 역시도 그 글에 큰 감동을 받았습니다. 그리고 내 자신이 부끄럽게 느껴졌습니다. 나도 과연 그 아이처럼 형편없이 망가지 인형을 사랑할 수 있을까?라는 생각을 하면서 많이 반성해 보았습니다.

우리 부부들이 이 아이가 망가진 인형을 사랑하듯이 서로의 약점과 허물을 비난하지 않고 오히려 더 감싸 안는다면 얼마나 좋을까요.

부부관계에서 부부들이 의도적으로 해야 할 일 중 하나는,

자신의 자존심이 손상 받았을 때 그 상한 자존심을 그냥 놔두는 것입니다. 왜냐하면 부부 중 한 사람이 자존심을 꺾고 힘겨루기를 포기할 때, 다른 한 사람이 변화하거나 마음에 찔림을 받을지도 모르기 때문입니다.

부부싸움을 할 때, 자신의 감정을 폭발시키기 보다는 오히려 상대 배우자를 자신이 얼마나 사랑하고 존경하는지를 표현하면 어떨까요? 그런 표현이 상대방에게 거절당할지도 모르지만 말입니다. 이런 희생이 없이는 온전한 결혼생활이 이루어지지 않을 것입니다.

서로 경계선을 지키라.

부부관계에서 한쪽은 일방적으로 부어주고 한쪽은 받기만 한다면 이는 병적인 관계입니다. 부부의 사랑은 아가페적인 사랑이지만, 자신의 자존감과 존재감마저 상실하며 상대를 사랑하라고 하지는 않습니다. 정상적인 사랑은 양방향으로 흘러야 합니다. 그러기 위해서는 경계선을 정해야 하는 것입니다. 경계선은 어디까지가 상대방의 땅이고 어디까지가 나의 땅이라는 영역을 표시하는 선일 뿐입니다.

로버트 프로스트(Robert Frost)는 그의 시 〈고친 벽〉에서 '좋은 울타리는 좋은 이웃을 만든다.'고 하였습니다.

이웃 간에 경계선이 없고 담이 없다면 처음 얼마간은 자유로운 왕래를 하며 편하겠지요. 그러나 머지않아 사생활이 노출되어서 불편하게 될 것입니다. 그러므로 이웃 간에 담이 있는 것이 좋습니다.

부부관계 또한 경계선이 무너지면 안 됩니다. 부부 관계는 '남편', '아내', 그리고 '관계'의 3개 1조로 되어 있어야 정상입니다. '관계'를 가지려면 남편과 아내가 필요합니다. 그런데 둘 중 한 사람이 자신을 잃어버려 자기가 누군지 모른다면 그 관계는 곧 붕괴되고 말 것입니다.

사랑은 일방적으로 한쪽에서 다른 쪽으로 부어주는 행위가 아닙니다. 그런 행동은 마치 주전자의 물을 컵도 없이 식탁에 따르는 행위에 비유할 수 있겠지요. 그 물이 어디로 가겠습니까? 컵이 없는 물은 사방으로 퍼지며 주위를 적실 것입니다.

부부관계도 마찬가지입니다. 상대방에게 자신을 마구 따라주면 자기가 누구인지 잃어버리게 됩니다. 그 결과 자신의 정체성을 찾지 못하고 배우자에게 매달리게 되는 것입니다. 보통 경계선이 허물어진 경우를 살펴보면 다음과 같습니다.

- 자기 의견은 중요하지 않고 상대편의 의견만 가치를 둔다. 상대가 독재주의자라면 이보다 더 좋을 수 없다.
- 배우자는 손가락 하나 까닥 않는데도 그 사람을 위해 자기 몸을 혹사시킨다.
- 모든 결정은 배우자에게 맡긴다.

- 자신의 감정조차도 배우자가 원하는 대로 결정한다.
- 친구를 사귀는 것도 배우자가 결정한다.
- 육체적 학대나 성적 학대를 묵묵히 참는다.
- 배우자가 돌보아주지 않으면 자신을 통제하지 못한다.
- 싫어, 안 돼, 등의 말을 하지 못한다.

당신이나 당신의 배우자가 위와 같은 상태에 있다면 심각한 문제입니다. 이는 정상적인 부부의 모습이 아닙니다. 경계선을 긋는 것은 이기적인 행동이 아니라 단지 자신의 의사를 분명히 밝히는 것에 지나지 않습니다.

"이게 내 모습입니다. 나에게는 나만의 개성과 기호와 색깔이 있습니다. 그러니 내 모습 그대로 존중해주시면 감사하겠습니다."

그러나 경계선을 긋되 경직된 경계선을 그어서는 안 됩니다. 이런 태도입니다.

"나는 절대로 변하지 않을 거예요. 그러니 나를 있는 그대로 받아들이든지 아니면 헤어지든지 해요."

건강한 관계는 비닐봉지에 담겨 있는 물과 같습니다. 비닐봉지에 있는 물은 그릇 모양에 따라 여러 가지 모양으로 변할 수 있습니다. 그러나 물의 본질은 비닐봉지 안에서 안전하게 유지되고 있습니다. 부부란 바로 이런 모양입니다.

04

부부 각자의 역할

1. 남편의 역할

아내는 하나님이 주신 선물이며 동역자임을 기억하라.

남편들은 무엇보다도 아내가 소유물이 아니라, 하나님께서 주신 선물이며 돕는 배필임을 알아야 합니다. 돕는 배필이라고 함은 남자 혼자서는 완전하지 못하다는 말입니다.

여호와 하나님이 가라사대 사람의 독처(獨處)하는 것이 좋지 못하니 내가 그를 위하여 돕는 배필을 지으리라 하시니라. (창 2:18)

하나님께서는 남자에게는 아내가 있음으로 해서 완전해 진다고 말씀하고 계십니다. 그러므로 남편은 아내에게 교만하거나 무례하게 하면 안 됩니다. 아내는 남편에게 균형을 가

저다주고 마음을 안정시켜 주는 역할을 하기 때문입니다.
 아내가 돕는 사역을 맡았다고 남편보다 부족하거나 열등하다는 뜻이 아닙니다. 아내는 남편과 동동한 가치와 존엄성을 가졌습니다. 예수님께서 하나님과 동등한 삼위일체 하나님이시지만 아들의 위치로 낮아지셨듯이, 아내 또한 남편과 동등한 능력과 가치를 가졌지만 위치적으로 섬기고 돕는 자리에 있을 뿐입니다. 남편은 아내의 이런 수고에 늘 감사하는 마음을 가져야 하며, 아내가 개성을 유지하고 능력을 개발할 수 있도록 도움을 주어야 합니다.

아내를 자신의 몸처럼 사랑하라.

아래의 성경 말씀에 주목하여 주십시오.

남편들아 아내 사랑하기를 그리스도께서 교회를 사랑하시고 위하여 자신을 주심 같이 하라. (엡 5:25).

이 말씀은 날마다 아내를 위해 기꺼이 목숨을 바칠 각오가 되어 있어야 한다는 뜻을 내포하고 있습니다. 예수님께서 교회를 위해서 목숨을 내어주셨듯이 말입니다.

아내를 섬기고 보호하며, 필요하다면 아내를 위해 죽을 각오까지 해야 합니다. 왜 돈키호테가 여자들에게 인기가 있는지 아십니까? 그는 사랑하는 공주를 위해서 라면 물불을 가리지 않았기 때문입니다.

송길원 목사님의 책에서 다음과 같은 글을 읽었습니다.

2002년 5월 일본에서 전국 연애편지 콘테스트가 있었습니다. 거기서 대상을 받은 사람은 놀랍게도 78세 된 니시오카 다카시 할아버지였습니다. 그 편지의 내용은 다음과 같습니다.

기억은 고사하고 신체의 자유도, 언어조차 잃어버린 채
10년 이상 침상에 누워 지낸 당신.
과거와 현재도, 자신과 타인도 구분할 수 없는 당신은
음정이 틀린 노래를 중얼거리며
드넓은 벌판을 혼자 헤매는 것일까?
당신은 텅 빈 눈으로 '아~아~', '우~우'
소리를 내며 내게 호소하는구려.
하루에도 몇 번 씩 익숙한 손놀림으로
당신에게 기저귀를 갈아주는 나.
지금 당신의 편안하고 황홀한 나날은
과거의 고난을 견뎌온 생애를 보상하려
하늘이 내려준 치유의 은총인지도 모르오.

이 편지를 쓴 할아버지는 전력회사에 다녔는데, 회사가 집에서 먼 거리에 있었기 때문에 가족과 떨어져 지내야 했답니다. 그러다보니 자신은 가족을 제대로 돌볼 수 없었고 아내가 살림을 도맡아 해 가며 혼자서 자녀들을 키웠다고 합니다.

할아버지가 직장생활을 마치고 퇴직하였을 때는 자녀들은 독립해서 모두 떠나고 아내와 둘만 남게 되었답니다. 그런데 그 후 얼마 되지 않아 그만 아내가 파킨슨병과 뇌졸중으로 쓰러지고 만 것입니다. 그때부터 할아버지는 10여 년 동안을 변함없이 밥 짓고 빨래하고 기저귀를 갈아주며 아내를 돌보았습니다.

아내가 몸져눕기 전에는 이렇게 애틋한 마음으로 대해 본 적이 없다고 합니다. 물론 사랑한다고 말을 한 적도 없습니다. 그는 '힘들지 않습니까?'라고 물어 보는 사람들에게 다음과 같이 대답했습니다.

"평생 고생한 아내에게 속죄하고 있는 겁니다."

많은 사람들은 이 할아버지의 헌신적인 사랑에 감동을 받습니다. 정말 귀하신 분이십니다. 그러나 이 할아버지가 젊었을 때, 좀 더 일찍 사랑을 고백하고 표현했더라면 얼마나 좋았을까요? 그랬더라면 아내가 그런 몹쓸 병에 걸리지도 않았을 것입니다.

사랑은 그 어떤 약보다 강력한 면역성이 있다고 합니다. 이 책을 읽으시는 독자 여러분들은 너무 늦지 않게 아내에게 사랑을 표현하시기를 부탁합니다.

사랑을 표현하는 단어는 아가페(헌신적 사랑), 필레오(우정과 친밀감), 에로스(성적인 사랑), 스토르게(부모 자식 간의 사랑)가 있다는 정도는 알고 있을 것입니다. 그런데 이 중에서 결혼과 가정에 관련된 사랑은 아가페적인 사랑이라는 사실을 알고 있습니까?

행복한 결혼생활을 위해서는 필레오, 에로스, 아가파오 이 모든 사랑이 다 있어야 합니다. 그러나 그 중에서 하나만 선택하라고 하면 당연히 아가파오적인 사랑입니다. 세상적인 사랑은 에로스를 많이 강조합니다. 그래서 그들의 사랑은 이기적이고, 조건적이고 느낌을 중요시 합니다. 이러한 사상이 교회에까지 영향을 미치고 있다는 사실은 참으로 안타깝습니다.

진정한 사랑은 강열한 느낌이나 감정으로만 이루어지는 게 아닙니다. 진정한 사랑에는 때때로 모질고 단호한 면도 있어야 합니다. 배우자가 관계를 깨트리는 언행을 할 경우에는 단호하게 대처하는 용기와 지혜도 필요한 것입니다.

남편은 강인한 힘과 부드러움이 있는 보호자가 되어야 합니다. 남편은 지도자이자 연인이어야 합니다. 또한 은혜와 진리로 충만해야 합니다. 이것이 바로 성경이 말하는 남편의 기본적인 특징입니다. 예수님은 강함과 부드러움을 동시에 보여주신 분이십니다.

우리나라 남자들은 감정을 자연스럽게 표현하지 못하는데,

그 이유는 어려서부터 '남자는 이래야 한다.'라는 공맹사상에 너무 깊이 물들어 있기 때문이 아닌가 생각합니다.

주님은 여인들 앞에서도 체면을 생각하지 않으시고 눈물을 흘리셨습니다. 그러나 성전에서 매매하는 상인들에게는 불같은 화를 내시고 그들의 상을 엎으셨습니다. 어린 아이들에게는 다정다감하게 다가가셨고 약하고 불쌍한 사람들에게는 측은한 마음, 연민의 정을 나타내셨습니다. 그러면서 주님은 불의와 담대히 맞섰고 강철 같은 의지로 죽음과 타협하지 않으셨습니다.

남편들은 예수님의 이런 면을 본받아야 합니다. 강할 때는 단호하지만, 평상시에는 아내의 감정을 받아주며 자신의 감정도 스스럼없이 나타내야 합니다. 오늘부터는 아내와 자식들을 자주 안아주는 버릇을 가지시기를 바랍니다.

버지니아 사티어(Virginia Satir)는 포옹의 중요성을 이렇게 말하였습니다.

"사람이 생존하려면 하루에 네 번, 안정감을 유지하려면 하루에 여덟 번, 그리고 성장하려면 하루에 열두 번의 포옹이 필요하다."

당신의 아내가 왜 당신이 좋아하는 섹스를 거부하는지 아십니까? 평상시에는 안아주거나 다정하게 하지 않으면서 섹스를 하고 싶을 때만 다정한척 하는 것이 싫어서입니다. 오늘부터 평상시에도 아내에게 다정다감하게 하시기를 바랍니다. 니시오카 다카시 할아버지처럼 아내가 병든 다음에 해서야 무슨 소용이 있겠습니까. 아내가 건강할 때 사랑을 실천하십시오. 그러면 당신도 백 살 넘게 장수할 수 있습니다.

이런 말씀이 있습니다.

"결혼은 배우자의 모난 부분까지 품고 사랑함으로써 내 영혼이 하나님의 형상을 닮아가는 것이다."

하나님이 결혼제도를 만드신 이유는 배우자를 통하여 이기심을 버리고 경건훈련을 하기 위함입니다. 마틴 루터가 한 말을 알고 있습니까? 그는 이렇게 말 했습니다.

"내가 죄인이라는 사실을 가장 실감나게 느낀 곳은 바로 가정이다. 가정은 강도 높은 경건훈련을 하는 수련장이다."

이기심을 버려라.

아내를 진실로 사랑한다면 섬김만 받기를 원하는 어린아이 같은 왕이 되면 안 됩니다. 옛날의 왕은 섬김을 받는 왕이었습니다. 온 나라 백성들은 피죽도 제대로 먹지 못해서 아우성일지라도, 왕만은 상다리가 휘어지도록 산해진미를 쌓아놓고 먹었습니다.

성경은 솔로몬 왕의 하루 식사 분을 다음과 같이 말하고 있습니다.

가는 밀가루가 삼십 석이요 굵은 밀가루가 육십 석이요 살진 소가 열이요, 초장의 소가 스물이요, 양이 일백이며 그 외에 수사슴과 노

루와 암사슴과 살진 새들이었더라. (열왕기상 4:23~24)

실로 엄청난 양입니다. 청나라 말기에 서태후 또한 삼백 사람 분의 음식을 혼자 먹었다고 합니다. 이렇게 왕들이 어마어마한 분량의 음식을 차려놓고 먹었던 이유는 다음과 같습니다.

첫째, 보기 좋게 하는 관상용이었다고 합니다. 둘째, 냄새를 좋게 하기 위해서요. 셋째, 왕의 권위 때문이었다고 합니다.

요즘의 대통령들이 이런 식으로 한다면 온 나라 국민들이 일어나서 쿠데타를 일으킬 것입니다. 옛날의 남자들은 밖에서의 직위 고하를 막론하고 집에서는 왕처럼 군림하기를 원했습니다. 내가 어릴 때에도 우리 아버지의 말씀 한 마디는 곧 법이요 진리였습니다. 아버지의 이런 권위는 자녀들 교육과 가정의 질서를 위해서 어느 정도 인정되어야 한다고 봅니다.

그러나 아버지가 권위만 내세우고 아내와 자녀들에게 본이 되지 않는다면, 처자식이 원하는 사랑을 공급해 주지 않고 종 부리듯 하기만 한다면, 아무도 그런 아버지와 남편을 존경하지 않겠지요. 오히려 속으로 분노의 감정만 쌓여갈 것입니다.

진정으로 아내를 사랑한다면 아내를 섬겨야 합니다. 아내를 섬기는 방법은 여러 가지가 있겠지만 그 중에 하나는 가사 일을 분담하는 것입니다.

요즘은 대다수의 가정이 맞벌이 부부입니다. 그럼에도 불구하고 아직도 많은 남편들이 가사와 자녀교육은 아내의 일이라고 생각하고 있습니다. 아직도 우리나라가 가부장적 틀에서 벗어나지 못했다는 반증인 셈이지요.

이런 남자는 어쩌다가 설거지를 한 번 해주거나 쓰레기봉투를 버려주기라도 하면 자신이 뭔가 아주 특별한 일을 한 것처럼 생색내기가 일쑤입니다. 요즈음 들어 이런 고정관념이 많이 바뀌어가고 있는 추세라는 사실은 그나마 다행스러운 일입니다.

당신은 아내를 진심으로 사랑합니까? 정말로 아내에게 존경을 받고 싶으십니까? 아내와 멋진 잠자리를 원하십니까?

그렇다면 가사 일을 분담하는 것을 당연하게 생각하십시오. 오늘부터 옷을 아무렇게 벗어서 집어던지지 마시고, 특히 양말과 속옷은 꼭 바구니나 세탁기 안에 넣으십시오. 세탁기를 돌려주면 더욱 좋겠지요. 뭐 대단하게 어려운 일도 아니지 않습니까? 아내가 저녁을 준비할 동안 아이들 숙제를 도와준다거나 청소기를 돌린다거나 아이들과 함께 샤워를 하십시오.

그리고 설거지는 남편 담당이라는 사실을 꼭 기억하십시오. 정태기 박사님도 그 바쁘신 중에도 자신이 항상 설거지를 한다고 합니다. 당신이 이렇게 아내를 도울 때, 당신의 아내는 진심으로 사랑받고 있다고 느낄 것입니다. 그러면 아내의 입에서 원망과 불평의 말이 절반으로 줄어들을 것입니다. 연구 결과에 의하면 아내들은 남편이 가사를 돕는 모습에서 성적인 매력을 느낀다고 합니다.

아내는 자녀들과 가사 일에 힘들고 지쳐 있는데, 남편이라는 사람이 TV만 보고 있다가 함께 자자고 하면, 어떤 여자가 '좋아요.'하고 안기겠습니까? 당신을 위해서도 아내를 돕는 일은 분명 현명한 행동입니다.

아내에게 경제적으로 정서적으로 안정감을 주라.

남편은 아내와 자식들이 경제적으로 어려움이 없도록 노력해서 돈을 벌어야 합니다. 아내는 돈에 쪼들리지 않고 가족이 넉넉한 생활을 하기를 원합니다. 그렇다고 남편이 돈 버는 데만 집착하는 일벌레가 되는 것도 원치 않습니다.

아내는 남편이 돈보다 자기를 더 사랑하고 있다는 사실을 확인받고 싶어 합니다. 남편이 아내를 돈보다 더 소중하게 생각한다는 확신이 있으면 그녀는 남편의 결정에 순종할 것이고 내조를 아끼지 않을 것입니다.

아내는 경제적으로 뿐만이 아니라 정서적으로도 안정감을 얻기를 원합니다. 정서적인 안정감은 남편이 자신의 가치를 인정해 줄 때 생기는 법입니다.

아가서 2장 1절을 보면 술람미 여인은 솔로몬 왕에게 다음과 같이 말을 합니다.

"나는 샤론의 수선화요 골짜기의 백합화로구나"

우리나라에서는 수선화와 백합화는 고상하고 품위 있는 꽃으로 대접을 받습니다. 그러나 술람미 여인이 사는 농장 근처 야산에는 가장 흔한 꽃이 수선화와 백합꽃입니다. 그녀가 자신을 수선화와 백합화로 표현한 이유는 불안해서였습니다. 그녀가 하고자 했던 말의 참 뜻은 다음과 같습니다.

"나는 야산에 흔한 꽃처럼 평범하고 천한 시골처녀일 뿐입니다. 그런데 존귀한 신분인 왕께서 저 같은 인간을 사랑한다는 사실이 믿어지지 않습니다."

술람미는 왕이 자신을 장난삼아 사랑놀이를 하는 것이 아닌지 불안했습니다. 그래서 왕의 진심을 떠 볼 심사로 이렇게 말을 했던 것입니다. 그런 술람미의 심정을 헤아린 왕은 이렇게 화답합니다.

"여자들 중에서 내 사랑은 가시나무 가운데 백합화 같구나."(2절).

솔로몬 왕의 말뜻은 다음과 같습니다.

"당신은 야산에 핀 흔한 백합화가 아니요, 당신이 백합화라면 다른 꽃들은 가시나무에 불과하오. 당신은 꽃 중에 가장 귀한 꽃이요."

왕의 진심과 사랑을 확인한 술람미는 왕에게 다음과 같이 화답합니다.

"남자들 중에 나의 사랑하는 자는 수풀 가운데 사과나무 같구나."(3절).

이런 찬사는 아내의 존귀함을 인정한 남편들만 듣는 찬사입니다. 남편들이여, 아내의 아름다움을 찬양하십시오. 그러면 당신은 수풀가운데 사과나무 같은 멋진 대우를 받게될 것입니다.

아내의 꿈과 비전을 성취할 수 있도록 돕는 자가 되라.

사람은 누구나 성취하고자 하는 꿈과 비전이 있습니다. 그 꿈을 성취하였을 때 삶의 의미와 보람을 느끼는 법입니다. 그런데 우리나라 여인들은 남편을 내조하고 자식들을 돌보느라 자신의 꿈과 비전을 포기하는 경우가 많습니다.

많은 엄마들은 자녀들을 공부시키고 성공시키는 것으로 대리만족을 얻습니다. 그러다가 자녀들이 출가를 하고 집을 떠나면 감당하기 어려운 '빈 둥지 증후군'을 느낍니다. 심하면 우울증에 빠질 수도 있습니다.

남편에게는 이런 아내의 마음을 헤아리고 아내의 숨겨진 꿈이 무엇인지를 찾아내려는 세심함이 필요합니다. 아내로 하여금 내 남편이 자신의 꿈과 희망에 대하여 관심을 갖고 있다는 사실 정도는 알도록 해 주어야 합니다. 그 꿈이 이루어지기까지 후원하고 지지해 준다면 더욱 좋겠지요.

아내를 위험, 난관, 스트레스에서 지켜주는 자가 되라.

아가서에서 술람미는 남편을 '양치기'로 표현했습니다.

내 마음에 사랑하는 자야, 너의 양떼 먹이는 곳과 정오에 쉬게 하는 곳을 내게 고하라. 내가 네 동무 양떼 곁에서 어찌 얼굴을 가리운 자 같이 되랴. (아 1:7)

예수님 또한 우리들을 양으로 비유하셨고 당신을 목자로 비유하셨습니다. 양은 개처럼 영리하거나 힘이 센 짐승이 아닙니다. 양은 목자가 지키지 않으면 자기 생명조차 보존하기 어려운 짐승입니다. 그래서 양을 지키는 사람들은 밤잠도 자지 않고 양을 지킵니다.

남편은 아내를 지키는 목자입니다. 선악과는 하와가 먼저 따먹었습니다. 그런데 하나님은 아담을 먼저 책망하셨습니다. 그 이유는 아담은 아내 하와를 지켜야 할 의무가 있는 사람이었기 때문입니다. 그런데 아담은 하와를 홀로 내버려두고 자신의 일에만 몰두했던 것입니다. 아마도 아담은 일중독에 빠지지 않았나 하는 생각이 듭니다. 일중독에 빠져서 아내를 외롭게 내버려 두는 사람은 아담과 같은 책망을 듣게 될 것입니다.

하와가 뱀의 유혹에 빠졌듯이 아내는 여러 가지 유혹과 스트레스를 받을 수 있습니다. 특히 시어머니와의 관계에서 오는 스트레스와 자녀양육으로 오는 스트레스는 남편이 도와주지 않으면 극복하기 벅찬 일입니다. 고부간의 갈등은 동서

고금을 막론하고 언제 어디에서나 해결하기 어렵습니다. 이 갈등의 핵심은 한 남자를 가운데 두고 두 여성이 치열한 줄다리기를 하기 때문입니다.

어머니의 입장에서는 그동안 정성을 다해 키운 자식을 남에게 넘겨준다는 것이 그리 쉬운 일이 아닙니다. 아내 또한 자신의 운명을 맡길 남자를 독차지하고 싶은 마음으로 가득 차 있을 것입니다. 두 여자는 자라온 시대와 배경, 생각이나 의견, 그리고 인생관과 가치관이 엄청나게 다릅니다. 이렇게 다른 두 여자가 한 남자를 두고 줄다리기를 한다면 어떻겠습니까? 특히 한 가정에서 같이 살 경우에는 치명적입니다.

이럴 때 남편은 단호히 자신이 어머니의 남자가 아니라 아내의 남자라는 사실을 보여주어야 합니다. 왜 신랑을 남편이라고 하는지 다 알고 계시겠지요? 남편은 바로 '남의 편을 들어 주는 사람'이기 때문입니다.

아내는 남의 집안에서 들어온 사람입니다. 그래서 그녀는 남편 집안의 생활방식과 사고방식에 서툴 수밖에 없습니다. 마치 아내는 비둘기 무리들 속에 섞여있는 한 마리 잉꼬 같은 모습으로 왕따를 당할 수도 있습니다. 이때 남편은 자신이 이제는 비둘기가 아니라 잉꼬가 됐음을 선포해야 합니다.

하나님은 결혼을 하였으면 부모를 온전히 떠나라고 명령하고 있습니다.

이러므로 남자가 부모를 떠나 그 아내와 연합하여 둘이 한 몸을 이룰 지로다. (창2:24)

영어성경에서 사용한 '떠난다'(leave)라는 말은 '관계를 버린다.'는 뜻입니다. 그러므로 이제는 결혼을 하였다면 부모와의 관계를 단호하게 버려야 하는 것입니다. 그리고 '연합한다'(cleave)라는 말은 '용접한다.' 또는 '풀처럼 달라붙는다.'는 뜻입니다. 그러므로 결혼을 하였으면 아내와 용접한 상태처럼 연합을 이루어야 하는 것입니다.

입맛도 어머니께서 해 주신 음식에서 아내가 해 주는 음식으로 바꾸어야 합니다. 아내에게 엄마의 맛을 내라고 강요하지 마십시오. 아내는 엄마가 아닙니다. 아내와 일심동체를 이루는 가정을 이루었다는 말은 어머니의 가정과 결별함을 의미하는 것입니다.

만약 어머니께서 아내가 한 음식을 트집 잡는 다면, 당신은 아내가 한 음식이 더 맛있다고 말해 주어야 합니다. 어머니가 아이들 양육하는 방식이 마음에 안 든다고 하시면, 요즘은 아내의 양육방법이 더 효과적이라고 말해 주어야 합니다.

어머니에게 용돈을 드릴 때도 '집사람에게는 얘기하지 마세요.' 하면서 드리면 안 됩니다. 그런 행동은 어머니와 아내 사이를 더 벌어지게 만들 뿐입니다.

용돈을 드릴 때 '집사람이 어머니가 용돈이 떨어진 것 같다고 드리라고 하더군요.'하면서 드리십시오. 그러면 어머니께서 며느리 보는 눈이 틀려질 것입니다. 뇌물은 이렇게 쓰는 것입니다.

아들이 엄마의 편은 들지 않고 며느리 편만 들면 어머니는 당연히 섭섭한 마음이 들겠지요. 그러나 어머니도 아들이 정말로 행복하려면 며느리와 아들이 하나가 되어야 한다는 사실을 알고 계십니다.

남편은 어머니와 아내 사이의 완충장치가 되어야 합니다. 아내를 이웃들로부터 또는 아이들로부터 보호해 주어야 합니다. 아이들 앞에서 아내를 꾸짖거나 하는 행동은 독약이나 다름없습니다. 이 독약은 남편과 아내 모두에게 해당되는 독약입니다.

이렇게 아내를 보호해 주지 않으면 아내는 긴장성 두통과 여러 가지 질병으로 고통을 받게 됩니다. 그러면 아내의 입에서는 끊임없이 불평불만이 쏟아질 것이며, 결과적으로 당신은 자신이 그렇게도 간절히 원하는, 침대에서 아내와 한 몸이 되는 소망도 이루지 못할 것입니다.

아내의 감정에 공감하며 이해하는 태도를 보여주라.

베드로는 '여자는 연약한 그릇'이라고 말하고 있습니다. 베드로전서 3장 7절을 보십시오.

남편 된 자들아, 이와 같이 지식을 따라 너희 아내와 동거하고 저는 더 연약한 그릇이요 또 생명의 은혜를 유업으로 함께 받을 자로 알아 귀히 여기라. 이는 너희 기도가 막히지 아니하게 하려 함이라.

그렇다고 여자가 남자보다 열등하거나 동등하지 않다는 뜻이 아닙니다. 오히려 '생명의 은혜를 유업으로 함께 받을 자'이므로 더 귀히 여기라고 말하고 있습니다. 에머슨 에거리치는 이를 '깨지기 쉬움, 조심히 다루시오.'라는 꼬리표가 붙어있는 물건이라고 말하고 있습니다.

아내의 감정에 공감해 주십시오. 그리고 아내의 감정이 깨지지 않도록 주의하십시오. 그러기 위해서는 아내를 이해해야 합니다. 당신의 아내는 당신과 친밀한 관계를 원하고 있습니다. 성관계를 가질 때만이 아니라 평상시에도 남편과 하나 되는 일치감을 원하고 있습니다.

아내는 자신의 이야기를 잘 들어주는 남편을 원할 뿐만 아니라, 남편도 마음의 문을 열고 자신의 이야기를 해 주기를 원하고 있습니다. 어떤 사람들은 남자로서 강한 모습을 보이기 위해서는 문제를 혼자 해결해야지 아내와 의논을 하면 안 된다고 생각하는 분들도 있습니다. 그러나 그것은 잘못된 생각입니다.

당신이 아내의 의견을 물어볼 때 아내는 당신에게 인정받는다는 생각에 당신을 더 많이 존경하게 되는 것입니다. 어쩌면 아내는 당신이 생각하지도 못했던 좋은 아이디어를 선물할 수도 있습니다.

남자는 때로는 자존심이 상해도 아내를 넉넉한 품으로 이해하는 심정을 가져야 합니다. 보통 남편들은 아내에게 성적인 요구를 했다가 거절을 당하면 몹시 자존심이 상합니다. 그래서 홱 토라져 있거나 심지어는 강제적으로 아내의 몸을 범하기도 합니다. 이는 아내를 강간하는 행위와 같습니다. 이런 관계는 매우 심각한 결과를 가져올 수 있습니다.

아가서에 보면 솔로몬의 아내인 술람미도 피곤하다는 이유로 밤늦게 섹스를 요구하는 솔로몬을 거절한 내용이 나옵니다. 이 때 솔로몬은 놀랍게도 다음과 같은 반응을 보입니다.

내 사랑아 너의 어여쁨이 디르사 같고,

너의 고움이 예루살렘 같고,

엄위함이 기치를 벌인 군대 같구나.

네 눈이 나를 놀래니 돌이켜 나를 보지 말라.

네 머리털은 길르앗 산기슭에 누운 염소 떼 같고,

네 이는 목욕장에서 나온 암양 떼,

곧 새끼 없는 것은 하나도 없이 각각 쌍태를 낳은 양 같고,

너울 속의 너의 뺨은 석류 한 쪽 같구나. (아가서 6:4-7)

솔로몬의 이 찬사는 신혼 첫날 밤에 술람미에게 사랑을 고백한 그 노래(4:1-3)와 같은 노래입니다. 솔로몬은 자신의 욕구를 거부한 아내에게 분노를 터트리기는커녕, 오히려 사랑의 고백을 하였던 것입니다. 솔로몬은 자신의 성적인 요구를 거부한 아내에게 다음과 같이 말을 한 셈입니다.

"내 사랑은 결코 변하지 않을 것이오. 당신이 내게 어떻게 대하든 나의 사랑은 변함이 없소. 당신의 태도가 내 기대를 만족시키지 못한다고 하더라도 나는 이제껏 그랬듯이 변함 없는 사랑으로 그대를 대하겠소."

정말 솔로몬은 멋진 남편입니다. 부부의 갈등을 미연에 방지하려면 솔로몬처럼 상대의 모욕을 축복으로 갚는 태도를 가져야 합니다. 하나님은 원수도 사랑하라고 했는데 성적인 욕구를 거절했다고 아내를 미워하거나 핍박해서야 되겠습니까?

아내와 섹스를 하고 싶으면 아내의 감정을 잘 살피고 혹시 너무 피곤하고 지치지 않았는지 헤아려야 합니다. 여자는 무드가 있어야 감동을 받는다는 사실을 기억하시기 바랍니다.

그리고 때로는 아내가 화를 내며 당신을 공격할 때조차도 아내의 감정에 공감할 줄 아는 남편이 되어야 합니다. 아내가 당신의 약점을 공격하면 자존심이 상할 것입니다. 이때에 되로 받고 말로 갚는 언행을 하지 마십시오.

남자들은 보통 자신이 전적으로 옳다고 느끼는 경향이 강합니다. 이런 경향은 지기 싫어하는 남성적인 기질 때문에

그렇습니다. 아내가 억울하게 나를 비난한다는 생각이 들
때에도, '왜 아내가 저런 말을 하게 되었을까?' 또는 '원인
이 무엇일까?'를 생각하는 남편이 되십시오. 이는 당신보고
성인군자가 되라고 하는 말이 아닙니다. 가정을 지키기 위
함입니다.

싸우고 나서 화해를 하지 못하는 부부들의 90퍼센트가 이
혼을 한다는 통계를 알고 계십니까? 아내가 화를 내는 데에
는 반드시 원인이 있을 것입니다. 그 원인을 찾아내려는 노
력이 필요합니다.

아내의 인격을 존중해 주며 칭찬과 확언의 말을 아끼지 말라.

미국의 포드 대통령은 취임사에서 이렇게 말했습니다.

"나는 어떤 사람에게도 빚지지 않았으나 단 한 사람의 여
성에게는 큰 신세를 졌습니다. 바로 내 아내입니다. 그녀의
헌신과 사랑의 빚이 오늘 나를 이 자리에 서게 했습니다."

포드 대통령은 자신의 성공에 아내가 얼마나 큰 공헌을 했
는지 온 나라에 알리며 아내에게 명예와 영광을 돌렸습니
다. 이 말에 그의 아내가 감격하였음은 물론이요, 앞으로 더
열심히 남편을 내조하리라 결심하였을 것입니다. 아내들은
남편의 인생에서 자신이 얼마나 중요한 존재인가를 확인받
고 싶어 합니다.

연구결과에 의하면, 남편이 아내의 의견을 들어주지 않는

부부는 들어주는 부부보다 이혼율이 무려 네 배나 높은 것으로 나타났다고 합니다. 남편이 아내의 의견을 존중해주고 결정권을 공유할 경우에는 비록 화가 났을지라도 남편에게 거친 말이나 불평불만도 적게 한다고 합니다. 또한 비난하는 말도 하지 않고 타협점을 찾아낸다고 합니다. 아내가 끊임없이 불평불만을 쏟아놓는다고 불평을 하기 이전에, 혹시 내가 아내를 무시한 적은 없었나를 생각해 보아야 합니다.

내일 출근할 때 입으려고 파란색 와이셔츠를 다림질해 놓으라고 아내에게 부탁을 했는데도 불구하고 다림질을 해 놓지 않았다면 화가 날 것입니다. 이럴 때, '당신은 도대체 집에서 뭐하는 여자야? 뭐 한 가지라도 제대로 하는 일이 있어야지!'라고 말하지 마십시오. 이렇게 말을 하면 아내는 자신이 실수를 했음에도 불구하고 남편이 자신을 인격적으로 존중해주지 않고 모욕을 준 사실만 기억하게 됩니다.

이럴 때도 다음과 같이 부드러운 말을 하면 좋습니다.

"여보, 요즘 뭐 신경 쓰이는 일이 있어? 걱정이 있으면 숨기지 말고 말해 봐."

이렇게 말하면 아내가 스트레스를 받는 일이 있으면 말을 할 것입니다. 아니면 다음과 같이 대답하겠죠.

"아니요. 왜요?"

"파란색 와이셔츠를 오늘 입고 가려고 부탁을 했었는데."

"이런 내 정신 좀 봐. 미안해요 여보."

아내는 자신의 실수를 너그럽게 봐 주는 남편이 더 존경스러울 것입니다. 그리고 다음에는 똑 같은 실수를 하지 않으려고 더 주의하겠죠.

어떠한 상황에도 아내를 비난하지 마시고 존중해 주십시오. 아내는 당신에게 존중과 인정을 받고 싶어 한다는 사실을 항상 잊지 마십시오. 지금 당장 아내의 손을 잡고 다음과 같이 말해보면 어떨까요.

"여보, 당신이 내 아내라는 게 너무나 감사해."

"당신의 인정과 격려가 나에게 너무나 큰 힘이 돼."

"앞으로도 변함없이 당신을 사랑하고 끝까지 지켜줄게."

남귤북지(南橘北枳)라는 말이 있습니다. 남쪽 땅의 귤나무를 북쪽에 옮겨 심으면 탱자나무로 변한다는 뜻입니다. 나에게 반항적이던 아내가 다른 남자에게 시집 가면 온순하고 순종 잘하는 아내로 변할 수 있습니다.

아내의 인격을 존중해 주지 않는 남편은 아내에게 순종과 존경을 받을 자격이 없습니다. 성경을 조금 안다고 하는 남편들은 아내들에게 다음의 말씀을 자주 들먹입니다.

아내들이여 자기 남편에게 복종하기를 주께 하듯 하라. (엡 5:22).

아내들은 물론 이 말씀대로 남편에게 복종하여야 합니다. 이것은 하나님의 명령이기 때문입니다. 그러나 남편들은 22절의 말씀을 아내에게 요구하기 이전에 25절 말씀을 먼저 기억해야 합니다.

남편들아 아내 사랑하기를 그리스도께서 교회를 사랑하시고 위하여 자신을 주심같이 하라.

예수님은 교회를 구원하시려고 자신의 몸을 십자가에 매달아서 희생하셨습니다. 당신은 아내를 위하여 당신의 자존심, 이기심, 고집, 분노, 게으름, 타성, 편견을 십자가에 매달았습니까? '예'라고 할 수 없으면 회개하십시오.

다음은 배우자에게 배려와 존중하는 마음을 잘 실천하고 있는지 테스트하는 설문지입니다. 다음 질문들에 진실되게 답 하셔야 합니다. 맞으면 '예', 맞지 않으면 '아니오'에 체크하십시오.

01	지금 곧 바로 배우자의 칭찬할 점 세 가지를 말할 수 있다.	예 / 아니오
02	배우자와 떨어져 있으면 보고 싶다.	예 / 아니오
03	배우자에게 사랑의 표현을 할 수 있다.	예 / 아니오
04	배우자의 몸을 자주 어루만지거나 키스를 한다.	예 / 아니오
05	배우자는 정말로 나를 존경해 준다.	예 / 아니오
06	배우자는 나를 사랑하고 있으며 나에게 마음을 써 준다.	예 / 아니오
07	배우자는 나를 받아들이고 나를 사랑하고 있다고 믿는다.	예 / 아니오
08	배우자는 나를 섹시하고 매력이 있다고 생각하고 있다.	예 / 아니오
09	배우자는 나를 성적으로 흥분시키는 그 무엇인가를 갖고 있다.	예 / 아니오
10	우리 사이에는 불타는 정열이 있다.	예 / 아니오
11	우리 사이에는 아직까지 로맨틱한 감정이 남아 있다.	예 / 아니오
12	배우자를 진심으로 자랑스럽게 생각하고 있다.	예 / 아니오

13	배우자는 내가 성취한 일을 기뻐해 준다.	예 / 아니오
14	배우자와 결혼한 이유를 바로 열거할 수 있다.	예 / 아니오
15	다시 태어나도 나는 이 사람과 결혼할 것이다.	예 / 아니오
16	우리는 잠자기 전에 어떤 형태로든지 서로 애정을 표현한다.	예 / 아니오
17	배우자는 내가 옆에 있으면 좋아한다.	예 / 아니오
18	배우자는 내가 하는 일에 고마움을 표현한다.	예 / 아니오
19	배우자는 대체로 나의 성격을 좋아한다.	예 / 아니오
20	우리는 성생활에 불만이 없고 만족한다.	예 / 아니오

'예'가 10개 이상:

당신들 부부는 결혼 생활에서 서로를 가치 있는 존재라고 생각하고 있습니다. 마이너스 감정이 당신들 한 쪽에 가끔씩 싹튼다 하더라도, 두 사람의 관계가 파괴될 정도는 아닙니다.

부부사이라면 서로 사랑하는 것은 당연하다고 생각할지도 모르지만, 결혼 생활을 오래 하다 보면 배려하고 존중하는 마음이 얼마쯤은 줄어들게 되어 있습니다. 그래서 부부는 항상 노력을 해야 하는 것입니다. 위의 질문을 때때로 다시 대답함으로써, 늘 배우자를 향하여 긍정적인 사랑의 마음을 품기 바랍니다.

'예'가 9개 이하:

당신에게는 개선해야 할 부분이 있습니다. 그렇다고 비관

할 정도는 아닙니다. 그 이유는 배우자와의 다툼 때문에 그 마음이 가슴 속 깊숙이 억눌려 버린 경우가 많습니다. 이것을 다시 캐내어 활용하면 당신의 부부관계는 크게 개선될 것입니다.

아내에게 로맨틱한 애인이 되어주라.

보통 여성들은 로맨스라는 병을 앓고 있습니다. 이 병은 병원에서 고칠 수 없는 병입니다. 왜냐하면 오직 남편만이 고칠 수 있는 병이기 때문입니다. 남편들이 이 병을 돌봐주지 않는다면 아마도 아내들은 사경을 헤매게 될 지도 모릅니다. 보통의 남편들은 평상시에는 무뚝뚝하다가 자기가 섹스를 하고 싶어 할 때만 아내에게 로맨틱하게 하는 경우가 많다고 앞에서도 말을 하였습니다. 남편의 이런 행동은 자신의 욕망을 채우고자하는 이기심에 불과합니다.

남편들은 어떤 행동이 로맨틱한 것인지 배울 필요가 있습니다. 그렇다고 그렇게 어려운 일은 아니니 겁먹지 마시기를 바랍니다.

로맨틱한 행동이란 먼저 아내의 말을 잘 들어주는 것입니다. 아내가 말을 할 때에 아무 말도 하지 않는다거나, 들은 체도 하지 않고 돌처럼 무감각하게 있으면 안 됩니다. 그럴 때 아내의 마음이 절망감을 느껴 싸늘하게 식는 것입니다. 아내가 말을 할 때는 '정말이야?' 또는 '그렇구나.' 라는 말을 하여 남편이 잘 듣고 있음을 증명해 주어야 합니다.

아내가 해답을 요구하지 않으면 조언을 하려고 애쓰지 말고 그냥 듣기만 하면 됩니다. 아내는 이야기 할 때는 조언보다는 남편에게 이해받고 동정의 말을 듣고 싶은 경우가 많습니다. 비록 당신이 판단할 때는 아내의 말이 이치에 맞지 않는다고 생각되더라도 아내를 지지하는 입장을 취하여야 합니다. 절대로 아내와 적대하는 쪽을 편들면 안 됩니다.

만약에 아내가 우측 깜빡이를 켜고 좌회전을 해서 다른 운전자에게 욕을 먹었다고 해도 '사람이 살다보면 실수를 할 수도 있는 거지, 그렇다고 욕을 해? 그 놈 참 못된 놈이네.'라고 말을 해야지, '왜, 멍청하게 우측 깜빡이를 하고 좌회전을 해? 그러다가 큰일 나면 어쩌려고.' 하면서 윽박지르면 안 됩니다.

아내도 우측 깜빡이를 켜고 좌회전을 하면 사고가 난다는 정도쯤은 알고 있었을 것입니다. 그리고 이미 다른 운전자에게 자존심이 상할 정도로 욕을 먹었습니다. 그래서 마음이 상해 남편에게 자기를 동정해 달라고 말을 하는 것입니다. 그럴 때 또다시 남편으로부터 꾸지람을 듣게 되면 아내의 기분이 어떨까요?

이럴 때는 그냥 아내의 말에 공감을 해주기면 하면 되는 것입니다. 말하는 법은 이렇게 쉬우면서도 참으로 어렵습니다. 그래서 나는 당신을 도울 목적으로 이 책에 '대화하는 법'

을 추가하였습니다. 이 책의 대화하는 법을 잘 활용하면 배우자의 마음을 어루만지는 방법을 배울 수 있을 것입니다.

아내에게 로맨틱한 연인이 되는 비결은 아내를 칭찬하는 것입니다. 남자는 시각에 약하지만 여자는 청각에 약하다는 사실을 알고 계시나요? 여자는 칭찬의 말을 해주고 배려해 주는 남자에게서 성적인 매력을 느낀다고 합니다.
성경을 살펴보면 이 분야에서 최고의 프로는 당연히 솔로몬 왕입니다. 우리는 솔로몬으로부터 배워야 합니다. 성경을 읽다보면 솔로몬의 세심한 배려는 제비족도 울고 가게 만들 정도입니다. 시간을 내서 아가서를 공부하십시오. 지면만 허락한다면 이 책에서 아가서를 세밀하게 분석해 보면 좋겠지만, 그러면 책 부피가 너무 두꺼워질 것 같습니다. 여기에서는 로맨스가 무엇인지 간략하게 살펴보는 정도로 만족해야 하겠습니다.
첫째, 로맨스는 '놀라움'이 중요한 요소입니다. 특별한 날도 아닌데 향기로운 장미꽃 다발을 아내에게 선물하는 것은 로맨틱한 행동입니다.
둘째, 로맨스에는 데이트가 포함됩니다. 가끔씩 몰래 숨겨두었던 비자금을 투자하여 데이트가 즉흥적인 것처럼 보일 수 있도록 사전준비를 하고 아내를 초청하십시오. 당신에게는 여러 가지 아이디어가 있겠지만 이곳에서는 평범한 남편

들이 데이트할 때 도움이 될 수 있는 방법을 몇 가지 소개
하겠습니다.

- 시골집이나 한적한 곳을 찾아서 모닥불을 피우고 대화하기.
- 자동차를 타고 배경 좋은 곳을 드라이브하며 이야기하기.
- 함께 자전거, 스케이트, 롤러스케이트 타기.
- 아이들을 믿을 만한 사람에게 맡기고, 분위기 있는 식당에서
  식사하고 모텔에서 사랑 나누기.
- 드라이브인 극장에 가서 팝콘을 먹으며 영화감상하기.
- 서로 하고 싶은 말이나 격려의 편지를 써서 나누기.
- 함께 불우이웃을 돕거나 교회 봉사에 참여하기.
- 식물원이나 놀이공원 가기.

이 외에 당신의 창의적인 아이디어를 추가하면 좋을 것입니
다. 이런 제의를 하면 꼭 이렇게 말을 하는 분들이 있습니다.
"그런 짓을 하기에 우리는 너무 늙었어."
"쓸 데 없는 일에 쓸 돈이 어디 있어. 그건 다 배부른 사람
들 소리야."
당신의 아내도 당신의 말에 동의를 한다면 구태여 그렇게
할 필요가 없겠지요. 그런데 당신의 아내가 '우리가 뭐 밥만
먹고 사는 짐승인가요?'라고 반문한다면 당신은 사고전환
을 하여야 할 것입니다.
가끔은 행복한 결혼생활을 위하여 망설이지 마시고 비효

율적인 행동을 해 보십시오. 그것이 당신의 아내가 바라는 로맨스입니다. 아내는 남편과 영원한 연인이 되고 싶어 합니다.

당신은 몇 점짜리 연인인지 한번 테스트해 봅시다.

다음은 조셉 딜로우가 만든 '연인 지수 테스트'입니다. 지난 6개월 사이에 당신이 단 한 번이라도 한 적이 있는 일이면 그 항목에 10점을 주십시오. 그리고 두 번 이상 한 일에는 20점을 주시면 됩니다. 총 20개 문항입니다.

01	근사한 것을 미리 계획하고 평일에 아내에게 전화해서 주말에 데이트를 신청한 뒤 행선지를 말해 주지 않은 적이 있습니까?	점
02	하루 저녁 아내가 일손을 놓고 푹 쉴 수 있게 해 준 적이 있습니까? 요리와 설거지를 당신이 하고 아이들을 재워 본 적이 있습니까?	점
03	안전하고 인적이 뜸한 곳에 차를 세워 놓고 서로 키스하며 사랑을 고백한 적이 있습니까?	점
04	아내와 단둘이서 저녁 내내 이야기를 나눈 적이 있습니까?	점
05	아내를 위해 목욕물을 받은 적이 있습니까? 물론 목욕 후에 목욕탕도 치워야지요.	점
06	아내에게 연애편지나, 이메일, 문자를 보낸 적이 있습니까?	점
07	아내를 사랑하는 이유를 녹음한 테이프를 준다거나, 직접 고백하였습니까?	점
08	아내에게 예쁜 속옷을 선물한 적이 있습니까?	점
09	파도소리 효과음을 녹음한 테이프를 틀어 놓고 누드로 하와이식 파티를 벌여 본 적이 있습니까?	점
10	적어도 2시간 이상 앞으로의 계획을 설계하고 아내와 아이들과 미래에 대해 이야기를 나누어 본 적이 있습니까?	점
11	로맨틱한 장소를 예약해 놓고, 아이들은 믿을만한 곳에 맡기고, '마님, 오늘은 소인이 근사한 곳으로 모시겠습니다.'하고 깜짝 이벤트를 한 적이 있습니까?	점
12	지난 6개월 동안 한 번이라도 세탁기를 돌린 적이 있습니까?	점

13	방청소를 일주일에 한 번 정도는 해주고 있습니까?	점
14	아내의 어깨와 전신을 안마해 준 적이 있습니까?	점
15	최소한 1시간 동안 로맨틱한 대화를 나누고, 다양한 애무와 접촉을 가지면서 여러 체위로 사랑을 나누어 본 적이 있습니까?	점
16	아내가 부탁하지 않았는데도 집안의 고장 난 곳을 수리한 적이 있습니까?	점
17	출근하기 전이나 퇴근하자마자 적어도 30초 동안 정열적으로 아내에게 키스를 한 적이 있습니까?	점
18	아이들에게 엄마의 장점을 이야기 해 준 적이 있습니까?	점
19	향수, 반지, 옷가지 등 예기치 못한 선물을 한 적이 있습니까?	점
20	아내에게 꽃을 선물한 적이 있습니까?	점

200~300점: 당신은 연인관계를 유지하고 있습니다.

의심의 여지없이 당신의 아내는 전국에서 가장 행복한 아내라고 자부할 것입니다. 당신의 아내가 그걸 모른다면 데려오십시오. 내가 당신이 얼마나 훌륭한 남편인지 말해주겠습니다.

150~200점: 당신은 준수한 편입니다.

그러나 많은 사람들이 이 범주에 들지 못하고 있습니다.

100~150점: 당신은 평범한 편입니다.

이런 남편은 약간 전형적인 데가 있으며 대개 가슴 설레는 연인이 되지는 못하는 편입니다.

50~100점: 당신의 로맨스 점수는 미달입니다.

이 범주에 드는 사람들이 의외로 많습니다. 앞으로 더 많은 노력을 기울여야 할 것입니다.

0~50점: 당신은 아내에게 단순히 서류상의 '남편'일 뿐입니다.

'남편'과 '연인' 사이에는 천양지차가 있습니다. 어쩌면 당신의 아내는 성경에 씌어있는 이혼하지 말라는 구절을 원망하고 있을지도 모릅니다. 아니면 자식들이 크기만을 기다리고 있을지도 모르지요. 이혼 당하지 않으려면 하루 빨리 개과천선하시기를 바랍니다.

위의 테스트를 막상 당신의 부부관계에 적용하려고 할 때 우스꽝스럽게 느껴질 수도 있습니다. '신혼부부라면 모를까 우리가 무슨…' 이런 생각이 들기도 하겠지요.. 그러나 예수님은 에베소 교회에게 그들이 '처음 사랑'을 버린 것을 책망하였습니다.

주님은 우리들 부부에게도 첫사랑을 버리고 안주한 모습을 보고 몹시 책망하고 있음을 기억하십시오. 믿음생활에도 뜨거운 열정이 식기를 원치 않는 주님께서는, 우리들 부부생활도 첫 사랑의 열기로 날마다 새롭기를 바라고 있습니다.

물론 이벤트도 중요하지만 이벤트 보다는 평상시에 배우자에게 친절하게 하고 배려하며 사는 자세가 더 중요하다고 생각합니다. 3일 동안의 호화로운 여행보다는 평상시에 작은 일들을 서로 도와주는 태도가 결혼 생활을 더 강력하게 연합시킨다는 사실을 나는 믿고 있습니다.

성경적 리더십을 발휘하라.

남편은 가정에서 일어나는 모든 일에 책임을 져야 하는 리더입니다. 에덴동산에서 하와가 뱀의 유혹을 받아 먼저 선악과를 따 먹었지만, 하나님은 하와보다 먼저 아담을 불러서 책망하셨습니다. 이는 남편을 가정의 리더로 세우셨기 때문입니다. 다른 것은 몰라도 남편은 리더의 자리만은 아내에게 양보하면 안 됩니다.

아무리 여권이 신장되고 여성들의 위치가 막강해 졌다고 하더라도 하나님은 여자의 머리로 남자를 세우셨습니다. 이것은 성경의 진리이기 때문에 구시대의 유물이라고 비판하면 안 됩니다. C. S. 루이스는 다음의 말로 오늘날 잘못된 사고방식을 꼬집었습니다.

"우리 시대처럼 무비판적으로 지식을 수용하고 과거의 것이라면 무조건 구식이라고 불신하는 때는 일찍이 없었다."

시대를 막론하고 성경의 진리가 진리입니다. 이 진리는 시대에 따라, 환경에 따라, 사상에 따라 변하는 것이 아닙니다.

자기 집을 잘 다스려 자녀들로 모든 단정함으로 복종케 하는 자라

야 할지며, 사람이 자기 집을 다스릴 줄 알지 못하면 어찌 하나님의 교회를 돌아 보리요. (딤전 3:4-5)

　호주는 남편의 무기력으로 말미암아 '아버지가 없는 땅'이라는 비난을 받고 있습니다. 그 결과 호주는 매우 혼란한 나라가 되었습니다. 지금은 호주뿐만 아니라 우리나라도 아버지가 없는 나라가 되었습니다. 아버지 부재 증후군의 결과로 자녀들에게는 적대감, 우울증, 죄책감, 두려움, 반항, 불안감, 성역할 혼동과 위축감이 나타나고 있습니다.

　사회적인 혼란이 바로잡히기 위해서는 가정이 바로 서야하고, 가정이 바로 서기 위해서는 남편과 아버지의 위치가 견고해야 합니다. 당신은 가정의 리더입니다. 리더는 본이 되어야 하고 파워가 있어야 합니다. 그러나 당신은 세상적인 리더와 성경적인 리더의 차이점을 알아야 합니다. 성경적인 리더는 지배하는 역할이 아니라 섬기는 역할이라는 사실을 명심하십시오.

　예수님은 '나는 섬기는 자로 너희 중에 있다.'고 하였습니다. 그리고는 손수 제자들의 발을 씻기시면서 섬기는 본을 보여주셨습니다. 섬기는 사랑만큼 강력한 파워가 없습니다.

　성경에서 가르치는 리더가 되고 유치원에서 배웠던 상식적인 일을 가정에서 실천하는 리더가 되십시오. 로버트 풀검은 그의 저서 〈인생에 필요한 지혜는 모두 유치원에서 배웠다〉에서 다음과 같이 말했습니다.

- 뭐든지 다 함께 나눌 것

- 꾀를 피우지 말 것

- 남을 때리지 말 것

- 사용한 물건은 반드시 있던 자리에 되돌려 놓을 것

- 어질렀으면 스스로 뒷정리를 할 것

- 남의 물건에 손을 대지 말 것

- 누군가에게 상처를 입혔다면 미안하다고 사과할 것

위와 같은 일을 가정에서 실천하십시오. 그러면 당신은 존경받는 리더가 될 것입니다. 세상적 리더십과 성경적 리더십을 알기 쉽게 설명하면 다음과 같습니다.

세상적 리더십	성경적 리더십
세상적인 리더십은 경쟁과 성취와 보상에 의해 획득되는 지위이다.	성경적 리더십은 하나님이 부여하는 지위이다.
세상적인 리더십은 힘으로 지배하여 권위를 행사한다.	성경적 리더십의 권위는 힘이 아니라 사랑과 섬김으로 형성된다.
세상적인 리더십은 다른 사람들 위에 군림한다.	성경적 리더십은 다른 사람 위에 군림하지 않는다. 다만 기능상 지도력이 필요할 뿐이다.
세상적인 리더십은 언제나 양적인 성취가 목표이다.	성경적 리더십은 가장 훌륭하게 섬기는 것이 목표이다.

2. 아내의 역할

남편에게 복종한다.

먼저 사도 바울이 에베소 교회의 교인들에게 보낸 편지를 읽어 보겠습니다. 왜냐하면 아내의 의무를 이보다 더 간결하게 설명한 구절이 없기 때문입니다.

아내들이여 자기 남편에게 복종하기를 주께 하듯 하라. 이는 남편이 아내의 머리 됨이 그리스도께서 교회의 머리됨과 같음이니 그가 친히 몸의 구주시니라. (엡 5:22-23)

〈길은 여기에〉의 저자 미우라 아야꼬는 그의 책에서 이렇게 말했습니다.

"남편이 도둑질을 하라면 도둑질을 하라. 남편은 도둑질을 하는 아내의 모습을 보고 '아, 내가 저렇게도 착하고 순진한 아내를 도둑으로 만들었구나!'하고 뉘우치게 된다."

그러면서 남편에게 아내가 복종할 것을 강조하였습니다.

"목사님 그럼 남편에게 무조건 예스우먼이 되라는 말씀입니까?"

그렇지는 않습니다. 나도 미우라 아야꼬의 말을 무조건 옳다고 긍정하는 것은 아닙니다. 예수님은 마태복음 5장 37절에서 다음과 같이 말씀하셨습니다.

오직 너희 말은 옳다 옳다, 아니라 아니라 하라. 이에서 지나는 것은 악이니라.

이 말씀은 예라고 할 때에는 '예'라고 해야 하지만, 아니라고 말할 때에는 '아니다'를 분명히 하라는 것입니다.

그런데 예스 형은 무엇이든지 '네, 그래요. 제가 다 잘못했어요.' 또는 '당신 말이 옳아요.'라고 말을 하는 스타일입니다. 모든 일을 상대편 탓으로 돌리는 사람도 문제가 있지만, 모든 일을 자신의 잘못으로 돌리는 사람도 문제가 있습니다. 특히 신앙심이 깊은 아내들 중에 이런 사람이 많습니다. 신앙으로 그 모든 문제를 소화한다면 큰 문제가 없는데 정작 문제는 속으로 곪아서 병이 든다는 사실입니다.

보통 예스 형은 평상시는 온순한데 한번 화가 나면 무서운 사람이 많습니다. 이런 형의 아내들은 남편에게 잘 참다가 어느 날 갑자기 이혼을 선포합니다. 그 이유가 왜 그렇습니까?

그것은 감정을 겉으로 표현을 안 하고 속으로만 차곡차곡 쌓아놓았기 때문입니다. 평상시에 잘 참다가 어느 날 갑자기 폭탄을 터트리지 마시고, 자신의 감정을 알리십시오. 남편이 당신의 자존심의 경계선을 침범하는 것 같으면 다음과 같이 말하십시오.

"여보, 나 당신에게 무시당하는 것 같아 슬프고 화가 나요."

상황이 힘들고 남편의 후원이 필요하면 다음과 같이 말을 하면 됩니다.

“나 지금 힘들어요. 당신이 도와주세요. 요즘은 아이들도 말을 안 듣고 부모님들은 짜증만 내세요.”

이때 주의할 점은 ‘You’ 메시지가 아니라 ‘I’ 메시지를 써야 한다는 사실입니다.

그럼 성경적으로 아내가 남편에게 복종하라는 뜻이 무엇인지 살펴보겠습니다. 헬라어로 복종을 ‘휴포타소’라고 합니다. 이는 ‘~아래’라는 전치사와 ‘잘 듣다’라는 동사가 결합된 단어입니다. 그러므로 복종의 뜻은 전체를 완전하게 하기 위하여 자발적으로 아래에 적응한다는 뜻입니다.

또한 복종이란 ‘아래 선다’(stand under)는 의미도 있습니다. 그러므로 복종이란 자신의 정체성이나 자존감을 잃어버리지 않으면서 자발적으로 스스로 아래에 서는 태도를 말하는 것입니다.

남편에게 복종하라는 말은 자신의 의견을 지혜롭게 표현하되 결정권은 남편에게 주라는 의미입니다. 아내는 남편이 올바른 결정을 할 수 있도록 자신의 지혜를 보태주어야 합니다. 그리고 그 결정에 순복할 줄 알아야 하는 것입니다.

요즘 여성들이 들으면 좀처럼 이해하기 힘들겠지만, 이 말은 임 목사 개인의 말이 아니라 하나님의 말씀입니다. 그러므로 남편에게 복종하지 않는다면 그건 곧 하나님께 복종하지 않는다는 의미입니다.

아내인 당신은 하나님을 인정하십니까? 그렇다면 그 분의 말씀에 순종하십시오. 앤드류 머리는 이런 말을 했습니다. "예수님을 주님으로 고백하는 그 순간부터 우리는 순종이라는 학교에 입학한 학생이다."

예수님께 순종하듯이 남편에게 순종하십시오. 가끔가다가 남편에게 '주님'이라는 호칭도 사용해 보십시오. 수천마디의 잔소리보다 이 한마디가 남편을 변화시킬 것입니다.

성경은 종이 주인을 호칭할 때, 또는 아내가 남편을 호칭할 때 종종 주님이라고 부르는 대목이 나옵니다. 이 말은 주인과 남편을 하나님처럼 받들고 복종하겠다는 뜻입니다. 남편이 잘못할 때 '주님이 그렇게 하시면 됩니까?' 라고 해 보세요. 그러면 몹시 당황할 것입니다.

물론 우리들은 주인됨과 머리됨을 분별하여야 하겠지요. 주인됨(lordship)은 권위와 다스림을 가리키고, 머리됨(headship)은 영향력, 베푸는 행위, 방향 제시, 섬김을 나타냅니다. 그러므로 남편은 아내에게 선한 영향력을 주고 자신을 아내에게 내어주어야 하며, 아내는 그런 남편에게 주님에게 하듯이 순종하여야 하는 것입니다.

남편의 자존심을 세워주고 존경 한다.

여자는 남자에게 조건 없는 사랑을 요구한다면, 남자는 여자에게 조건 없는 존경을 원합니다. 당신이 남편의 자존심을 세워주면 남편은 당신의 돈키호테가 됩니다. 남편은 당신을 위해서라면 물불을 가리지 않는 사람이 될 것입니다. 그런 말을 들으면 이렇게 항의하고 싶은 분도 계시겠지요.

"목사님 우리 남편하고 며칠만 살아보세요. 그 인간은 존경하려고 해도 존경할만한 구석이 없습니다. 그런데도 존경해야 합니까?"

나의 대답은 '그래도 존경하십시오.'입니다. 그 이유는 당신의 남편을 변화시키기 위함입니다. 아내에게 존경을 받는 남편은 그런 아내의 말을 듣게 되어 있습니다. 그러면 남편을 당신이 원하는 사람으로 변화시킬 수 있다는 논리이지요. 그래서 베드로는 예수님을 믿지 않는 불신자 남편일지라도 순종하라고 명령하였던 것입니다.

아내 된 자들아, 이와 같이 자기 남편에게 순복하라. 이는 혹 도를 순종치 않는 자라도 말로 말미암지 않고, 그 아내의 행위로 말미암아 구원을 얻게 하려 함이니. (벧전 3:1)

위의 말씀에서 '도를 순종치 않는 자'란 예수님을 아직 구주로 영접하지 않은 남자를 말합니다. 정말 자기중심적인 남자를 존경하고 세워주기는 보통 어려운 일이 아닙니다. 이런 남자와 사는 아내들은 마음이 상하기 때문에 다음과 같은 생각으로 남편을 대할 것입니다.

"먼저 당신이 내게 존경할 만한 행동을 보여라. 그러면 나

도 당신을 세워주겠다. 그렇지 않으면 내가 받은 것만큼 당
신에게 돌려주겠다."

많은 부부들이 이런 생각을 하며 생활하고 있습니다. 사
람에게는 받은 만큼 돌려주고 싶은 복수심이 있기 때문입
니다.

이런 이야기가 있습니다. 어떤 부부가 말다툼을 한 후에 서
로 지지 않으려고 말 한마디 하지 않았습니다. 그런데 남편
은 그 다음날 회사에 아주 중요한 일이 있어서 일찍 일어나
야 했습니다. 남편은 아내에게 일찍 깨워달라는 말이 하기
싫어서 아내 머리맡에 쪽지를 써서 놓아두었습니다.

"내일은 아주 중요한 일이 있어서 일찍 일어나야 하오. 내
가 알람을 듣지 못하면 5시 30분에 좀 깨워주시오."

다음날 남편이 잠자리에서 일어난 시간은 7시가 넘어서였
습니다. 화가 나서 벌떡 일어난 남편의 베개 옆에 아내의 쪽
지가 있었습니다.

"5시 30분이에요. 일어나세요."

아내는 남편이 자기에게 한 대로 멋지게 한방 먹였습니다.
그런데 그 멋진 홈런 한 방으로 아내가 승리했을까요? 번쩍
번쩍 빛나는 금메달을 받았을까요?

받은 대로 돌려준다면 가정은 지긋지긋한 전쟁터가 될 뿐
입니다. 그러므로 복수하고자 하는 마음도 포기하시고, 당

신의 힘으로 남편을 변화시키려고 안간힘도 쓰지 마십시오. 그냥 남편의 있는 모습 그대로 인정해 주고 조건 없는 존경을 보여주기만 하면 됩니다.

어떤 아내는 이런 조언이 썩 마음에 내키지 않았지만 말씀에 순종하는 심정으로 남편을 존경하기로 결심하였답니다. 그리고 그대로 해 보았답니다. 얼마 후에 그녀는 다음과 같은 고백을 하게 되었습니다.

"우리 부부는 서로 주도권을 쥐려고 아옹다옹 싸우는 고양이 같았습니다. 남편은 내가 변화되어야 한다고 주장하고, 나는 남편이 변화되어야 된다고 맞섰습니다. 때때로 남편의 야비하고 치사한 행동을 볼 때는 결혼생활을 포기하고 싶은 마음도 들었지만, 조건 없이 남편을 존경하는 것이 성경적이라는 말씀을 듣고 이를 악물고 순종해 보기로 했어요. 나는 먼저 남편에게 이렇게 말했어요.

'여보, 내가 때로는 독하고 당신을 무시하는 투로 공격하였지만, 그래도 내 마음 속에는 당신을 존경하는 마음이 있었어요. 나는 당신을 존경하지만 당신이 나를 무시하는 것 같아서 나도 일부러 그렇게 공격했던 거예요. 앞으로는 당신 자존심을 상하지 않도록 노력할게요.'

그 후로 나는 어떤 경우에도 꾹 참고 남편을 존중해주고 존경하는 모습을 보였어요. 그러자 남편이 서서히 변하기 시

작했어요. 어느 날부터인가 남편이 나에게 함부로 말도 하
지 않고 집에도 일찍 들어오고 집안일에 세심하게 신경을
써주기 시작하는 겁니다. 정말 성경은 진리입니다. 할렐루
야! 감사합니다."

당신도 눈 질끈 감고 한 번 실천해 보십시오.
혹시 〈개구리 왕자〉라는 동화책을 아십니까? 징그럽게 못
생긴 개구리에게 키스를 하자 그 개구리가 왕자로 변하지
않습니까? 남편을 왕자처럼 멋진 남자로 만들려면 먼저 징
그러운 개구리에게 키스를 해야 합니다. 칭찬할만한 구석
이 없다고 해도 자녀들에게 아빠의 좋은 점을 칭찬해 주십
시오. 남편을 비난하던 태도를 멈추고 남편을 지지하는 아
내로 변하십시오. 그러면 남편이 멋진 왕자가 될 것입니다.
에머슨 에거리치(Dr. Emerson Eggerichs) 박사는 조건
없이 사랑하고 존경하는 태도를 갖기 위해서는 다음과 같
은 자세가 필요하다고 주장하였습니다.

- 배우자가 하는 행동이나 말과 상관없이 내가 먼저 사랑하고
  존경한다.
- 배우자의 언행이 내가 원하는 점수에 미달하더라도 그를 적대
  하거나 경멸하는 말을 하지 않는다.
- 하나님을 경외하고 그분께 순종하기 위해 배우자에게 사랑과

존경의 언어로 말한다.
- 배우자의 말이나 행동과 상관없이 주님을 따르는 자로서 그분이 원하신다고 믿는 말이나 행동을 하도록 자신을 통제한다.
- 내 말이나 행동은 항상 내 선택이자 내 책임이라는 자세로 임한다.
- 조건 없이 사랑하거나 존경하지 못한 경우 먼저 하나님께 용서를 구하고 계속 노력한다.

남편의 가장 좋은 친구가 된다.

성경에서는 남편은 아내를 아가페적으로 사랑하고 아내는 남편을 필레오(친구) 처럼 사랑하라고 말하고 있습니다. 아내는 남편에게 애인이자 친구입니다.

존 그레이는 남자는 화성에서 왔고 여자는 금성에서 왔기 때문에 서로를 완전히 이해할 수 없다고 주장하고 있습니다. 그러나 워싱턴 대학교의 심리학 교수인 존 고트맨은 남녀의 이런 차이가 결혼문제의 직접적인 원인이 아니라고 주장 합니다.

고트맨 박사는 부부간의 문제가 발생하는 원인을, 우정을 형성하지 못했기 때문이라고 말하고 있습니다. 남편과 아내가 각각 다른 행성에서 왔기 때문이 아니라는 것입니다. 그의 말을 인용해 보겠습니다.

"70%의 아내들이 섹스, 로맨스, 그리고 열정을 만족시켜 주는 원인을 부부간의 우정으로 대답했다. 70%의 남자들

역시 부부의 우정을 화목한 부부생활에 가장 결정적인 요소라고 대답했다. 결국 남자와 여자는 같은 별에서 살고 있었다.”

나 또한 부부는 서로 보완함으로써 관계에서 하나가 되고 좋은 친구가 되어야 한다고 생각하고 있습니다. 우정을 만들기 위해서 부부는 믿음생활을 함께 할 뿐 아니라 여가선용과 취미활동도 함께 하면 좋습니다. 그러면 다른 이성에게 유혹받는 일도 적을 것입니다.

때로는 ‘저런 걸 무슨 재미로 보지?’ 하는 생각이 들더라도 남편이 축구를 좋아한다면 남편 옆에서 TV를 함께 보십시오. 과일을 포크로 찍어주거나 오징어를 찢어서 남편의 입에 넣어준다면 더욱 좋겠지요.

남편의 조력자가 되어야 한다.

하나님은 아담이 외로워하는 모습을 보시고 다음과 같이 말씀하셨습니다.

사람이 독처하는 것이 좋지 못하니 내가 그를 위하여 돕는 배필을 지으리라. (창 2:18)

이 말씀에서 ‘돕는’이라는 단어는 헬라어로 ‘에셀 게네그도’입니다. 이 단어는 하나님께서 사람을 돕는다고 할 때 사용하는 단어와 같은 단어입니다.

시편 115편 9절에는 이런 말씀이 있습니다.

여호와를 의지하라 그는 너희 도움(에셀)이시오 너희 방패이시라.

이 말씀을 근거로 볼 때, 아내가 남편을 돕는다는 말은 남자의 운명을 쥐고 흔들 만큼 강력한 영향력를 가지고 있다는 뜻이 분명합니다.

아내는 남편을 죽이기도 하고 살리기도 하는 능력을 가지고 있습니다. 이런 엄청난 능력을 가지고 있는 아내는 어떤 상황에서도 남편의 심중을 헤아릴 줄 아는 민감한 사람이 되어야 하는 것입니다.

성경에 보면 아내가 남편의 마음을 헤아리지 못하고 비난하다가 평생을 불행하게 산 여인이 있었습니다. 그 사람은 다름 아닌 다윗의 첫째 아내 미갈입니다.

다윗이 블레셋에서 빼앗겼던 언약궤를 찾아왔을 때 다윗은 너무 기뻐서 덩실덩실 춤을 추었습니다. 이 언약궤를 운반하는 것은 보통 어려운 일이 아니었습니다. 언약궤를 운반하고 나곤의 타작마당에 이르렀을 때에 소가 갑자기 뛰었습니다. 그래서 웃사가 손을 들어서 언약궤를 붙들려고 하였습니다. 그런데 하나님이 웃사를 쳐서 죽게 하셨던 것입니다.

우리들의 상식으로는 이해되지 않는 일이지만 다윗은 왜 하나님이 웃사를 죽였는지 그 이유를 알았습니다. 그 이유는 언약궤를 옮기는 방법이 틀렸기 때문입니다.

하나님은 모세에게 언약궤를 운반할 때는 구별된 레위인들이 어깨에 메어서 운반하도록 명하셨고 여섯 걸음을 뗄 때 마다 소 한 마리를 제사로 드리도록 명하셨습니다. 그런데 다윗은 언약궤의 무게와 25㎞나 되는 먼 거리를 쉽게 운반하기 위해서 언약궤를 수레에 실어서 옮기려고 하였던 것입니다.

언약궤는 조각목으로 만들었고 길이는 122㎝에 폭과 높이는 각각 76㎝입니다. 그 안팎에 도금을 하였고, 뚜껑 위에는 정금으로 만들어진 그룹이 얹혀 있었습니다. 또한 궤 네 귀퉁이에는 금 고리를 달았습니다.

한마디로 언약궤의 무게는 장난이 아니었습니다. 그래서 다윗은 소와 수레를 통하여 쉽게 운반하고자 하였던 것입니다. 그것이 바로 하나님이 나곤의 타작마당에서 화를 내셨던 이유입니다.

다윗은 곧 자신의 잘못을 깨닫고 하나님이 원하시는 대로 여섯 걸음을 뗄 때 마다 제사를 지내면서 언약궤를 운반했습니다.

여호와의 궤를 멘 사람들이 여섯 걸음을 행하매 다윗이 소와 살진 것으로 제사를 드리고. (삼하 6장 13절)

장장 25㎞나 되는 거리를 여섯 걸음마다 소를 잡아서 제사를 드렸으니 그 길은 연기와 내장 타는 냄새가 가득하고 피바다를 이루었을 것입니다. 사람들은 지치고 땀으로 범벅이 되었겠지요. 그런 엄청난 대가를 치르고 언약궤를 옮겼기 때문에 다윗은 기쁨을 이기지 못했던 것입니다.

이럴 때 미갈은 남편의 이런 심중은 이해하지 못하고 남편이 왕복이 아닌 제사장의 옷을 입고 체통 없이 옷이 흘러내리는 줄도 모르고 춤을 추는 모양을 보고 비웃고 업신여겼던 것입니다. 이 일로 미갈은 벌을 받아 죽는 날까지 자식을 낳지 못하고 다윗의 눈 밖에 나고 말았습니다.

행복한 부부가 되기 원하십니까? 미갈처럼 어리석게 남편의 심중을 헤아리지 못하고 남편을 업신여기는 태도를 취하지 마십시오. 아내는 남편을 여러 가지 방법으로 도와야 하며 의사결정에 함께 하여 남편으로 하여금 가장 최선의 길을 선택하도록 도와야 합니다.

하와의 가장 큰 실수는 남편인 아담과 같이 상의하지 않고 혼자 그 중대한 일을 결정하였다는 것입니다. 그녀는 조력자가 아니라 주관자가 되었습니다. 하와는 아마도 다음과 같이 생각하였을지도 모르겠습니다.

"아담은 완전하지 않아. 그래서 하나님이 나를 창조하신 거야. 내가 아담보다 더 직관력이 뛰어나단 말이야. 내가 먼저 결정을 해야 돼, 아담이 정말 나를 사랑한다면 결국은 내 결정에 따를 거야."

혹시 당신도 이렇게 생각하지는 않습니까?

 여자의 직관력도 중요하지만 남자의 통찰력도 필요하다는 사실을 인정하고 남편의 리더십에 순종하십시오. 그래야만 에덴동산을 지킬 수 있습니다.

늘 용서하고, 하나님께 소망을 둔다.

 때로는 남편이 당신의 자존심을 상하게 하고 비열하게 행동 할 때가 있을 것입니다. 그러나 그럴 때조차도 남편이 여전히 당신을 마음속으로 사랑하고 있으며 좋은 뜻을 가지고 있다고 믿어야 합니다.

 당신 또한 그렇겠지요. 당신이 화가 나서 남편을 비난할 때조차도 마음속으로는 그 사람이 잘 되고 성공하기를 바라고 있지 않습니까?. 그런 당신의 마음을 남편이 몰라줄 때 속상하지 않습니까?

 사람은 너나 할 것 없이 부족합니다. 어떤 사람이든지 나를 100% 만족시켜주는 사람은 없습니다. 그래서 진정한 소망은 하나님께 두고 하나님께 받은 사랑으로 배우자를 사랑해야 한다는 말입니다. 그래야 사랑할 수 없는 사람을 사랑하게 되고 용서할 수 없는 사람을 용서하게 되는 것입니다. "목사님, 우리 남편을 아신다면 그런 말씀을 그토록 쉽게 할 수 없을 것 입니다."

 알고 있습니다. 목사인 우리 가정 또한 비슷합니다. 그래도 정 용서할 수 없을 때는 예수님을 생각해야 합니다. 예수님은 아무 죄가 없으면서도 온갖 모략과 비난, 독설, 야유, 폭행, 학대, 저주를 받으셨습니다. 주님은 십자가에 매달려 억울하게 죽어 가시면서도 하나님께 다음과 같이 용서의 기도를 드렸습니다.

아버지여 저들을 용서하옵소서. 저들은 저들의 죄를 알지 못하나이다. (눅23:34)

예수님을 십자가에 못 박고 야유하며 희롱하는 자들이 하나님의 아들을 죽이고 있다는 사실을 알지 못했듯이, 당신은 자신 스스로가 행복을 못 박아 죽이고 있다는 사실을 깨닫지 못하고 있을 수도 있습니다. 그럴 때가 바로 예수님처럼 기도할 때입니다.

베드로는 예수님의 고난을 설명하다가 부부들에게 다음과 같이 충고합니다.

아내들아, 이와 같이 자기 남편에게 순종하라… 남편들아 이와 같이… (벧전 3:1,7)

위의 말씀에서 '이와 같이'라는 말은 배우자에게 무시를 당하고 억울하게 고난을 당한 경우를 말합니다. 베드로 사도는 우리들에게 권면합니다. 이럴 때에 인간적으로 대적하지 말고 예수님이 고난을 당하셨을 때 용서하고 인내하신 것처럼 대처하라고 말입니다.

베드로의 이런 충고는 그의 결혼생활의 경험에서 얻었을지도 모릅니다. 베드로는 유일하게 부부가 함께 사역을 한 사람입니다. 베드로는 아내와 함께 사역을 하면서 예수님의 말씀을 늘 마음에 새기고 있었을 것입니다.

 일곱 번 뿐만이 아니라, 일곱 번씩 일흔 번까지라도 용서하라. (마 18:22)

 베드로는 예수님의 이 말씀을 실천하면서 부부의 일체와 성숙함을 체험했을 것입니다. 정말 부부의 관계는 한두 번 용서해서는 유지할 수 없는 관계입니다. 베드로는 예수님처럼 배우자를 용서하라고 하면서 한 마디 더 보충합니다.

 악을 악으로, 욕을 욕으로 갚지 말고 도리어 복을 빌라… 이는 복을 이어받게 하려 하심이라. (벧전 3:9)

 로맨틱한 사랑이 있는 결혼초기 1~2년에는 부부가 한 몸, 한 마음이 된 느낌을 받습니다. 그러나 로맨틱한 단계를 지나서 현실적인 단계에 들어서면 새로운 공식이 생깁니다. "당신은 내가 생각하는 대로 생각하고 내가 바라보는 방식으로 바라보아야 한다. 그래야만 우리는 하나가 될 수 있다." 이런 공식은 부부 어느 한쪽이 자신의 고집을 포기하고 배우자의 방식대로 생각하고 바라본다면 쉽게 해결이 됩니다. 그러나 불행하게도 부부 양쪽이 모두 이런 식으로 자기주장만을 고집하고 오로지 그것을 관철시키기 위해서 힘겨루기에 들어갑니다. 이 힘겨루기가 적당한 선에서 타협이 되지 않는다면 그 가정은 심각한 위기를 맞게 됩니다.

　이럴 때 '지는 것이 이기는 것이다.'라는 진리를 붙잡고 아내는 남편을 긍휼이 여기는 심정으로 용서하여야 합니다. 어떤 부부이든지 의견이 일치하지 않아서 싸우게 됩니다.

　그런데 어느 부부는 잘 싸우는데도 불구하고 행복하게 삽니다. 그 이유는 그 부부들은 적당한 선에서 한쪽이 '회복 시도'를 한다는 것입니다. 그러면 다른 편은 못이기는 척하면서 힘겨루기를 포기하고 화해를 합니다. 부부는 지지고 볶고 싸우다가도 적당한 선에서 용서하고 화해를 해야 합니다.

　보통 남자들은 여간해서 자기가 먼저 잘못했다고 시인하지 않으려는 경향이 있습니다. 당신이 생각할 때, 남편이 전적으로 잘못했다고 하더라도 남편을 용서하고 먼저 회복시도를 하십시오. 이는 자존심의 문제가 아니라 화재를 미연에 방지하기 위함입니다.

　남편이 비열한 언행을 하거나 비인간적인 태도로 나올 때 보통 아내들은 모욕감을 느끼거나 받은 만큼 돌려주고 싶은 복수심이 생깁니다. 그래서 남편을 한 방에 때려눕힐 약점을 찾아 정확하게 강타합니다. 그러면 치명적인 펀치를 맞은 남편이 두 손을 들고 항복을 하던가요? 제가 알고 있는 남편들은 절대로 백기를 들지 않습니다. 이쯤 되면 '너 죽고 나 죽자.'는 식으로 부부싸움은 결사적이 됩니다.

부부 사이에 힘겨루기가 계속되면 고통과 좌절감만 깊어질 뿐입니다. 그러다보면 서로에게 의도적으로 상처를 주게 되고 그 수위가 점차 높아집니다. 물론 이런 행위는 자신을 방어하기 위한 것이지만 그 불길은 가정이라는 소중한 보금 자리를 새까맣게 불태우고 말 것입니다.

용서는 악마와 같은 불길을 잡는 소방관과 같은 역할을 합니다.

자신을 개발하고 가정을 세운다.

아내는 자신의 지적 개발과 영적 개발을 위하여 항상 노력 하여야 합니다. 남편에게 학대를 받는 많은 여성들이 자기 일을 가지고 있지 않다고 합니다. 자기 일을 가지고 있지 않고 무엇인가 성취하고자 하는 노력이 없는 사람은 낮은 자존감에 빠질 수밖에 없습니다. 그러므로 나이가 먹었다고 하더라도 무엇인가를 배우려고 노력을 하여야 합니다. 가끔가다가 TV를 보면 의지력이 대단한 사람들을 보게 됩니다. 어떤 할머니는 손녀와 함께 초등학교에 다니고, 어떤 아빠는 자녀들과 중학교에 다니는 것을 보게 됩니다. 정말 대단하고 훌륭한 사람들입니다. 당신도 이루지 못한 꿈이 있으면 나이를 탓하지 마시고 오늘부터 시작하십시오. 꿈을 이루지 못하는 것은 나이가 많아서가 아니라 의지력이 나약하기 때문입니다.

2008년 8월 10일 영국 일간 텔레그래프지에 따르면, 93세의 로나 페이지 할머니는 추리소설 〈치명적인 약점〉을 써서 문단에 등단하여 크게 호응을 얻었습니다. 할머니는 책 수입금으로 6억 원짜리 집을 구입하여서 요양원에 있는 친구 세 명을 초청하여 함께 살면서 계속하여 글을 쓰고 있습니다.

2008년 베이징 올림픽에서 여자 수영 400m 계영에서 은메달을 딴 미국 팀의 다라 토레스는 41세였습니다. 이는 운동선수로서는 할머니 중에서도 할머니에 속하는 나이입니다. 동메달을 딴 호주의 케이트 캠벨과는 무려 20세 이상이나 차이가 납니다. 그런데도 불구하고 그녀는 올림픽에 도전하여 은메달을 땄습니다.

다라 토레스는 다음과 같은 말로 다른 운동선수들에게 용기를 주었습니다.

"내가 41세에 올림픽에 도전했다는 점이, 지금 무엇을 하기에는 너무 나이가 들었다고 생각하는 다른 선수들에게 도전의 용기를 주는 계기가 됐으면 합니다."

당신은 혹시 과거에만 살고 미래를 포기하고 있지는 않습니까? 나이 탓을 하면서 말입니다. 사람이 늙는 것은 목적과 꿈을 잃어버렸기 때문입니다. 더글러스 맥아더 장군의 말을 다시 한 번 들어볼까요?

"단순히 오래 산다고 해서 늙는 것은 아니다. 사람들이 늙어가는 이유는 목적과 이상을 잃어버리기 때문이다. 세월은 피부를 주름지게 할 뿐이나 무관심은 영혼마저 주름지게 한다. 영혼을 흙으로 되돌리는 것은 긴 세월이 아니라 근심, 의심, 자신감의 결여, 두려움, 절망과 같은 것들이다. 당신은 믿는 만큼 젊고 의심하는 만큼 늙는다. 자신감을 갖는 만큼 젊고 두려워하는 만큼 늙으며, 희망하는 만큼 젊고 절망하는 만큼 늙는다."

남편의 좋은 섹스 파트너가 되라.

성경적인 결혼에는 세 가지의 의무가 있습니다.

첫째는 부모를 떠나는 것입니다. 탯줄이 끊어지지 않은 갓난아이는 한 생명체로 성장할 수 없는 것처럼, 신혼가정도 그 부모를 떠나지 않는 한 자랄 수 없고 발전할 수 없습니다. 그러므로 결혼한 사람은 누구나 부모에게서 정신적, 정서적, 육체적, 그리고 금전적으로 떠나야만 건강한 가정을 이룰 수 있습니다.

두 번째 의무는 배우자와 온전한 연합을 하는 것입니다. 히브리어로 '연합한다.'는 말은 어떤 한 사람에게 '풀처럼 달라붙다.'는 뜻을 가지고 있습니다. 부부가 된다는 말은, 한 사람에게만 충실하게 남아 있기로 결정하고 그 사람과 전 생애를 나누기로 결정한다는 말입니다.

셋째가 한 몸을 이루는 것입니다. 부부가 한 몸을 이루는 것은 온전한 연합을 위한 목적도 있지만 마귀에게 시험을 받지 않게 하려함입니다.

 남자에게는 성적 만족이 가장 큰 우선순위입니다. 남자는 아내가 성적으로 적극성을 보여줄 때 자신이 사랑받고 존경받고 있다고 느낍니다.
 신앙생활에 특출한 남자가 아닌 이상 아내에게 지속적으로 거부를 당하면 남자는 외도를 하게 되어 있습니다. 남편을 마귀의 유혹에 빠지지 않게 하려면 적극적으로 남편의 섹스 파트너가 되어야 합니다.
 남편이 아내에게 원하는 기본적인 욕구의 첫 번째가 성적 충족이라는 사실을 기억하십시오. 그 다음이 여가활동의 동반자 역할이고 아내가 매력적으로 가꾸기입니다. 마지막이 아내로부터 존경과 칭찬을 듣고 싶어 하는 욕구가 있습니다.
 정히 남편의 성적인 요구를 응할 수 없으면 무조건 거부만 하지 마시고 왜 당신이 남편의 요구를 거부하는지 그가 이해할 수 있도록 설명을 하십시오. 그리고 당신이 남편에게 원하는 바를 남편의 자존심이 상하지 않도록 지혜롭게 잘 말하십시오. 예를 들어서, 평상시에도 다정다감하게 해 달라든지, 관계를 가지기 전에 목욕을 깨끗이 하라든지, 일방적이지 않고 아프지 않게 해 달라는 등의 자기 의사를 밝히십시오.

제2부

부부의 축복 대화 법

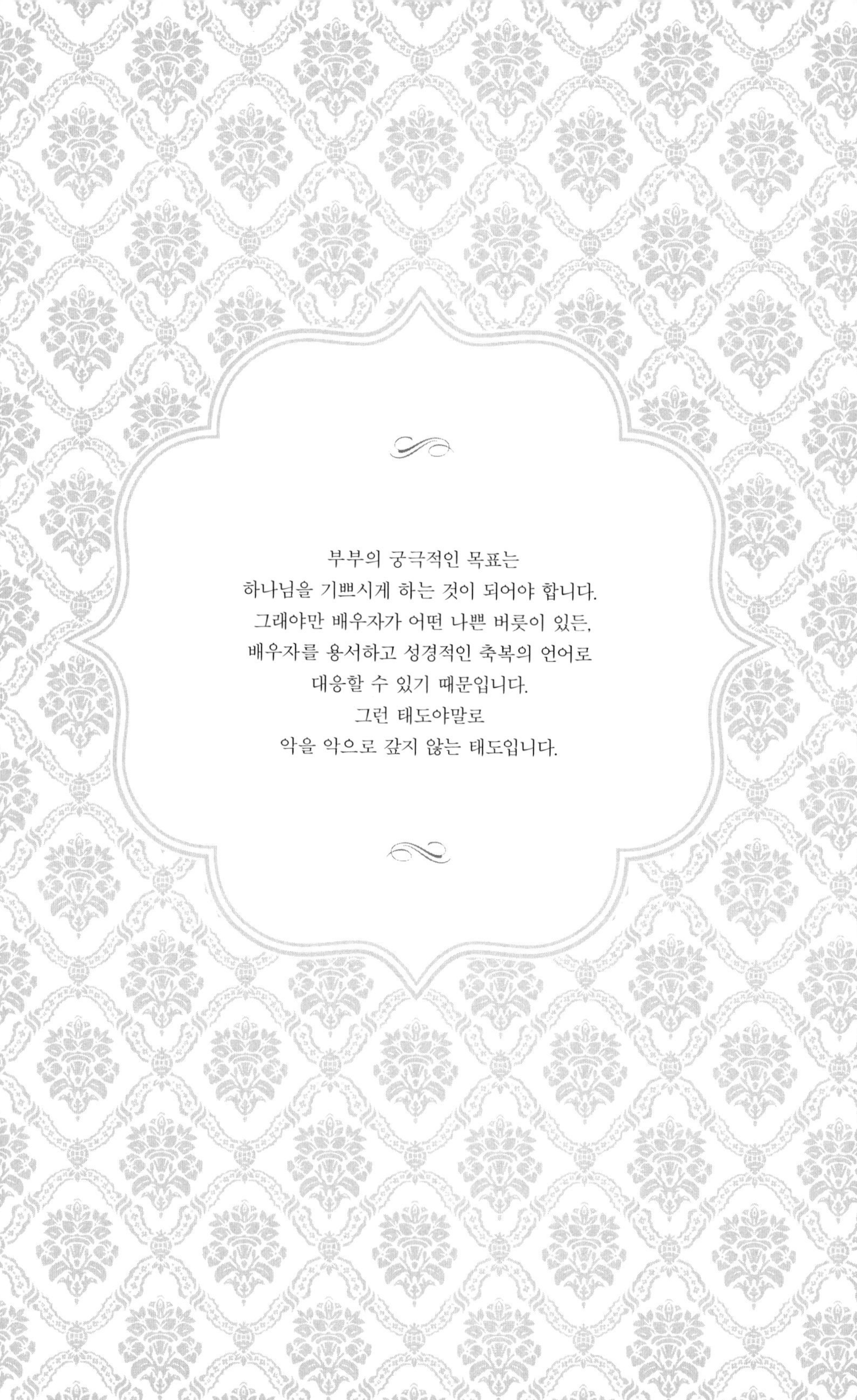

부부의 궁극적인 목표는
하나님을 기쁘시게 하는 것이 되어야 합니다.
그래야만 배우자가 어떤 나쁜 버릇이 있든,
배우자를 용서하고 성경적인 축복의 언어로
대응할 수 있기 때문입니다.
그런 태도야말로
악을 악으로 갚지 않는 태도입니다.

대화는 인간관계에서 너무나 중요합니다. 특히 부부 관계에서 대화를 어떻게 하느냐에 따라서 그 가정이 천국이 되기도 하고 지옥이 되기도 하는 것입니다. 가정이 천국이 되기를 원한다면 부부간에 축복의 언어를 사용하여야 합니다. 축복의 언어란 배우자에게 안정감과 감사, 만족감과 지지, 용기와 에너지를 주는 언어를 말합니다.

문제는 우리들이 이런 축복의 언어를 변함없이 사용 할 수 없다는 데에 있습니다. 부부싸움을 하거나 마음이 상하면 축복보다는 저주가 나가기 쉽기 때문이지요.

어느 날 나는 어떤 친구가 화가 나서 자기 아내에게 '원수를 사랑하듯이 당신을 사랑한다.'라고 말 했다는 소리를 들은 적이 있습니다. 이렇듯 사람은 기분에 따라 한 입에서 축복의 말과 저주의 말이 나갑니다.

그러므로 우리들이 항상 축복의 언어를 사용하기 위해서는 주님을 의지해야 합니다. 주님을 의지하면 배우자가 욕을 하든지, 비열하게 하든지, 괴팍하게 하든지, 그런 상황에 관계없이 축복의 언어를 사용할 수 있기 때문입니다.

자, 그럼 지금부터 축복의 언어를 어떻게 사용하는지 살펴보겠습니다.

01

축복의 언어는 변함없는 사랑을 표현한다.

사랑은 표현되지 않으면 사랑이 아니라고 하였습니다. 그러므로 부부간에 사랑의 표현은 자연스러워야 합니다. 남편이 '여보, 얼마 되지 않는 돈으로 생활하고 아이들 키우기 힘들지?'라고 말하며 아내의 손을 꼭 잡아준다거나, 등을 부드럽게 토닥여 주면 아내는 남편의 사랑을 느낍니다. 또한 아내가 '힘내요. 내가 당신을 위해 날마다 기도하고 있어요.' 라는 말을 할 때 남편은 아내의 사랑을 느낍니다.

부부는 이렇게 말과 행동으로 자연스럽게 사랑을 전달해야 합니다. 나는 〈매력남녀〉라는 책에서 어느 부부의 사랑에 대한 글을 읽었습니다. 그 내용에 잔잔한 감동을 받아 당신에게도 들려주고 싶어서 여기에 옮겨봅니다.

한 쌍의 젊은 남녀가 여러 사람들의 축복을 받으며 교회에서 결혼식을 올렸습니다. 정말 깨가 쏟아지고 꿀이 뚝뚝 떨어지는 달콤한 3년이라는 신혼 생활이 지나갔습니다. 그런데 어느 날 그들은 너무나 불행한 사건을 만났습니다. 그만 그들의 보금자리에 불이 난 것입니다. 부부의 추억이 담겨있는 소중한 모든 것이 타고 아내의 두 눈마저 잃게 되는 비극이었습니다.

그 후로 남편은 앞을 보지 못하는 아내를 그림자처럼 곁에서 도와주었습니다. 처음에는 익숙하지 않은 생활 때문에 아내는 짜증도 부리고 화도 자주 내었습니다. 그런 아내를 남편은 사려 깊게 이해하며 묵묵히 도왔습니다.

"미안해, 불 속에서 당신을 구해내지 못해서. 그리고 당신의 아름다운 두 눈을 잃게 만들어서."

아내가 짜증을 낼 때에도 남편은 변함없는 사랑의 언어로 이렇게 말했습니다.

시간이 또 흘렀습니다. 어둠에 익숙해지자 아내는 혼자서도 생활이 가능했습니다. 항상 변함없이 자신에게 사랑으로 대해주는 남편이 너무나 고마워서 그녀는 이제는 짜증이나 화를 내지 않았습니다. 둘은 그렇게 서로를 의지하며 살아갔습니다.

세월은 유수라고 하던가요? 시간은 강물처럼 흘러서 어느덧 그들은 70대의 노부부가 되었습니다.

"여보, 나 어때요?"

"여전히 예쁘지만 머리에는 하얀 꽃이 피었어."

아내는 남편의 손을 잡았습니다. 따뜻한 남편의 손도 거칠어지고 주름이 느껴졌습니다.

"여보, 나는 두 눈을 잃게 되었지만, 그러나 마음의 눈으로 당신을 볼 수 있게 되어서 얼마나 감사한지 모르겠어요. 그런데 내가 죽기 전에 당신의 얼굴을 딱 한 번이라도 보고 싶어요. 알고 있어요? 당신의 미소가 멋지다는 것을…"

남편은 아무 대답 없이 아내의 손만 어루만지고 있었습니다. 아내가 세상을 다시 보고 사랑하는 남편을 다시 볼 수 있는 길은 눈을 이식받는 방법뿐인데 그것이 그리 쉬운 일이 아니었기 때문입니다. 남편의 귓가에는 아내의 말이 계속하여 맴돌았습니다.

그러던 어느 날, 하나님은 남편에게 이제 그만 세상의 삶을 접고 영원한 나라로 돌아오라는 사인을 보내왔습니다. 남편은 아내에게 마지막으로 선물을 남겨주고 하나님의 부름에 순종하기로 작정했습니다. 선물은 자신의 안구였습니다. 비록 자신의 눈도 오랜 세월 동안 써서 희미하게 보이지만, 그 눈으로라도 아내에게 세상의 모습을 보여주고 싶었던 것입니다.

남편은 하나님의 품으로 안기고 아내는 남편의 유언에 따라 남편의 안구를 이식 받게 되었습니다. 그녀가 새롭게 눈을 떴을 때 그림자처럼 늘 옆에 있던 남편이 없어 너무나 마음 아팠습니다. 그 때 그녀는 남편이 남기고 간 편지를 전달받았습니다.

"당신에게 오래 전에 각막이식을 할 기회가 있었지. 하지만 내 눈을 떼어낸다는 게 겁이 났다오. 당신은 내게 늘 말했었지. 나의 마지막 모습에 대해서 기억한다고. 마지막으로 봤던 내 환한 미소에 대해서 말이오. 하지만 그걸 아오? 난 그 환한 미소를 잃어 버렸다오. 환한 웃음은커녕 미소조차 지을 수 없게 화상으로 흉측하게 변해버린 내 모습을 당신에게 보여주고 싶지 않았소. 그러나 이제 나는 떠나오. 비록 당신에게 나의 미소는 보여 주지 못하지만 늘 나의 예전 모습을 기억하며 살기 바라오. 그리고 내 마지막 선물로 당신이 환하게 세상을 보기를 바라오. 사랑하오. 영원히…"

아내는 남편이 들을 수 없었지만 나직이 속삭였습니다.

"난 이미 알고 있었어요. 당신의 얼굴이 화상으로 흉측하게 변해버렸다는 사실을. 그리고 그 화상으로 인해 예전에 나에게 보여주던 그 미소를 다시는 지어줄 수 없다는 것도. 곁에서 잠을 자는 당신의 얼굴을 더듬어 보고 알았어요. 하지만 난 아무 말도 하지 않았어요. 당신의 미소를 마음속에 간직하고 있었기 때문이지요. 당신이 미안해 할 필요는 없어요. 나는 당신의 마음을 이해하고 당신의 변함없는 사랑에 감사하고 있어요. 참 좋군요. 당신의 눈으로 보는 이 세상이."

그로부터 얼마 후, 아내도 남편의 그 환했던 미소를 쫓아 하늘나라로 올라갔습니다.

이 얼마나 아름다운 이야기입니까? 하나님은 남편과 아내가 서로 이렇게 사랑을 표현하며 살기를 원하시고 있습니다.

02

축복의 언어는
걸림돌 언어를
사용하지 않는다.

　배우자는 나에게 가장 소중한 사람입니다. 그러므로 귀빈 대접을 해야 할 대상, 즉 VIP(Very Important Person)인 것입니다. 그런데 우리들은 배우자를 한 번 스치고 지나가는 사람보다도 못하게 대하는 경우가 많습니다.

　만일 당신이 길을 가다가 어떤 사람이 소지품을 떨어트리는 광경을 목격했다면 어떻게 할까요? 분명 '아, 여보세요! 물건을 떨어트렸습니다.'라고 부드럽게 말을 하면서 그 물건을 집어주는 친절까지 베풀 것입니다. 당신은 그 사람에게 이렇게 말을 하지는 않을 것입니다.

　"이봐요, 당신은 도대체 정신을 어디에 두고 다니는 거요. 물건을 떨어트리고도 그것도 모르고 그냥 걸어갑니까? 칠칠

맞기는… 정신 좀 차려요. 정신을!"

　그렇지만 배우자에게는 이런 식으로 막말을 하는 부부가 의외로 많다는 것입니다. 이런 걸림돌 언어를 사용하니 부부가 넘어지고 깨어지고 심지어는 스트레스를 받아 식물인간도 되는 것입니다. 그러므로 부부는 걸림돌 언어를 사용하면 안 됩니다.

　걸림돌 언어를 사용하는 사람들은 보통 교만하거나 아집이 강한 사람들입니다.

　성경에 등장하는 대표적인 사람들이 바리새인들과 서기관들입니다. 그들은 예수님이 불쌍하고 병들은 사람들을 고치면 '안식일에 병 고치는 것이 옳은 것인가?', 하며 트집을 잡거나 비난하기 일쑤였습니다.

　그들이 이런 걸림돌 언어를 사용하였기 때문에 예수님과 사이가 좋을 수가 없었습니다. 안타까운 사실은 부부 사이에도 상대의 인격을 무시하거나 잘한 일도 폄하하는 일이 허다하게 일어나고 있다는 점입니다.

　그런데 문제는, 배우자가 걸림돌 언어를 사용하면 성격 자체가 못 돼먹어서 그렇다고 말을 하면서도, 정작 자신이 걸림돌 언어를 사용할 때에는 상황 상 어쩔 수 없어서 그랬다고 자신을 합리화시킨다는 것입니다.

　그런 편파적인 판단과 생각이 바로 걸림돌인 것입니다. 예를 들면 다음과 같은 말들입니다.

"남편은 매일 나를 깎아내리는데, 왜 나만 남편을 세워주어야 하는 거야. 남편은 성격 자체가 삐딱하게 꼬였잖아. 남편이 먼저 나를 공격하지만 않으면 나도 절대로 그렇게 하지 않을 거야."

"흥, 짜증만 내고 신경질만 부리는 마누라에게 어떻게 조건 없는 사랑을 하라고 하는지 모르겠군. 마누라가 변하지 않는 한 아가페적인 사랑은 절대로 할 수 없어. 내가 아내를 비난하는 것은 아내가 먼저 나를 공격하고 남편 알기를 발가락의 때만큼도 여기지 않기 때문이란 말이야."

"이기적이고 야비하고 나에게 상처만 주는 남편을 주님에게 순종하듯이 순종하라고? 내가 미쳤어? 나를 괴롭히고 상처 주는 재미로 사는 인간을 어떻게 존경하라는 거야."

이렇게 상대의 성격 탓과 상황 탓을 하게 되면 부부의 관계는 절대로 변화될 수가 없습니다. 그래서 궁극적인 목표를 하나님을 기쁘시게 하는 데에 두라고 충고하는 것입니다. 그래야만 배우자가 어떤 나쁜 버릇이 있든지 간에 배우자를 용서하고 성경적인 축복의 언어로 대응할 수 있기 때문입니다. 그것이 바로 성경에서 가르치는 '악을 악으로 갚지 않는' 태도인 것입니다.

걸림돌 언어는 지시와 강요, 경고와 위협, 훈계와 설득, 비난과 비판, 부정적 칭찬과 조롱, 멸시와 욕설, 비교와 깎아내리기, 등이 있습니다.

걸림돌 언어를 사용하는 사람들의 유형을 보면 배우자의 말에 상대를 하지 않는 벙어리 형, 배우자의 의도를 벗어난 이중 대화형, 상대가 무슨 말을 하면 엉뚱한 말로 일관하는 동문서답 형, 배우자의 말을 날카롭게 받아치는 스쿼시 형, 자기 편리할 대로 말을 하는 이기적인 형, 그리고 잔소리 형과 비판 형이 있습니다.

건강한 부부가 되고자 한다면 이런 걸림돌 언어를 피하고 축복의 언어를 사용해야 합니다. 아내가 남편에게 하는 말 속에는 사랑이 녹아 있어야 하며, 아내가 남편에게 하는 말 속에는 존경이 담겨 있어야 합니다.

이렇게 축복의 언어란 부부가 서로 존중하며, 감정, 생각, 문제를 함께 나누고 해결하려고 노력하고, 배우자의 관점을 이해하려고 하는 태도인 것입니다.

축복의 언어를 사용하기 위해서 따로 시간을 내기 보다는, 부부가 늘 자연스럽게 자신의 감정과 생각을 말로 표현하는 연습을 해보는 것이 좋습니다.

우리나라 사람들은 보통 때는 감정을 억누르고 있다가 한 번 폭발하면 분노와 울음, 더 나가서 싸움으로 발전하는 경우가 허다합니다. 이러한 원인은 우리들이 평소에 대화법을 배워보지도 않았고 좋은 모델을 본 경우도 없었기 때문입니다. 이제부터는 이 책이 제시하는 방법을 잘 실천하여 모두가 축복 언어의 달인이 되시기를 바랍니다.

03

축복의 언어는 성경적인 대화법이다.

성경적인 대화법을 배우려면 세상적인 사고방식으로 사는 옛 사람을 벗어버리고, 성경의 진리에 순종하고자 하는 새 사람을 입어야 합니다. 사도바울은 에베소서 4장 22~24절에서 다음과 같이 말했습니다.

유혹의 욕심을 따라 썩어져가는 구습을 따르는 옛 사람(old self)을 벗어버리고, 오직 너희의 심령이 새롭게 되어 하나님을 따라 의와 진리의 거룩함으로 지으심을 받은 새 사람(new self)을 입으라.

에머슨 에거리치는 새 사람을 입는다는 말은 성경적인 대화법을 배우는 것이라고 말했습니다. 성경적인 대화법은 다음과 같습니다.

부부는 항상 서로에게 진실 된 말을 해야 한다.

부부의 관계에서는 아주 사소한 거짓말도 신뢰와 사랑의 관계를 무너뜨릴 수 있습니다. 그래서 바울은 에베소서 4장 25절에서 '거짓을 버리고 각각 그 이웃과 더불어 참된 것을 말하라.'고 권하고 있는 것입니다. 그런데 요즘은 거짓말이 너무나 만연하고 당연시되는 것 같아서 마음이 아픕니다.

조용기 목사님도 다른 목사님과 대화를 할 때에 '이 목사님의 말을 어디까지 믿어야 하나?'하고 고민이 될 때가 있다고 하시는 것을 본 적이 있습니다. 목사가 목사를 믿지 못하는 불행한 시대에 우리들은 살고 있습니다. 세상은 이렇게 도둑질하고 죽이고 멸망시키는 마귀의 거짓 역사가 강하게 나타난다고 하더라도, 부부 사이만은 거짓이 없어야 합니다.

부부가 진실을 말하지 않고 거짓말을 할 경우에는 마귀가 그 부부의 사랑과 존경, 그리고 행복을 도둑질하고 죽이고 멸망시킬 것입니다.

그러므로 진실을 말하는 태도는 아주 중요합니다. 그런데 진실 된 말을 할 때에도 조심해야 할 경우가 있습니다. '나는 그저 진실을 말했을 뿐이야.'라고 하면서 배우자를 때려 눕히는 잔인한 태도를 보이면 안 되는 것입니다. 이와는 반대로 진실을 말하면 배우자가 화를 내거나 경멸할까 봐 진실을 말하지 못하는 경우도 있습니다. 도박으로 돈을 날렸다거나 무슨 큰 실수를 저질렀을 경우가 여기에 해당됩니다.

그럴 때조차도 우리는 맞아 죽을 각오를 하고 진실을 말해야만 합니다. 문제를 터트렸을 때 해결방법이 나오기 때문입니다. 문제는 숨기면 숨길수록 점점 더 커지는 법입니다.

부부는 항상 서로를 격려하는 말을 해야 한다.

바울이 에베소 교인들에게 한 말을 인용해 보겠습니다.

무릇 더러운 말은 너희 입 밖에도 내지 말고 오직 덕을 세우는 데 소용되는 대로 선한 말을 하여 듣는 자들에게 은혜를 끼치게 하라. (엡 4:29)

행복한 부부 관계를 유지하려면 부부는 서로에게 덕이 되는 말을 하며 격려하는 말을 해야 합니다. 서로를 격려하기 위해서는 먼저 상대를 비난하고자 하는 유혹을 물리쳐야 합니다. 좋은 의도로 한다고 하는 말이지만 때때로 배우자에게 파괴적이고 상처가 되는 말을 할 수가 있습니다.

참된 말일지라도 배우자를 격려하지 못한다면 그 말은 배우자의 기를 죽이고 때리는 말일 뿐입니다. 그러므로 대화를 통해 배우자를 격려 할 경우에는 세심한 주의를 기울여야만 합니다.

남편이 아내의 마음 깊은 곳에 있는 문제와 욕구에 대해 대화하고 용기를 낼 수 있게끔 격려해 준다면 그 아내는 남편을 예수님처럼 존경하고 따를 것입니다.

아내도 남편을 격려하려면 남편의 부족함을 현미경으로

자세히 들여다 보는 취미를 버려야만 합니다. 현미경으로 남편의 나쁜 점을 관찰하면서 그것을 마음에 새기고 날마다 묵상하면 안 됩니다. 그러면 남편을 존경하고 격려하고자 하는 마음이 오히려 미움으로 세포분열을 하여 점점 더 확대재생산 되는 것입니다.

아무리 남편이 비난받아 마땅한 죄인이라고 하더라도 그것을 입 밖으로 발설하는행위는 삼가해야 합니다. 그래서 솔로몬은 잠언 14장 1절에서 '지혜로운 여인은 자기 집을 세우되 미련한 여인은 자기 손으로 그것을 허느니라.'고 하였던 것입니다.

오늘 당장 남편에게 한 마디 해 주십시오.

"내가 당신의 아내가 되었다는 것은 특권 중에 특권이에요. 여보, 내가 당신을 존경하고 있다는 사실을 당신도 알고 있죠?"

부부는 항상 서로에게 감사하는 말을 해야 한다.

바울은 에베소서를 통하여 에베소 교인 부부들에게 감사하는 말을 하라고 덧붙이고 있습니다.

누추함과 어리석은 말이나 희롱의 말이 마땅치 아니하니, 오히려 감사하는 말을 하라. (엡4-11)

하나님이 가장 기뻐하는 기도는 하나님께 감사하며 올려드리는 기도입니다. 감사기도는 하나님을 영화롭게 하기 때문입니다. 시편 50편 23절에서 다윗은 다음과 같이 찬양하고 있습니다.

감사로 제사를 드리는 자가 나를 영화롭게 하나니.

감사는 하나님에게 최고로 영광을 돌리는 일입니다. 우리들이 '하나님, 감사합니다.' 하고 고백을 하면, 하나님은 기뻐서 어쩔 줄 모르십니다. 그럴 때 하나님께서는 우리들이 찾고 구하는 것을 선물로 주시게 됩니다.

예수님은 이 진리를 알고 계셨기 때문에 이적과 기적을 행할 때에도 먼저 하나님께 감사기도를 하였던 것입니다. 죽어서 무덤에 묻힌 나사로를 살릴 때에도 주님은 하늘을 우러러 보시면서 하나님께 다음과 같이 감사기도를 올렸습니다.

아버지여 내 말을 들으신 것을 감사 하나이다. (요 11:41)

예수님은 이렇게 먼저 하나님께 감사기도를 드린 후에 '나사로야 나오너라!'고 명령을 하였습니다. 그러자 장사한지 사흘이나 지나서 썩은 냄새가 나던 나사로가 살아났던 것입니다.

이런 기적은 감사하는 부부들에게도 나타납니다. 부부의 관계가 깨어지고 소망이 없는 것처럼 보여도 부부들이 결심하고 서로 감사하는 말을 하게 되면 죽었던 나사로가 살아나듯이, 부부의 관계가 회복되고 사랑의 샘이 다시 솟게 되는 것입니다. 오늘부터 원망과 불평의 말을 하지 말고 감사의 말을 하십시오.

그런데 감사의 말을 할 때에도 교묘하게 배우자를 깎아내리는 표현은 삼가야 합니다. 다음과 같은 말들입니다.

"한 달에 한 번 일찍 집에 들어와 주어서 정말 고마워"

"한 달 동안 수고했어요. 쥐꼬리만 한 봉급이지만 그래도 못 버는 것보다는 낫지, 뭐."

이런 말은 감사의 말이 아니라 비꼬는 말입니다. 우리는 예수님을 본받는 사람이 되어야 합니다. 예수님은 부정적인 면보다는 긍정적인 면을 보고 말씀하셨습니다. 예수님은 우리들 자신을 무가치하게 생각하지도 않으셨으며 바보 같은 농담거리로 만들지도 않았습니다. 당신도 그래야 합니다.

살다보면 감사는커녕 오히려 왜 이런 배우자를 나에게 주었습니까? 하고 하나님께 따지고 싶을 때가 있을 것입니다. 누구나 '왜?'라고 울부짖을 때가 있습니다. 예수님도 십자가 위에서 울부짖으셨습니다.

나의 하나님, 나의 하나님, 어찌하여(왜) 나를 버리셨나이까?

(막 15:34)

하나님께서 우리의 왜? 라는 질문에 즉시 대답을 하지 않으신다고 해도, 우리들은 끝까지 하나님의 선하심을 믿고 감사하며 기다려야 하는 것입니다. 그러면 결과적으로는 모든 것이 협력하여 선을 이루게 축복하십니다.

04

축복의 언어는
상대의 말을
잘 듣는 데에 있다.

잠언 18장 13절에서 솔로몬은 '사연을 듣기 전에 대답하는 자는 미련하여 욕을 당하느니라.'고 하였습니다. 올바른 대화가 이루어지려면 먼저 상대의 말을 잘 들어야 합니다. 그러기 위해서는 다음의 규칙이 지켜져야 합니다.

판단하지 말고 이해하려는 심정으로 들어야 한다.

우리가 축복의 언어를 잘 하려면 예수님의 마음을 본받아야 합니다. 왜냐하면 예수님의 마음이 없이는 축복의 언어를 사용하기 어렵기 때문입니다. 그래서 바울은 빌립보서 2장 5절에서 이렇게 말했습니다.

너희 안에 이 마음을 품으라. 곧 그리스도 예수의 마음이니 그는 근

본 하나님의 본체시나…

예수님은 한 번도 남을 판단하거나 비난하는 투로 말씀하시지 않았습니다. 예수님은 삭개오가 뽕나무에 올라가 있는 모습을 보고, '너는 돈만 아는 삭개오가 아니냐?'라고 하지 않았습니다. 또한 열두 해 동안 혈루병을 앓던 여인이 옷깃을 만졌을 때에도 '무슨 죄를 지었기에 그런 부정한 병에 걸렸느냐!'고 꾸짖지 않으셨습니다.

예수님은 절대로 남을 판단하시지 않고 오히려 그들의 마음을 그들 편에서 이해해 주셨습니다. 그래서 다른 사람들이 손가락질하는 창녀와 세리, 버림받고 이혼당한 여인들과 가난하고 소외된 사람들의 친구가 될 수 있었고, 병든 자들의 참된 위로자가 될 수 있었던 것입니다.

배우자와 좋은 관계를 형성하려면 먼저 배우자를 판단하려고 하는 심사를 고쳐야 합니다. 내가 배우자를 판단하는 태도를 취하면 배우자도 나를 판단하는 태도로 대하게 됩니다. 성경이 진리입니다.

너희의 비판하는 그 비판으로 너희가 비판을 받을 것이요, 너희의 헤아리는 그 헤아림으로 너희가 헤아림을 받을 것이니라. (마 7:2)

어떤 때는 배우자가 야비하고 치사한 모습으로 보일 때도 있겠지요. 그래도 그 사람의 마음속에는 내가 정말 잘 되기를 바라는 마음이 있다고 믿으며 그를 긍휼이 여기고 이해하는 심정으로 바라보아야 합니다.

상대의 말을 반영하며 들어야 한다.

훌륭한 듣기의 두 번째의 기술은 '반영하기(mirroring)'입니다. 이를 적극적 경청이라고도 합니다.

이 방법은 정신과 의사인 칼 로저가 자신의 환자에게 사용하던 테크닉을 응용하여 처음으로 부부치유에 도입한 기법이기도 합니다. 이 방법은 배우자가 말하는 것에 대하여 좋고 나쁘다는 판단을 내리지 않고, 배우자의 기분이나 생각을 모두 수용하며 대응하는 방법입니다.

배우자의 말을 반영한다는 말은 배우자의 메시지 내용을 거울에 비추듯이 그대로 자신의 말로 바꾸어서 표현하는 것이라고 이해하면 됩니다. 이때 주의할 점은 상대방의 말이 내가 긍정할 수 없다고 하더라도, 화를 내거나 반박해서는 안 된다는 것입니다. 반사를 할 때는 평면거울로 해야지 오목렌즈나 볼록 렌즈로 반사를 해서는 안 됩니다.

예를 들어 아내가 남편에게 '당신은 약속을 지키지 않았어요. 이번 결혼기념일에는 나와 함께 외식을 하고 선물을 주신다고 약속했어요.'라고 말을 했을 때, 오목렌즈의 반응과 볼록 렌즈의 반응은 다음과 같습니다.

"당신은 내가 약속을 지키지 않는 믿을 수 없는 인간이라고 말을 하고 있군."

"그 말을 들으면 내가 항상 약속을 어기는 사람밖에 되지 않는다는 소린데…."

이런 식으로 상대의 말을 변형 시키면 상대의 감정을 더 자극하게 되어서 결국은 싸움으로 번지고 맙니다. 부부가 감정이 안 좋을 때는 특히 평면거울을 사용해야 하는 것입니다.

위의 아내의 말을 평면거울로 반영하면 다음과 같습니다.

"당신 말은, 내가 결혼기념일에 외식 약속을 하지 않고 선물을 준다는 약속도 지키지 않았다는 말이군."

이렇게 평면거울로 상대의 말을 반영해주면 상대는 자신의 말을 받아 준 배우자에게 일단 편안한 감정이 들어서 '그래요.'라고 말을 하거나 '맞아요. 내가 하고자 하는 말이 그것이에요.'라고 말을 할 것입니다.

꼭 복사판처럼 말을 하지 않아도 다음과 같이 말을 해도 좋습니다.

"미안하지만, 당신 말은 이러 저러한 말 같은데, 맞나요?"

배우자가 당신의 말을 이해하지 못하는 것 같으면 다음과 같이 말을 하면 됩니다.

"미안한데, 나는 이러저러한 뜻으로 한 말인데, 당신도 그렇게 이해하고 있나요?"

상대의 말을 반영하거나 바꾸어서 다시 확인하는 데에는 두 가지의 장점이 있습니다.

첫째는 상대의 말을 오해하지 않게 됩니다.

둘째는 바꾸어 표현하기는 상대방에게 당신이 그의 말을 잘 들었다는 점을 확인시켜 줍니다. 자신의 말에 귀기울여 준다고 느끼면 상대방도 이쪽의 말에 귀를 기울이게 된다는 것입니다.

셋째는 말을 하는 사람의 메시지를 해석하지 않게 되고 감정적으로 반응하려는 충동을 억제할 수 있게 됩니다. 그러면 두 부부 사이에 안정감이 형성되어 대화가 순조롭게 되는 것입니다.

그러나 이때 주의할 점은 '그러니까 당신은 ~'이라는 말을 지혜롭게 사용해야 한다는 사실입니다. 이마고 부부관계치료법에서는 갈등을 겪고 있는 부부들에게 연합과 안정감을 형성하고, 상대의 깊은 상처를 어루만지기 위해서 이런 표현법을 계속유지하게 합니다. 그러나 보통의 대화에서 이런 피드백은 지나치게 사용하면 오히려 부작용을 낳습니다.

이 대화법을 배운 어떤 엄마가 10대 아들에게 적용한 이야기가 있습니다. 어느 날, 학교에서 돌아온 아들에게 엄마가 물었습니다.

"오늘 학교에서 어땠니?"

"좋았어요."

아들은 시큰둥하게 대답했습니다. 그러자 엄마가 물었습니다.

"그러니까 네 말은 오늘 학교에서 좋았다는 거지. 그래, 어떻게 좋았는데?"

아들이 조금 기분이 좋아져서 대답합니다.

"음… 오늘 축구시합에서 이겼어요."

"그래, 네 말은 오늘 축구시합에서 이겼다는 것이구나. 그래서 기분이 어떤데?"

아들은 더 이상 참지 못하고 소리를 지릅니다.

"엄마, 오늘 어디 가서 또 자녀교육에 대해서 듣고 왔어요? 제발 좀 그만해요!"

뭐든지 지나치면 모자람만 못하다는 말이 있듯이, 피드백 대화법도 역시 지나치게 사용하면 오히려 역효과를 나타냅니다. 잘 분별하여 사용하시기를 바랍니다.

상대의 말을 인정해야 한다.

배우자가 말을 할 때에 요약 반영하였으면 그 다음의 단계는 '인정하기'로 들어가야 합니다. 물론 배우자의 말이 전적으로 옳다고 긍정할 수 없을지도 모릅니다. 배우자와 다른 시각을 가지고 있을 수도 있으니까요. 그러나 여기서 배우자의 말을 인정하라는 말은, 배우자의 관점에 동의하거나 말을 듣는 사람의 주관적 경험을 반영하는 것을 의미하지 않습니다.

부부의 대화는 두 가지 이상의 다른 관점이 있을 수 있고, 또한 어떤 경험이라도 다르게 해석될 수 있다는 점을 인정하는 것입니다. 다시 말하면 '인정하기'는 자신의 주관적 관점의 일시적 정지, 또는 초월 경험을 통해서 배우자의 경험을 마치 자신의 경험처럼 실재적으로 경험한다는 의미입니다.

정히 배우자의 말을 인정할 수 없다고 생각될 때는 거기에 대해서 좀 더 설명해 달라고 요청해야 합니다.

만약에 한 사람이 밖에 비가 오는 데도 불구하고 '오늘은 아주 좋은 날이네요.'라고 말을 하면, 이마고 부부대화법에서는 '내가 당신의 말을 맞게 들었다면, 당신은 오늘이 아주 좋은 날이라는 거지요?'라고 말을 하라고 되어 있습니다.

이런 대화법은 대화가 없고 갈등상태에 있는 부부라면 치유를 목적으로 사용하는 것도 좋겠지요. 그러나 평상시 매사에 이런 식으로 말을 주고받는다면 짜증이 날 것입니다.

이럴 때는 말에 조금 변화를 주어서 '오늘이 좋은날이라고요?'라고 말을 하는 게 자연스럽고 좋습니다. 그러면 '네, 오늘은 참 좋은 날이에요.'라고 말을 받겠지요.

그런데 당신이 볼 때는 그 말을 긍정할 수가 없습니다. 왜냐하면 지금 밖에는 비가 오고 습기가 많아서 눅눅한 상태라 좋지가 않습니다. 그렇다고 '무슨 소리를 하고 있는 겁니까? 비가 와서 구질구질한데…'라고 말하면 안 됩니다.

이럴 때는 '왜 이런 날이 좋은 날인지 내가 알 수 있도록 더 얘기를 해 주실 수 있습니까?'라고 물어야 합니다. 그러면 배우자는 자신의 생각을 말할 것입니다.

"비가 오면 빨래를 하지 않아도 되거든요. 그리고 비가 오면 모임을 다음으로 연기하기로 했거든요. 그 모임이 부담이 가던 차에 얼마나 잘 됐는지 몰라요. 차라리 집에서 빗소리를 들으며 음악을 듣고 책을 보는 편이 더 좋아요. 그래서 나는 비오는 날을 좋아해요."

배우자가 이렇게 자신이 비오는 날을 좋은 날이라고 느끼는 감정을 얘기 했다면, 당신은 그 배우자의 말을 다음과 같이 인정해주면 됩니다.

"아! 그래서 비오는 날이 좋다고 했군요. 비가 오면 빨래를 하지 않아도 되고, 또 부담이 가는 모임에 가지 않아도 되고, 그리고 그동안 읽고 싶었던 책을 읽으면서 음악을 들을 수 있으니 말입니다."

이런 식으로 배우자의 말을 들어주면서 인정을 하면 부부사이는 어느 사이에 긴장감이 사라지고 안정감이 형성됩니다.

공감하며 들어야 한다.

공감이란 감정을 같이 느끼는 상태입니다. 말하는 사람의 고통과 억울함을 함께 느끼고 슬픔과 아픔을 같이 느끼는 게 공감이라는 말씀입니다. 부부들은 서로 이런 마음이 있어야 합니다. .

어느 날 퇴근하고 집에 온 남편이 화가 난 목소리로 아내에게 말합니다.

“에이, 오늘 정말 재수 없는 날이야.”

“왜 재수가 없는 날이야?”

“아, 글쎄, 신호등 때문에 차를 정지하고 있는데 앞차가 갑자기 후진을 해서 내 차를 박았는데, 경찰 앞에서는 거짓말을 하지 뭐야. 내가 갑자기 속력을 내서 박았다고 말이야.”

“앞차가 후진할 때 ‘빵 빵’하고 경적을 눌렀어, 안 눌렀어?”

“아니 뒤를 보고 세울 줄로 알았지 누가 보지도 않고 갑자기 급하게 후진할 줄 알았나?.”

“이런 바보 같기는. 당신이 경적을 눌러줬어야지. 그래서 수리비가 얼마나 나왔어?”

“몰라! 말하는 내가 미친놈이지.”

“아니, 왜 동대문에서 뺨 맞고 서대문에서 화풀이 하는 거야!”

교통사고 때문에 마음이 상해서 집에 온 남편은 아내에게 억울함을 호소하고 위로를 받고 싶었습니다. 그런데 아내는 남편의 마음을 공감하지 못하고 오히려 비난하는 장면입니다. 그런 말은 화가 난 남편의 마음에 오히려 기름을 끼얹는 겪이 되고 말았습니다.

이럴 때는 다음과 같이 말해주는 것이 효과적입니다.

“여보, 당신 마음 많이 상했겠다. 아니, 자기가 후진하다가 박아놓고 도리어 그런 소리를 해? 나쁜 놈이네. 그런 사람들 때문에 사회가 엉망이 되는 거야. 그런데 어떻게 해. 이왕 이렇게 되었는데 당신이 참아야지. 억울하지만 화 풀어요. 내가 맛있는 부침개 만들어 드릴게."

이렇게 말을 하면 남편은 차가 망가지고 엉뚱하게 돈이 들었지만 아내가 자신의 심정을 이해해 주기 때문에 마음이 풀리는 것입니다. 그리고 그런 아내가 더 사랑스럽게 느껴지겠지요.

공감을 하기 위해서는 배우자가 말을 할 때에 속단하거나 재촉하지 말고 들어야 합니다. 배우자가 아직 말을 끝내지도 않았는데 성급하게 다음과 같이 말을 하면 안 됩니다.

"그래서? 빨리 말해!"

"결론만 말하라니까."

"아, 알았어. 들으나 마나한 얘기지 뭐."

이렇게 말을 재촉하거나 다 듣지도 않고 중간에서 끊으면 상대편은 말을 하고 싶은 마음도 없어지고 절망감에 빠질 수가 있습니다.

말을 잘 듣는 사람은 상대로 하여금 마음을 열고 편하게 말하도록 배려해 주는 사람입니다. 또한 배우자의 말에 공감을 표현하는 사람입니다.

05

축복의 언어는
사려 깊은 언어이다.

같은 말도 어떻게 하느냐에 따라서 사람을 살리기도 하고 죽이기도 하는 것입니다. 그래서 성경은 혀가 배의 키와 같다고 말하고 있습니다.

우리가 말들의 입에 재갈 물리는 것은 우리에게 손종하게 하려고 그 온 몸을 제어하는 것이라. 또 배를 보라 그렇게 크고 광풍에 밀려가는 것들을 지극히 작은 키로 사공의 뜻대로 운전하나니 이와 같이 혀도 작은 지체로되 큰 것을 자랑하도다. 보라 어떻게 작은 불이 어떻게 많은 나무를 태우는가. 혀는 곧 불이요 불의의 세계라. 혀는 우리 지체 중에서 온 몸을 더럽히고 생의 바퀴를 불사르나니 그 사르는 것이 지옥 불에서 나느니라. (약 3:3-6)

미국의 로키산맥에 있는 400년 묵은 거목이 어느 날 힘
없이 쓰러졌다고 합니다. 그 나무는 400년의 세월 속에서
100여회의 벼락을 맞고도 살아남았고, 태풍과 가뭄, 심지어
는 산불과 갖가지 재난들을 이겨낸 나무였습니다. 그런데
그 나무가 어느 날 힘없이 넘어진 것입니다. 학자들이 이유
를 알아보니 조그마한 딱정벌레들이 원인이었다고 합니다.
 조그마한 딱정벌레가 400년 묵은 어마어마한 거목을 쓰러
트리듯이, 우리 몸의 지체 중에 가장 나약한 혀가 우리 인
생을 좌지우지한다는 사실을 아십니까? 혀는 당신 삶의 키
입니다. 만일 당신이 향하고 있는 방향이 옳지 않거나 좋
은 방향이 아니라고 생각하면 지금 그 키의 방향을 바꾸어
야 합니다.
 행복한 가정, 행복한 부부가 되기를 원하신다면 지금 당장
당신의 언어를 사려 깊은 언어로 바꾸십시오. 사려 깊은 언어
는 내 감정보다도 상대의 감정을 먼저 이해하고, 내 입장보다
는 상대의 입장을 먼저 생각해서 하는 언어를 말합니다. 사
려 깊은 언어는 다음과 같이 몇 가지로 표현할 수 있습니다.

상대의 말에 '～ 구나'로 대처한다.

 이 '～구나' 대화법은 배우자가 말을 할 때에 배우자의 심
정을 받아들이면서 '아, 그랬구나.' 등으로 받는 것입니다.
상대가 공격적 표현을 할 때도 이 대화법을 활용하면 싸움

을 막을 수 있으며 상대의 마음을 누그러뜨릴 수 있습니다.

회사에서 퇴근한 남편이 집에 들어오자마자 아이들을 보면서 아내를 책망합니다.

"여보 도대체 애들 꼴이 이게 뭐야? 왜 씻기지도 않고 이렇게 지저분하게 내버려 두었어?"

"아니 내가 뭐 하루 종일 잠만 잔 줄 알아요? 저는 월급도 받지 않고 하루 종일 이불 빨래를 하고 청소를 했다고요. 여자들이 하는 일은 표도 안 난다니까."

이렇게 아내가 남편의 말을 스쿼시 형으로 받아친다면 남편은 분명히 화를 내면서 다음과 같이 공격을 할 것입니다.

"빨래를 하고 청소를 했다고 아이들은 거지새끼들처럼 해 놔도 된다는 거야 뭐야?"

결국 그날은 한바탕 전쟁으로 부부는 아마도 등을 돌리고 잠을 잘 것입니다. 이럴 때는 지혜롭게 이렇게 말을 해야 합니다.

"그러네요. 아이들이 지저분하지요? 미안해요. 내가 아직 못 씻겨 주었어요."

먼저 남편의 말에 긍정해 주고, 인정한 다음에 그 이유를 설명해야 합니다. 그러면 남편은 자기의 말에 동의를 해주고 사과를 한 아내를 보면서 마음이 넓어지게 됩니다. 이럴 때 그간의 사정을 알아듣게 이야기 하는 것입니다.

"오늘 하루 종일 대청소를 하고 이불 빨래를 하다 보니 경황이 없었어요. 아이들을 씻기려고 하다가 당신 저녁 준비를 먼저 하다 보니 못했어요. 나에게는 당신이 최우선이잖아요.”

남편은 아내의 말을 듣고 자신이 화를 내면서 말을 한 것에 대해서 미안한 마음 때문에 ‘아이들은 내가 씻을 때 같이 씻길게.’ 이렇게 나올지도 모르는 것입니다.

그렇게 까지는 안 해준다고 하더라도 최소한 등을 돌리고 자거나 딴 방을 쓰지는 않을 것입니다.

‘당신은(You)’이라는 단어보다는‘나는(I)’이라는 말을 사용한다.

심리학자인 하임 기노트는 말을 시작할 때 ‘당신은’이라는 말보다는 ‘나’로 시작하는 말이 상대방을 비판하는 일이 적다고 하였습니다.

대화를 할 때는 ‘너는’ ‘당신은’보다는 ‘나는’이라는 직접 화법을 쓰는 것이 좋습니다. 내가 느끼기에는, 내 생각에는, 내가 받아들이기에는, 이라는 표현을 써야 쓸데없는 오해와 갈등을 줄일 수 있다는 보고가 있습니다.

‘나’ 전달법은 가장 빠르고 정확하게 자신의 감정과 생각을 상대에게 전달하고 쓸데없는 오해를 막을 수 있는 대화법입니다.

“당신은 왜 허구한 날 술만 먹고 늦게 들어오는 거예요? 여기가 당신 하숙집이에요?”

이렇게 말을 하는 것보다는 이런 말이 듣기에도 훨씬 더 부드럽지 않습니까?

"나는 당신이 날마다 술을 먹어서 당신 건강이 걱정이 돼요. 당신이 일찍 집에 와서 저녁도 같이 먹고 이야기도 많이 했으면 좋겠어요. 그리고 당신이 늦게 들어오면 무섭고 외로워요."

확실히 나로 말을 시작하면 말이 부드럽게 나올 가능성이 더 많습니다. 이렇게 말을 하면 상대를 비난하지 않고도, 자신의 입장을 생각해 달라는 완곡한 부탁을 하는 모양새가 되는 것입니다. 그런 말을 쓰는데 상대방이 공격적으로 나올 이유도 없겠지요. 물론 나로 시작하는 말도 비난하는데 사용할 수 있습니다. 바로 이런 표현들입니다.

"나는 당신이 무책임하고 사랑이 없는 사람이라고 생각해요. 그러니 날마다 술이나 마셔대고 나에게는 전혀 관심이 없죠."

"나는 당신이 애들 아버지라는 게 믿어지지가 않아요. 애들 공부하는 것에 관심이 있나 애들하고 놀아주기를 하나. 도대체가 무슨 남편이 애들을 귀여워 해줄 줄도 모르고…"

이렇게 나로 말을 시작했다고 하여도 상대를 비난하게 되면 관계가 악화되고 싸움만 유발하게 될 것입니다. 그러므로 '나'라는 단어를 사용할 때에는 배우자를 비난하기보다는 자신의 감정이나 기분상태를 표현해야만 상대방의 이해를 얻기가 쉽습니다.

예수님도 '나는'이라는 말을 주로 사용하여 진리를 전달하였습니다. 누가복음 15장에서 예수님께서 탕자의 비유를 말씀하셨을 때도, 'You 메시지'를 사용하시지 않으시고 'I 메시지'를 사용하셨습니다. 탕자의 아버지는 이렇게 말하지 않았습니다.

"너, 그 많은 재산을 어떻게 했느냐? 그것 봐라, 내가 아직은 아니라고 했잖니. 네 꼴이 이게 뭐냐?"

아버지는 대신 'I 메시지'로 부드럽게 말했습니다.

"이 내 아들은 내가 잃었다가 다시 얻었노라."

이 말은 달리 해석하면 이런 뜻입니다.

"나는 네가 돌아오기를 날마다 기다리고 있었다. 내게는 네가 살아왔다는 사실이 꿈만 같구나. 네가 마치 죽었다가 다시 살아난 것 같아 너무너무 기쁘단다."

아버지는 이렇게 말을 하면서 송아지를 잡고 떡을 치고 온 동네 사람들을 초청하여 잔치를 했던 것입니다.

율법은 '이렇게 해야 한다.' 또는 '저렇게 하라.'는 식의 You 메시지이지만, 복음은 '내가 너를 위해 이렇게 죽었다.' 또는 '내가 너를 천하보다 더 귀하게 여긴다.'라는 예수님의 I 메시지인 것입니다.

자, 이제부터는 우리들도 You 메시지를 사용하지 말고 I 메시지를 사용하여 행복한 가정을 이루어 보십시다.

사려 깊은 언어는 직접 언어가 아닌 간접언어로 말한다.

요한복음 8장에서 바리새인들이 예수님 앞으로 간음한 여인을 끌고 와서 돌을 들고는 살기등등한 모습으로 예수님께 물었습니다.

"이 여인을 어떻게 해야 합니까?"

그들이 이렇게 질문하는 이유는 예수님을 궁지에 몰아넣기 위해서였습니다.

'돌로 치라'고 대답하면 '서로 사랑하고 용서하라.'고 주장하던 예수님의 말씀에 배치되고, '살려주라.'고 하면 율법을 어기는 것이 되므로 무슨 대답을 해도 걸려들기는 마찬가지였습니다.

예수님은 그들의 속셈을 뻔히 들여다보고 계셨습니다. 또한 그들의 여러 가지 죄악들을 알고 있었습니다. 이때 예수님은 '죄 없는 자가 먼저 돌로 치라.'고 말씀하셨습니다. 주님은 직접언어로 '똥 묻은 돼지가 겨 묻은 돼지를 나무라는 것이냐? 너희들도 숨겨놓은 죄가 있으면서 감히 남을 정죄하려고 하느냐?'고 말씀하지 않았습니다.

주님은 직접언어를 피하셨습니다. 예수님은 간접언어로 '죄 없는 자가 먼저 돌로 치라.'고 말씀하셨습니다. 그러자 사람들이 하나 둘 살그머니 돌을 놓고 자리를 떠났던 것입니다.

이렇게 직접언어와 간접언어는 내용은 같다고 하더라도 결과는 180도로 다르게 나타납니다. 똑같은 말도 직접언어로

말을 하면 상처와 심한 거부감을 일으키지만, 간접언어로
말하면 마음에 감동과 변화를 일으킬 수 있습니다.

 우리들은 상업적으로 손님들에게 친절하게 하는 사람들로
부터도 배워야 합니다.
 나는 어느 날 홈쇼핑에서 물건을 구입하고 깜빡 잊고 대금
을 입금하지 못한 때가 있었습니다. 그러자 상담원에게 전
화가 왔습니다. 상담원은 다음과 같이 나에게 말했습니다.
“안녕하세요, 선생님. 물건은 잘 받으셨지요? 물건에 대해
불만스러운 부분은 없으신지요? 예, 감사합니다. 그런데 선
생님, 물건 값은 누구 이름으로 송금 하셨나요?”
“아, 예. 바빠서 깜박했네요. 오늘 중에 입금을 하겠습니다.”
 나는 전화를 끊고 나서도 추궁을 받았다는 생각이 들지 않
아서 기분이 좋았습니다. ‘그 아가씨, 참 예쁘게 말도 잘 하
네.’ 하면서 다음에 또 물건을 구입하고 싶은 생각이 들었습
니다.
 이렇게 상대가 실수를 했어도 책망이나 비난으로 말을 하지
않고 간접적으로 말을 하면, 상대는 자신의 실수를 기분 좋
게 인정하면서 바로 수정하게 되는 것입니다.
 그런데 그 아가씨가 직접언어로 다음과 같이 말을 했다고
해 봅시다.
“임종천 선생님이시죠? 아직 물건 대금이 입금이 안됐습니

다. 날짜가 지났는데 빨리 보내주세요. 부탁합니다.”

상담원이 이런 식으로 말을 했다면 나는 내가 잘못했음에도 불구하고 기분이 좋지 않았을 것입니다. 필경은 추궁 받은 것 같은 기분 때문에 다음과 같이 중얼거렸을 것입니다. “그것 참. 아니 누가 돈을 떼어 먹나? 바빠서 깜박한 것 가지고 되게 까칠하게 구네. 다시는 거기서 물건을 사나 봐라.”

이렇게 같은 사건을 놓고 간접적으로 하는 말과 직접적으로 하는 말은 상대로 하여금 틀린 반응을 일으킵니다. 부부의 대화도 직접적으로 말을 하기보다는 간접적으로 자연스럽게 하는 것이 좋은 효과를 볼 수 있습니다. 특히 상대의 잘못을 지적할 때에는 말이죠.

사려깊은 언어는 절제하는 언어이다.

사려 깊은 언어는 ‘당신은 항상 ~’ 또는 ‘당신은 매일 ~’등의 표현을 절제하는 것입니다. 당신이 이런 단어를 쓰는 이유는 당신이 상대로부터 상처를 받았다는 사실을 알려주기 위해서 일 것입니다.

그런데 이런 단어를 쓰고 나면 정작 당신의 상처 난 마음을 위로받기보다는 오히려 더 큰 상처를 받을 수도 있습니다. 왜냐하면 ‘당신은 항상 왜 그래?’라는 말을 들은 상대는 자신이 부당하고 억울하게 당했다는 생각이 들기 때문입니다. ‘내가 언제 항상 그랬어?’하는 억울한 마음 때문에 말하는 사람의 의도를 파악하기 보다는 자기를 방어하려고 오히려 공격하게 됩니다. 그러다 보면 단순한 사건가지고도 싸우게 되는 것입니다. 그러므로 그런 표현들은 되도록이면 사용하지 않는 것이 좋습니다.

 속상한 일이 있어서 감정을 털어놓고 싶을 때는 남편에게 미리 단서를 주는 지혜가 필요합니다. 남자들은 대화를 할 때 해결할 문제가 있는 것으로 인식합니다. 그래서 그들은 대화를 할 때도 해결사 역할을 하려고 합니다.

 아내가 남편에게 '자기야, 나 지금 너무 감정이 북받쳐서 그러는데, 자기가 내 말 좀 들어줬으면 좋겠어.'이렇게 말을 하면 남편은 아내의 심정 상태를 이해하고 들어줄 것입니다.

 그런데 남편이 아내인 자신의 욕구를 이해할 것이라고 지레 짐작한 채 그냥 이야기를 시작하면, 남편은 자기가 해결해야 할 문제가 있는 줄 알고 즉각 해결사 역할을 하려고 하면서 오히려 당신의 마음을 상하게 할 수 있습니다.

 대화는 참으로 쉬우면서도 어렵습니다.
 이런 이야기가 있습니다.
 어느 부부가 이혼을 눈앞에 두고 마지막으로 전문가를 찾아서 조언을 한 번 받아보기로 하고 상담소를 찾았습니다. 카운슬러가 아내에게 물었습니다.
 "남편이 손찌검을 합니까?"

"아니요. 제가 주로 남편을 때리는 편입니다."
아내의 대답에 이번에는 남편에게 물었습니다.
"아내에게 맞을 때에 분노를 느꼈나요?"
남편이 조금도 그렇지 않다는 듯이 대답했습니다.
"제가 인내심이 좋은 편입니다. 그 정도는 참을만하죠."
부부들의 대답에 약간 화가 난 카운슬러가 이번에는 부부
에게 동시에 물었습니다.
"그럼 두 분의 문제는 도대체 무엇입니까?"
아내가 어깨를 으쓱하며 대답했습니다.
"글쎄요…"
인내심에 한계를 느낀 카운슬러가 짜증스럽게 물었습니다.
"도대체 두 분은 오늘 왜 여기에 오신 것입니까?"
부부가 동시에 대답했습니다.
"우리는 말이 통하지 않습니다."

이 정도에서 '부부의 축복 대화법'을 갈무리하면서 불통하
는 대화를 소통하는 대화로 만들기 위해서 종합적으로 살
펴보겠습니다.

- 대화를 위한 적절한 시간과 분위기를 만드십시오.
- 대화를 할 때 배우자의 말을 적극적으로 경청하십시오.
- 배우자의 말에 너무 빨리 결론을 말하지 마십시오. '아, 알았

다니까. 요점만 말해!' 이런 식의 말은 하면 안 됩니다.

- 과장적이고 극단적인 말은 하지 마십시오. 예를 들어서 '못살겠어요. 헤어져요.' 이런 말을 하면 안 됩니다.
- 문제만을 다루어야지 상대방의 인격을 공격하면 안 됩니다. "아이고 지겨워. 저런 인간과 결혼을 하다니 내가 미쳤지, 미쳤어!"
- 배우자와 대화를 할 때에 깊은 감정의 수준까지 나누십시오.
- 명료화를 위한 목적 외에는 배우자의 말에 끼어들지 않는 것이 좋습니다.
- 대화의 시간은 각자가 동일하게 갖는 것이 좋습니다.
- 대화를 할 때 화를 터뜨리며 퍼붓지 말아야 합니다.
- 배우자가 말을 할 때 침묵으로 일관하지 말아야 합니다. 반영하기(mirroring) 기법과 '~구나' 기법으로 반응을 보이십시오.
- '당신' 또는 '우리' 진술을 쓰지 말고 '나' 진술을 사용하여 보십시오.
- 과거에 연연하지 마시고 '여기 지금'(here and now)에 초점을 맞추십시오.
- 배우자가 말을 할 때 성급한 충고를 하지 말아야 합니다.
- 성급한 결론을 내리려고 말을 끊지 마십시오.
- 배우자가 말을 할 때에 동기를 판단하지 말고 너그럽게 대하십시오.
- 배우자에게 상한 마음이 있으면 빨리 용서하여야 합니다.

제3부

아름다운 노래
– 부부의 성

부부의 성은
부부간에 예배처럼 거룩한 것입니다.
마이크 메이슨은 그의 저서 〈결혼의 신비〉에서,
'예배가 하나님과의 가장 깊은 친교라면
성행위는 부부사이의 가정 깊은 친교의 형태다.'
라고 말하였습니다.

01

부부의 성은
하나님의 선물이다.

부부의 성은 하나님의 선물이기 때문에 부끄럽거나 숨겨야하는 수치가 아닙니다. 성경에서도 특히 아가서는 부부의 성을 아름답게 묘사하고 있습니다.

아가서(The Song of Songs)라는 말은 히브리어로 '쉬르 하쉬림'이라고 합니다. 이는 노래들 중에 가장 뛰어난 노래라는 뜻입니다. 우리글 성경에는 '맑고 고운 최고의 노래' 또는 '가장 아름다운 노래'라는 뜻으로 '아가(雅歌)'라고 번역을 하였습니다. 나는 부부의 성은 '아름다운 사랑의 노래'라고 부르는 것이 좋다고 생각합니다.

정상적인 부부의 성은 선한 것이며, 아름다운 것이고, 축복 중에 축복입니다. 인간의 성은 단순히 육적인 쾌락의 추구가 아닙니다. 그것은 영, 혼, 육을 동반하는 복잡하고 신비하며 규정하기 힘든 오묘한 결합입니다.

신앙이 좋은 분들은 거룩한 신앙생활을 위해서는 육체적인 섹스는 멀리하는 것이 좋다고 주장합니다. 그런 분들은 영성(靈性)과 성(Sex)이 서로 관련이 있다고 하면 매우 불쾌하게 생각합니다. 그들이 그렇게 생각하는 것은 교회 안에 침투하여 들어온 영지주의 사상에 영향을 받았기 때문입니다.

바울은 부부간의 성교는 교회와 예수님과의 관계와 같다고 하였습니다. 이는 성을 부정적으로 생각하는 태도에 일침을 놓는 말씀입니다. 부부의 성은 하나님의 작품입니다. 그런데 영지주의 사상이 부부의 성을 왜곡시킨 것입니다.

웨스트민스터 신학교의 피터 존스(Peter Jones) 교수는 영지주의를 다음과 같이 정의했습니다.

"영지주의란 고대 동방종교의 신비주의가 서방 그리스의 합리주의 문화와 만나서 생겨난 거짓된 안티 갓(Anti-God) 종교 전체를 광의적으로 일컫는 것이다."

고대 영지주의자들은 육의 세계는 원래 의도된 것이 아니라 창조주 하나님의 실수로 만들어졌다고 주장하고 있습니다. 그들은 물질은 악하고 영은 선하다고 가정하고 있습니다. 그러므로 사람은 육욕의 제한에서 벗어나 영적인 생명이라는 신비로운 세계를 누려야 한다는 주장입니다.

또한 영지주의자들은 인간자체가 신이기 때문에 자기이해와 자아실현이 진정한 구원에 이르는 길이라고 주장합니다. 그들의 이상은 남녀 성별의 차이를 없애는 것입니다. 고대 영지주의 문헌인 '거룩한 계시자'에는 다음과 같은 기록이 있습니다.

"나는 양성이다. 나는 어머니이며 동시에 아버지이다."

이들이 이렇게 주장하는 이유는 남자는 물질과 악에 해당하는 반면에 여자는 영과 선에 해당하며, 여성의 힘이 곧 구원의 핵심이라는 이단 사상을 강조하기 위함입니다. 이런 주장은 오늘날 페미니스트들에게 큰 영향을 주었습니다.

존 맥아더는 '최근에 나온 페미니스트들의 주장은 고대 영지주의를 새롭게 포장하여 재탄생시킨 것에 불과하다.'라고 하였습니다. 오늘날의 영지주의는 '뉴에이지'라는 이름으로 우리에게 다가오고 심지어는 교회에까지 침투하여 하나님의 질서를 무너뜨리고 있습니다.

그래서 바울은 교회에 몰래 숨어들어온 영지주의자들을 경계하기 위하여 골로새 교인들과 디모데에게 편지를 써서 다음과 같이 경계를 하였던 것입니다.

혼인을 금하고 식물을 폐하라 할 터이나 식물은 하나님이 지으신 바니 믿는 자들과 진리를 아는 자들이 감사함으로 받을 것이니라. 하나님의 지으신 모든 것이 선하매 감사함으로 받으면 버릴 것이 없나니 하나님의 말씀과 기도로 거룩하여짐이니라. (딤전 4:3~5)

부부의 성은 부부간에 예배처럼 거룩한 것입니다. 마이크 메이슨은 그의 저서 〈결혼의 신비〉에서 '예배가 하나님과의 가장 깊은 친교라면 성행위는 부부사이의 가장 깊은 친교의 형태다.'라고 말하였습니다. 신앙심이 좋은 부부들은 성적인 만족도도 높다는 설문조사 결과가 있습니다.

잠언 5장 15절로 19절은 적극적 성생활을 강조하고 있습니다.

너는 네 우물에서 물을 마시며 네 샘에서 흐르는 물을 마시라. 어찌하여 네 샘물을 집 밖으로 넘치게 하겠으며 네 도랑물을 거리로 흘러가게 하겠느냐. 그 물로 네게만 있게 하고 타인으로 더불어 그것을 나누지 말라. 네 샘으로 복되게 하라. 네가 젊어서 취한 아내를 즐거워하라. 그는 사랑스러운 암사슴 같고 아름다운 암노루 같으니 너는 그 품을 항상 족하게 여기며 그 사랑을 항상 연모하라.

성경은 성은 추하거나 더러운 것이라고 말하지 않고 아름다운 것이라고 말합니다. 그리고 그 성을 즐거워하고 족하게 여기며 감사하라고 말하고 있습니다. 해리 허리스는 '성생활을 위한 기도'를 다음과 같이 했습니다.

"주님, 어떤 이들은 성과 종교가 섞여서는 안 된다고 말합니다. 그러나 당신의 말씀은 성은 좋은 것이라고 가르치고 있습니다. 그것을 제 삶에서 건강하게 지킬 수 있도록 도와주소서.

성에 대하여 우리 부부가 좀 더 솔직할 수 있게 도와주소서. 그 신비를 계속해서 간직할 수 있도록 하옵소서. 성은 그 기능 자체로서 악마적인 것도 신적인 것도 아니라는 사실을 알 수 있도록 도와주소서.

상상속의 사람을 상대로 성적 환상에 빠지는 일이 없도록 도와주시고 당신이 창조하신 이 세계에서 당신이 내 곁으로 인도하신 이 사람만을 참으로 사랑할 수 있도록 지켜주옵소서.

또한, 그리스도인이라는 이유로 저희 영혼이 성에 대해 눈살을 찌푸릴 필요가 없다는 참 진리를 가르쳐주옵소서.

그러나 주여, 많은 사람들이 '하나님, 제게 성을 즐길 수 있도록 해주셔서 감사합니다.'라고 말하는 것을 힘들어 합니다. 왜냐하면 그들에게는 성이 선물이기보다는 문제꺼리이기 때문입니다.

오, 주여! 그들도 성과 복음이 하나로 연결될 수 있다는 것을 알 필요가 있나이다. 그들 모두로 하여금 성에 대한 복된 소식, 곧 복음을 듣게 하소서. 또한 제가 어떻게 그들을 도울 수 있는지 가르쳐주소서. 저에게 성을 주셔서 참으로 감사합니다. 아멘."

하나님은 부부가 성생활로 말미암아 더 행복하고 더 완전하고 더 견고한 연합을 이루고 더 복된 가정을 만들기를 원하시고 있습니다. 그런데 불행하게도 부부의 침실이 많이 더럽혀지고 있으며 왜곡된 섹스의 지식으로 인해서 많은 부부들이 상처를 받고 있습니다.

예수님의 첫 이적은 가나안 혼인잔치 집에서 물을 포도주로 만드는 일이었습니다. 이스라엘에서는 혼인집에서 포도주가 떨어지는 사건은 홍이 깨지는 일이었고, 매우 수치스러운 일이었으며, 혼인을 망치는 일이었습니다. 예수님은 포도주가 떨어진 혼인집에서 물을 포도주로 만들어서 잔치집의 홍을 되살려주셨습니다.

주님은 오늘도 부부간에 홍이 깨지고 기쁨이 떨어진 가정에 기적이 일어나기를 원하고 계십니다. 이 책으로 말미암아 홍이 깨진 가정이 다시 웃음이 넘치는 잔치 집으로 변하듯, 당신의 가정에도 부부간의 사랑과 기쁨이 다시 회복되는 은혜가 임하기를 축복합니다.

02

남자와 여자는 성을 이해하는 방식이 틀리다.

부부가 성적으로 소통하지 못하는 가장 큰 이유는 남녀 간에 성에 대한 의식과 경험이 다르기 때문이라고 합니다. 대부분의 남편은 아내가 잠자리에서 좀 더 적극적이길 바라고, 대부분의 아내는 자신의 남편이 성급함을 자제하고 자기에게 좀 더 배려해 주길 바랍니다.

여성학을 전공한 오한숙희는 남자의 성을 4P로 요약하였습니다. 4P란 Penis(페니스), Piston(피스톤), Power(파워), Porno(포르노)의 약자입니다.

그리고 여자의 성은 2O, 2R로 요약하였습니다. 2O는 Oppress(억압)과 Orgasm(절정감)이며, 2R은 Relation(연결감)과 Romance(로맨스 - 낭만적 성)입니다.

이렇듯 남과 여는 성을 인식하는 방식이 틀립니다. 남자는 성을 포르노에서 배우고 여자는 성을 로맨스로 생각하는 경향이 강합니다. 그래서 부부가 제대로 소통하지 못하고 같은 이불을 덮고 자도 동상이몽을 꾸는 것입니다. 서로 다른 꿈을 꾸지 않으려면 우선 남녀의 잘못된 성 이해를 바로 잡아야 합니다.

남자들의 잘못된 성 이해

남편들은 보통 아내에게 무조건 섹스만 해주면 모든 게 해결되는 줄 압니다. 아내가 무엇을 원하는지도 모른 체 자기가 하고 싶을 때, 자기 하고 싶은 방식으로, 자기 하고 싶은 만큼 강요합니다. 그러면서도 아내가 감사할 줄 모르고 만족이 없는 여자라고 비난하며 분노합니다. 어떤 남자는 그런 아내 때문에 자신이 불가피하게 외도를 하게 되었다고 자신을 합리화시키기도 합니다.

여자의 몸은 마음이 열리지 않으면 몸도 열리지 않는다고 합니다. 평상시에는 아내의 삶에 전혀 관심이 없으면서 아내의 몸이 지칠 대로 지친 늦은 밤에 그것을 하자고 달려들면 어떤 여자가 기다렸다는 듯이 받아들이겠습니까? 그러면서 자신의 아내가 너무 성적으로 무감각하고 소극적이라고 불평을 합니다. 연구에 의하면 이런 불평을 하는 남자들은 5명 중에 1명이라고 합니다.

아내는 자신이 남편에게 존중받고 있다는 사랑의 확신과 남편에 대한 믿음직한 안정감을 느낄 때 성적인 반응을 보입니다. 그러므로 남편은 아내의 '보호자'이며 '지도자'의 역할을 하여야 합니다. 혹시 당신의 아내가 잠자리를 피하는 타입이라면 당신이 보호자의 역할과 지도자의 역할을 잘 하고 있는지 살펴보아야 합니다.

재정적으로 아내에게 안정감을 주고 있습니까? 자녀들 교육과 훈육은 잘 하고 있습니까? 자녀들의 교육은 아내에게 있지 않고 남편에게 있다고 성경은 말합니다.

"아비들아 너희 자녀를 노엽게 하지 말고 오직 주의 교양과 훈계로 양육하라." (엡 6:4)

살다보면 고부간의 문제, 이웃 사이의 문제 , 자녀 문제, 정서적인 문제, 신앙적인 문제 등, 여러 가지 문제가 생기게 마련입니다. 그럴 때, 남편이 전면에 나서서 온 몸으로 그 충격을 막아주어야 합니다. 그렇게 아내를 위한 보호막을 쳐준다면 아내는 감정적으로 해방되어 진정한 '여성'이 될 것입니다. 당연히 잠자리에서도 적극적으로 감정을 표현하겠지요.

부부간의 섹스에 있어서 남자들의 잘못된 신화는 무조건 강하게 전투적으로 피스톤 운동을 해주면 아내가 만족할 것으로 이해한다는 사실입니다. 이렇게 생각하는 이유는 성을 '변강쇠'같은 삼류영화나 야동에서 배웠기 때문입니다. 삼류영화나 야동에서 본 것을 당신의 아내에게 적용시키려고 하지 마십시오. 그러면 아내는 오히려 섹스에 혐오감을 느끼며 기피하게 됩니다. 아내가 남편의 성적 욕구에 반응을 보이지 않는 이유는 남성이 강하지 않아서가 아니라 심리적이나 정서적으로 마음이 열려지지 않았기 때문임을 명심하시기를 바랍니다.

여자들의 잘못된 성 이해

아내들은 자기 남편을 오직 섹스만 생각하는 단세포 동물로 생각하는 경우가 많습니다. 그러나 사실 남자들이 섹스에 열을 올리는 것은 하나님의 말씀에 순종하기 위함입니다. 하나님은 아담에게 '생육하고 번성하여 땅을 정복하고 다스리라.'고 명령 하셨습니다. 이런 명령을 하신 후 하나님은 남성의 혈액 속에 테스토스테론이라는 강력한 호르몬을 주입하셨습니다. 남성들은 이 호르몬을 적절한 시기에 배출하지 않으면 일상생활을 하기 힘들 정도로 정신적 혼란을 겪습니다. 이것이 바로 남성들이 섹스에 집착 하는 이유입니다.

보통 아내들은 대화로 남편과 친밀감을 나타내고 싶어 합니다. 그러나 남편들은 아내와 섹스를 함으로 친밀감을 느끼며 사정을 할 때 몸속의 긴장이 풀릴 뿐 아니라 스트레스가 풀리며 안식을 얻습니다.

남자들은 오르가슴 직후 30초 내에 뇌에서 다량의 엔돌핀
이 방출되고 곧바로 참기 힘든 졸음이 쏟아집니다. 남성의
이런 생리적인 작용을 이해하지 못하는 아내들은 남편들이
이기적으로 느껴지는 것입니다.

 사정 후에 바로 잠드는 남편을 보며 아내들은 자신이 남편
의 성욕의 도구로만 느껴져서 그 이후로는 섹스자체를 거부
하거나 증오하게 됩니다. 남편들은 아내들의 이런 기분을 잘
살펴서 섹스 후 적어도 20분 정도는 아내를 어루만져 주면
서 사랑의 밀어를 속삭여 주어야 합니다.

 여자는 성에 대해서 적극적으로 표현하면 안 된다는 잘못
된 생각을 갖고 있습니다. 그 이유는 어려서부터 부모나 사
회로부터 은연 중 그렇게 배우며 자랐기 때문입니다. 이런
잘못된 신화는 특히 공맹사상에 물들어 있는 우리나라에
깊게 깔려 있습니다.

 한 연구가가 150명의 기독교인 부부들에게 ‘정말 섹스를 하
고 싶을 때마다 할 수 있다면, 얼마나 자주 섹스를 하고 오
르가슴을 경험하고 싶습니까?’라는 질문을 하였습니다. 이
때 남편들은 평균 2.7일에 한번이라고 대답했고, 아내들은
3.2일에 한 번이라고 대답했다고 합니다.

 이 연구결과를 놓고 보면 성욕에 있어서는 남녀 별 반 차
이가 없다는 사실을 알 수 있습니다. 심리적 태도, 타이밍,

그 밖에 다른 요소에서는 남녀 간에 두드러진 차이가 있으나, 성생활의 능력과 성욕에서는 양편이 대등하다고 보아야 합니다. 그런데도 여자들이 자신의 성적인 감정을 표현하지 못하는 이유는 그녀들 사이에 유통되는 '전설의 고향'에 나오는 이야기 때문입니다. 모르는 분을 위해서 간략하게 설명해 보겠습니다.

"옛날 옛적에 갑돌이와 갑순이가 결혼을 했습니다. 온 마을을 떠들썩하게 했던 결혼식이 끝나고 밤이 되자 갑돌이는 취기가 오른 몸으로 새색시가 기다리는 방으로 들어갔습니다. 신부는 다소곳한 모습으로 앉아있었습니다. 그 자태는 마치 한 송이 꽃을 보는 것 같았습니다.

취기가 오른 갑돌이의 눈에는 갑순이가 마치 선녀처럼 보였겠지요. 갑돌이는 더 이상 참지 못하고 다짜고짜 달려들어서 신부의 옷을 벗기기 시작했습니다. 그런데 그 순간 소변을 참을 수가 없었습니다. 손님 대접을 하면서 너무 많은 술을 마신 모양이었습니다. 그래서 소변을 먼저 보고 대사를 치르려고 벌떡 일어나 문지방을 넘어서려고 하는데 뒤에서 누가 바지가랑이를 붙잡는 것이었습니다. 아래를 내려다보니 새색시가 발목을 잡고 있었던 것입니다.

갑돌이는 무슨 여자가 이렇게도 색을 밝히나 싶어 화가 나서 그 즉시로 갑순이의 손길을 뿌리치고 방을 나왔습니다. 그리고는 그 길로 집을 나가서 떠돌이 생활을 하였습니다.

세월이 흐르고 또 흘렀습니다. 갑순이는 평생 갑돌이 만을 기다리다가 결국은 늙어서 호호백발 할머니가 되어 죽고 말았습니다. 사람이 죽을 때가 되면 아내의 품이 그립다고 하던가요? 그후 얼마 지나지 않아 갑돌이도 집으로 돌아왔습니다.

옛날 신방이 차려졌던 문지방을 보는 순간 갑돌이는 가슴을 쳤습니다. 그리고 그의 눈에서는 뜨거운 눈물이 하염없이 흘러내렸습니다. 문지방에 박힌 삐죽한 못에 다 삭아 빠진 바지 조각이 그때까지 걸려 있었던 것입니다.

바지가 못에 걸려 나가지 못하는 신랑을 보다 못한 새색시가 걸린 옷을 빼주려 한 것인데, 그 순간 신랑은 색시가 자신의 발목을 붙잡고 늘어졌다고 착각하였던 것입니다. 여자가 색을 밝힌다는 어처구니없는 오해와 함께…”

이 옛날이야기처럼 우리나라 여자들은 여자가 성에 대한 표현을 적극적으로 하지 못하는 환경 속에서 살아 왔습니다. 대다수의 여자들은 여성잡지에서 읽어서 습득한 오르가슴에 대한 상식을 갖고 그런 체험을 해보기를 은근히 바랍니다. 그러나 대개의 경우는 실망감과 불신감만 생긴다고 합니다.

여자들이 성에 대한 잘못된 또 다른 신화는 육체는 추악하고 더러운 것이라고 생각하는 데에서 기인합니다. 성 행위 전에 남자들이 포르노에서 배운 성교육 지식으로 머리가 가득 차 있다면, 여자들은 로맨스적인 생각을 하면서 가슴을 설레이며 그 순간을 기다립니다. 여기서 실망하게 되면 여자들은 다음부터는 육체적인 성관계를 추악하고 더러운 것으로 인식하게 되는 것입니다.

여자들은 분위기 좋은 카페에서 향기로운 커피를 마시고 서로 반짝이는 눈을 마주보며 사랑의 밀어를 속삭이면 섹스 없이도 성적 충족감을 얻을 수 있다고 생각합니다.

남자들은 그렇지 않습니다. 보통 남자들은 섹스행위를 통하여 여자를 육체적으로 정복하고 자신의 영역을 공고히 하고자 하는 열망이 있습니다. 로맨스에 빠져있는 여자들에게는 이런 남자들이 당연히 동물적이고 야만적으로 보이겠지요.

당신이 결혼한 여성이라면, 그리고 행복한 부부가 되기를 원한다면, 몽환적인 로맨스나 잘못된 신화에서 벗어나야 합니다. 하나님은 사람의 육체를 만드시고 아름답다고 감탄하시며 기뻐하셨습니다. 부끄러워하거나 수동적인 태도를 버리고 적극적으로 남편의 리드에 동참하십시오. 그것이 행복한 부부가 되는 지름길입니다.

03

부부의 성은 아가페적인 사랑의 표현이다.

아가페적인 사랑은 자기를 죽이는 것이다.

아가페적인 사랑은 자신을 죽이지 않고는 불가능한 일입니다. 예수님께서 교회를 위해서 죽으셨듯이, 부부 또한 행복한 가정을 위해서 서로가 서로에게 죽어야 합니다. 이 말은 서로가 자아를 버리고 자아에 대해 죽는 것이 영적으로 육체적으로 하나가 되는 열쇠라는 말입니다.

남편은 아내에게 부드럽게 대해야 하고 로맨스적인 표현을 자주 해야 합니다. 아내가 로맨스를 원한다면 그렇게 하는 것이 자기를 죽이는 행동입니다. 아내 또한 남편이 적극적인 반응을 원할 때, 자신이 원하지 않더라도 따라주어야 합니다. 그것이 자신을 죽이는 일이기 때문입니다.

고린도 전서 7장 4절에는 다음과 같이 기록되어 있습니다.

"아내가 자기 몸을 주장하지 못하고 오직 그 남편이 하며, 남편도 이와 같이 자기 몸을 주장하지 못하고 오직 그 아내가 하나니"

결혼을 한 사람의 몸은 이제 자신의 몸만이 아니라 배우자의 몸도 되는 것입니다. 그러므로 배우자가 몸을 해치지 않는 한 그의 뜻에 순종해 주는 것이 성경적인 태도입니다.

한 상담자가 위의 말씀을 근거로 부부문제로 상담을 온 여인에게 다음과 같이 말했습니다.

"아내는 전적으로 남편에게 몸을 내어주어야 합니다."

이 말에 부인은 매우 난처하다는 표정을 지으며 다음과 같이 말했습니다.

"남편이 원하는 대로 내가 다 허락한다면 나는 아마도 침대 밖으로 나오지도 못할 것입니다."

그러자 상담자는 빙그레 웃으며 다음과 같이 대답했습니다.

"잠긴 문에 수도 없이 문을 두드리던 사람이라도, 문을 열어 주고나면 다음부터는 한 번만 노크하게 되어있습니다."

맞는 말입니다.

아내가 자꾸 거부를 하면 남편은 더 안달이 나서 자주 섹스를 요구하게 됩니다. 마치 금식기도를 할 때 온통 먹는 생각만 떠오르듯이 말입니다. 그러나 금식이 끝나고 정상적인 생활로 돌아오면 그다지 음식에 관심이 없어집니다. 부부관계도 이런 이치와 같습니다.

자신이 원할 때 언제나 아내가 몸을 허락한다는 사실을 남편이 깨닫게 되면 요구하는 횟수가 자연스럽게 줄어들게 될 것입니다. 남편의 체질이 변강쇠 체질이라 당신이 감당하기 힘들다면 남편과 적당한 선에서 타협을 보십시오. 남편도 아내에게 전적으로 인정과 사랑을 받고 있다고 생각하면 당신의 제의를 기쁘게 받아들일 것입니다.

아가페적인 사랑은 서로의 상처를 치유하는 것이다.

부부의 아가페적인 성은 서로의 상처를 치유하는 단계까지 승화되어야 합니다. 찰스 쉐드는 '섹스는 섹스 행위에서 오는 쾌락뿐만 아니라, 자신감이 없는 사람에게 자신감을 심어주고, 자존심이 상한 사람에게는 위안을 주며, 또한 희열의 소리를 지를 때는 심리적인 상승까지도 가져다주는 만병통치약이다.'라고 하였습니다.

이렇듯 부부의 섹스는 순간적인 욕망을 해결하는 차원을 넘어서서 서로를 격려하고 위로하고 치유하는 도구가 되어야 합니다.

여자라는 이유 때문에 사랑을 받지 못하고 낮은 자존감으로 고통을 받던 한 자매가 있었습니다. 지금은 딸을 더 선호하는 좋은 시대가 되었지만, 불과 얼마 전까지만 해도 오직 아들만 찾던 시대가 있었습니다.

그녀 위로는 언니가 둘 있었습니다. 그래서 그녀를 임신했을 때, 집안 모든 사람들이 아들 낳기를 고대하고 있었습니다. 할머니는 용하다는 점쟁이에게 가서 이번에 임신한 아이가 아들이라는 점괘를 받아가지고 왔습니다. 그런데 막상 아이를 낳자 또 딸이었습니다.

아버지는 먼 산을 보면서 한숨을 내쉬며 담배만 빨아대고, 어머니는 미역국도 먹지 않은 채 눈물만 흘렸습니다. 할머니는 어린 핏덩어리를 더러운 천으로 둘둘 말아서 차가운 윗목에 밀어놓아 버렸습니다. 그런 속에서도 그녀가 정상적으로 건강하게 자랐다는 사실은 어찌 보면 기적에 가까운 일이었습니다.

그녀는 성장하면서 내내 구박을 받았습니다. 특히 할머니의 구박이 심했습니다. 할머니는 툭하면 '고추도 없이 태어난 계집아이가…'라는 말을 입버릇처럼 하였습니다. 그래서 그녀는 '나는 가치 없는 아이다. 내 몸은 더럽고 형편없다.'라는 잘못된 생각을 가지게 되었습니다. 이런 낮은 자존감과 수치심은 자신의 몸을 학대하게 만들었고 사춘기 시절부터는 아무에게나 몸을 던져주는 실수를 저질렀습니다.

먼 방황의 길을 헤매던 그 자매는 신실한 친구의 인도로 교회에 다니게 되었고 그곳에서 그녀를 죽자 살자 따라다니는 남자친구를 만나게 되어서 결혼을 하게 되었습니다. 신혼여

행 첫날밤, 남편이 자신의 성기에 입을 가져다 대려는 순간
그녀는 질겁하고 일어나 남편을 밀치면서 거부하였습니다.
 그 흉한 것을 보일 수가 없었던 것입니다. 그런데 남편이 딱
한번만 쿤닐링구스를 하게 해 달라고 애원을 하여서 마지못
해 허락했습니다. 남편은 아내의 성기를 보면서 말했습니다.
"고것 참 꽃잎처럼 예쁘게도 생겼네."
 남편의 그 한 마디가 꽁꽁 얼어붙었던 자매의 마음을 녹
였습니다. 마음이 열리자 몸이 열렸습니다. 남편이 계속 말
했습니다.
"야, 맛있다. 꿀물이 나오네!"

 부부의 섹스는 이런 치유가 있어야 합니다. 그런데 얼마나
많은 부부들이 섹스로 인하여 상처를 주고 상처를 받고 있
습니까? 참으로 안타까운 일입니다.
 여자로서 정체성을 갖지 못한 여성과 성폭행을 당한 경험
이 있는 여성은 부부간에 성관계가 원만하지 못하다고 합
니다. 자신의 몸이 더럽혀졌다는 수치감과 섹스자체가 짐승
같은 행동으로 인식되기 때문입니다. 또한 폭행자와 닮은 남
편의 몸이 공포감을 주기 때문이기도 합니다.
 남편은 이런 아내를 더 소중하게 다루어야 하는 것입니
다. 예수님이 상처받은 사람들을 소중하게 다루었듯이 말
입니다.

폭행을 당할 때는 무지막지하게 취급을 받았는데, 남편은 그런 몸을 마치 소중한 보석처럼 다루고 있습니다. 아내는 자신을 만족시키려고 애쓰는 남편을 보면서 자신이 그동안 성적노리개로 이용당했던 상처까지도 치유 받을 수 있는 것입니다.

지금부터라도 아내에게 아가페적인 사랑을 실천하십시오. 그것이 가정 천국을 이루는 지름길입니다.

아내들 또한 남편에게 아가페적인 사랑을 실천해야 합니다. 특히 남편이 밖에서 상처를 받았을 때, 혼자 자게 내버려두지 마십시오. 오히려 그런 날은 더 정성을 다하여 남편과 섹스를 해야 합니다. 남자들은 아내와 섹스를 함으로써 애정결핍, 불안감, 그리고 열등감을 치유 받습니다. 아내를 통하여 에너지를 충전 받는 남편은 역전의 주인공들이 될 것입니다.

섹스를 끝낸 남편에게 한 마디 해 주십시오.

"여보, 나 오늘 정말 좋았어!"

아내의 이런 한 마디는 기죽고 상처받은 남편에게는 활력소가 됩니다. 아내의 격려는 남편의 정신적인 콤플렉스를 한꺼번에 치유하는 특효약이 되는 것입니다. 남자에게 있어서 자기 아내를 만족시켰다는 사실은 세상을 정복한 것이나 마찬가지이기 때문입니다.

몇 년 전에 안양 새중앙교회에서 목회자 부부세미나에 참석 했을 때의 일입니다. 한 사모님이 사례발표를 하면서 자신의 남편을 소개할 때였습니다. 사모님은 키가 170㎝ 정도의 훤칠한 미인이었습니다. 남편 되는 목사님은 사모님보다 10㎝정도 작아보였고 배가 나오고 뚱뚱한 분이었습니다. 그런데 사모님이 자신의 남편을 소개하면서 이렇게 말하는 것이었습니다.

"여러분 키가 작다고 그것도 작은 것이 아닙니다."

사모님의 이 말에 그곳에 있던 사람들은 모두 폭소를 터트렸습니다. 나도 웃음을 참으면서 그 남편 목사님의 얼굴을 보았습니다. 그 목사님의 얼굴은 쑥스러워하면서도 당당한 기운이 서려있었습니다.

나는 그런 말을 장소와 시간에 관계없이 당당하게 말하는 아내를 둔 그분이 부러웠습니다. 분명 그녀는 매사에 남편의 기를 살려주려고 세심한 배려를 하는 현명한 아내일 것입니다.

사실 부부의 섹스에서 페니스의 크기는 만족도와 별 관계가 없다고 합니다. 왜냐하면 여성들이 쾌감을 느끼는 포인트는 질 입구의 3~4㎝ 쯤에 있기 때문입니다. 남자들의 성기는 뼈로 이루어지지 않았습니다. 따라서 성기의 크기는 키와는 아무 상관이 없습니다. 그런데 많은 사람들이 키가 크면 성기도 큰 것으로 착각을 합니다.

직업적으로 남자들을 상대하는 여성들이 말하기를, 보통 우리나라 남자들의 성기는 아주 크게 발기했을 때가 12*cm* 정도라고 합니다. 문제는 성기의 크기보다는 부부의 정서적인 합일입니다. 여자는 남편과 정서적으로 합일이 이루어지고 사랑과 우정이 형성되면 많은 사람들 앞에서도 당당해지는 것 같습니다. 앞의 사모님처럼 말입니다.

당신도 아내를 당당한 여인으로 만들고 싶습니까? 그러면 먼저 아내의 기를 살려주십시오. 아내들은 남편과 친밀한 감정을 느낄 때, 남편이 자녀들의 아버지인 사실이 자랑스러워질 때, 남편에게 더욱 매력을 느끼고 잠자리 요구에도 쉽게 응하게 된다고 합니다.

아가페적인 사랑은 서로의 필요를 채워주는 것이다.

바울은 고린도 전서 7장 3절에서 다음과 같이 말하고 있습니다.

남편은 그 아내에게 대한 의무를 다하고 아내도 그 남편에게 그렇게 할지라.

이 말씀에서 '의무를 다하고'는 성적인 의무를 말하고 있는 것입니다. 이는 자기중심적으로 주장하지 말고 배우자 중심의 성생활을 해야 한다는 뜻입니다. 결혼한 부부는 어느 쪽도 자기 몸을 이기적으로 사용해서는 안 됩니다. 남자들은 직접적인 접촉이 있어야 성적인 갈급함이 채워집니다. 그러

나 여자들은 직접적인 관계가 없어도 얼마든지 성적인 만
족을 얻을 수 있습니다.

어떤 성 학자는 다음과 같이 말을 했습니다.

"여성에게는 보름달같은 날이 있고, 반달이나 그믐달 같은
시기가 있고, 초승달 같은 시기가 있다."

이 말은, 여자는 직접적인 성관계를 갖지 않더라도 친밀한
사랑의 감정을 표현만으로도 충분히 만족하고 절정에 이르
는 때가 있다는 뜻입니다. 그러나 남편이 성적인 관계를 요
구하면 아내는 자신이 보름달이 아니라 초승달과 같은 시기
라고 하더라도 남편을 위하여 서비스를 해야 됩니다.

남편 또한 마찬 가지입니다. 남자에게도 전혀 성적인 욕구
가 일어나지 않을 때가 있습니다. 그럴 때 아내가 요구를 한
다고 해도 다음과 같은 말을 하서는 안 됩니다.

"피곤해서 안 돼."

"무슨 여자가 그렇게 밝혀?"

이와 같은 식으로 무안을 주거나 인격모독을 하는 행위는
절대 금물입니다. 하나님은 남자에게만 아니라 여자에게도
똑같이 성적인 즐거움을 주었습니다. 그러므로 부부는 기쁜
마음으로 서로의 필요를 채워주려고 노력해야 하는 것입니
다. 앞에서도 언급 하였지만 행복한 결혼생활을 하기 위해
서는 이기적인 마음을 죽이고 배우자를 위해서 희생하는
정신이 있어야 합니다.

부부의 섹스는 부부가 서로 상의해서 마음과 몸이 상하지 않는 한도에서 적절히 조절을 해서 하는 것이 좋습니다. 그리고 아내들은 남편과 사랑을 나누려면 적극적으로 즐기십시오.

부부세미나 전문 강사인 한 여성은 강의 도중에 이런 말을 하였습니다.

"여러분, 창녀는 자기가 알지도 못하고 사랑하지도 않는 사람에게 성적인 기쁨을 주려고 온갖 테크닉을 다 사용하고 익힙니다. 그들이 알지도 못하고 사랑하지도 않는 남자를 대상으로 그저 돈을 벌기 위해 그렇게 한다면, 우리는 우리들이 사랑하는 남편에게 성적인 기쁨을 주기 위해 더욱 더 세련된 기교를 익혀야 하지 않겠습니까?"

부부의 섹스 행위는 상대에게 고통과 비참한 감정을 주지 않는 한 어떤 체위를 해도 상관이 없습니다. 성경은 체위를 언급하지 않았습니다. 그러나 성경은 부부가 지켜야 할 지침을 주고 있습니다.

첫째, 아무리 결혼한 부부라고 하더라도 상대가 싫어하는데 억지로 해서는 안 된다. 둘째, 부부간의 모든 성관계는 한쪽의 욕망을 채우는 행위가 돼서는 안되며, 서로간의 사랑의 표현이어야 한다. 셋째, 부부간의 성행위는 상대방에 대한 존중과 배려가 있어야 한다는 것입니다.

부부가 서로의 기본적 필요를 알고 그 필요를 채워주려고 노력하는 태도는 배우자의 부정을 미연에 방지하는 예방책도 됩니다. 요즘은 일반인들뿐만 아니라 기독교인들도 이혼을 많이 하고 있습니다. 결혼의 기본적인 필요를 채움 받지 못하면 거기에 따른 갈증이 생깁니다. 마귀는 이때 그 갈증을 결혼생활 밖에서 채우라고 강렬하게 유혹합니다.

많은 믿음의 사람들이 이때 마귀의 유혹을 거부하지 못하고 넘어가고 맙니다. 그래서 사도바울은 고린도전서 7장에서 다음과 같이 충고하고 있는 것입니다.

서로 분방하지 말라. 다만 기도할 틈을 얻기 위하여 합의 상 얼마 동안은 하되 다시 합하라. 이는 너희의 절제 못함을 인하여 사단으로 너희를 시험하지 못하게 하려 함이라.

사람은 신이 아닙니다. 아무리 신앙이 좋은 사람도 배우자가 필요를 채워주지 않으면 유혹을 받게 되어 있습니다. 아담은 에덴동산에서 날마다 하나님과 동행하며 살았습니다. 그런데도 그는 외로웠고 허전했습니다. 그래서 하나님은 하와를 창조하여 주셨던 것입니다.

사람에게는 하나님이 채워주어야 할 영적인 부분이 있고, 사람으로부터 채움 받아야 할 육적인 부분이 있는 것입니다. 당신 배우자의 필요를 채워주십시오. 그의 시선이 밖으로 향하지 않도록 미연에 방지하십시오.

성교를 할 때 주의할 점

배우자에게 기쁨을 주는 것이 목적이 되어야 한다.

부부의 성적 결합은 오르가슴을 얻는 것이 목적이 아닙니다. 그 보다는 서로의 사랑의 감정을 나누는 자세가 훨씬 더 중요합니다. 그런데 많은 부부들이 오르가슴이 다인 양 거기에 목숨을 겁니다.

"사이다 뚜껑이 뻥! 하고 터지는 소리가 들렸어요."

"전기에 감전된 것 같았어요. 그 짜릿짜릿 함이란 정말 죽여줘요."

"마치 천국에 온 기분이었어요."

이런 이야기를 들으면 아내들은 속으로 고민한다고 합니다.

'다른 여자들은 저렇게 그것만 하면 뻑하고 가는데 나는 왜

안 되는 거야?'하고 은근히 '남편이 실력이 부족해서 그런 거 아냐?'하고 남편을 의심을 하기도하고, 혹시 '내가 불감증은 아닌가?'하고 자신을 의심하기도 합니다.

그러나 부부의 성적 결합은 오르가슴이 다가 아닙니다. 1970년대에 유럽에서는 이미 오르가슴의 신화가 종지부를 찍었습니다. 오르가슴이 지나치게 과장되어 부부의 관계를 힘들게 만든다는 것이었습니다. 그들은 오르가슴에 대해서 다음과 같이 결론을 내렸습니다.

"신체의 극치감으로 오르가슴은 분명히 있다. 그러나 오르가슴은 질 벽이 서너 번 진동하는 것으로, 간단한 자위로도 누구나 느낄 수 있는 것이다. 그 지속 시간은 단 몇 초에 불과하다."

여성잡지에 소개된 오르가슴 체험담들은 과장되었거나, 드물게는 특이한 여자들이 체험한 경우입니다. 보통 여자들은 그 짧은 순간을 위해 섹스를 하기보다는 그 전후의 시간에 더 큰 비중을 둡니다. 오르가슴은 그 몇 초간의 극치감이라기보다는, 배우자와 함께 한 즐겁고 만족했던 시간 전체라고 이해하는 편이 좋습니다.

여자들에게 섹스의 범위는 눈빛을 교환하는 것부터입니다. 정작 삽입은 섹스에서 그리 중요한 단계가 아닙니다. 그래서 여자들은 신체의 극치감이 없이도 남편이 '좋아?'하고 물으면 '좋아'하고 대답을 하는 것입니다. 섹스란 남편과 연대감을 느끼는 사랑의 의례, 사랑을 확인하는 소통의 의식이기 때문에, 여자는 상대의 자존심을 상하게 하지 않으려는 의도에서 '좋아'하고 말하기도 하는 것입니다. 오한숙희는 그의 저서 〈부부성공시대〉에서 다음과 같이 말했습니다.

"팽팽한 성기의 긴장감이 느껴지는 삽입 섹스만이 섹스가 아니다. 부부가 어떤 접촉이든 함께 있을 때 둘 사이에서만 할 수 있는 무엇인가가 있다. 그걸 통해서 서로 안정감을 얻고 상호연결감을 갖는다면 그것 또한 섹스다."

맞는 말입니다. 부부간에 서로 안정감을 얻고 상호연결감을 갖는다면 그것 또한 섹스인 것입니다. 오르가슴 신화를 믿는 여자를 만나면 그 남편은 죽어납니다. 남자는 밤마다 쌍코피를 터트리며 여자를 '뿅!' 가게 만들려고 피나는 노력을 하여야 하기 때문입니다.

사실상 여자는 몇 분의 과정에서도 세 번, 혹은 네 번 이상 오르가슴을 체험할 수가 있습니다. 남편과 온전한 일치만 이루어진다면 말입니다. 신혼초가 아니면 보통의 부부들은 자연스럽게 오르가슴을 체험합니다. 그러나 결혼초의 새신랑이거나, 정신적, 육체적으로 피곤하거나 스트레스에 빠져있는 경우에는 사정 조절이 잘 안될 수도 있습니다. 이럴때는 사랑을 나누는 행위 자체를 하나의 즐거운 놀이로 생

각하는 편이 좋습니다. 너무 오르가슴에 관한 압박감에 시
달리면 정작 중요한 부부의 연합이라는 즐거움을 잃게 되
기 때문입니다.

 야구를 할 때도 어느 때는 홈런도 치지만 어느 때는 삼진
아웃도 당합니다. 부부의 섹스 또한 이와 같다고 생각하면
됩니다. 남편이 삼진 아웃을 당할 때 아내는 남편에게 이런
말을 해서는 안 됩니다.
"겨우, 이거야?"
"벌써 끝났어?"
 그러면 남편은 완전히 기가 죽습니다. 남자에게 있어서 섹
스는 단순히 육적인 욕구를 해결하는 것, 그 이상입니다.
남자에게 섹스는 자존감의 발견이며 남자로서의 강함을 증
명하는 행위입니다. 그러므로 남자가 자신의 아내를 만족
시키지 못했다는 굴욕감은 인생의 패배를 말하는 거와 같
습니다.
 이럴 때 지혜로운 아내는 절대로 남편을 책망하거나 비난
하지 않습니다. 그런데 생각 없는 여자는 함부로 비난하는
말을 내뱉습니다. 그런 아내의 남편들은 심리적인 압박감에
성적 불구자가 될 수도 있습니다. 그러므로 남편이 아웃을
당할 때는 자신의 아쉬움을 잘 인내하고 남편을 위로하고
용기를 주어야 합니다.

또한 부부의 섹스는 어느 한 쪽의 만족만 위해서 행해져도 안 됩니다. 부부의 섹스는 서로가 만족하여야 하며, 상대에게 수치심이나 고통을 유발하게 하면 안 됩니다. 보통 남자들은 야동에서 섹스를 배웁니다. 그래서 잘못된 정보를 가지고 있는 경우가 많습니다. 야동에서 섹스를 배운 남자들은 그런 행위를 아내에게 강요하기도 합니다. 물론 아내가 자진하여 다양한 체위에 협력하면 문제가 없지만, 아내가 싫어하는데 구태여 불편한 자세를 요구한다면, 그것은 아내를 단순히 성적인 노리개로 취급하는 행위입니다.

특히 성장기에 어머니와의 관계가 원만하지 못한 남자들은 별난 성 체위에 집착하게 된다는 보고가 있습니다. 이를테면 어머니가 숨이 막힐 정도로 아들을 과잉보호하며 사랑을 해서 키운 경우, 아니면 자신의 일에 분주하여 아들에게 필요한 애정을 표현하거나 정서적 안정감을 주지 못한 경우에는 이상하게 남자들이 정상적인 체위보다는 변태적인 체위를 요구하는 경우가 많다고 합니다.

부부 사이에 다양한 체위를 사용하여 부부의 사랑을 나누는 것은 정상적입니다. 그러나 상대편이 혐오하고 불쾌하게 생각하는 데도 강제로 이상한 자세를 요구한다면, 그런 행동은 인격 유린이 될 수도 있음을 알아야 합니다. 남편들은 왜 아내가 섹스를 거부하는지 그 이유를 알고, 자신이 고칠 부분은 고치고, 아내의 요구를 들어줄 부분은 들어주어야 합니다.

아내들이 남편의 성적 요구를 거절 하는 이유는 다음과 같습니다.

- 남편과 정서적인 친밀감 부족
- 몸에서 나는 안 좋은 냄새
- 거친 매너와 둔감성
- 피곤과 스트레스로 인한 에너지 저하
- 자녀 출산 직후
- 생리주기나 폐경기로 인한 호르몬 이상이 있을 때
- 부정적인 사고방식
- 포르노그래피
- 불편한 섹스 자세를 요구할 때
- 해결되지 않은 부부 갈등
- 남편 위주로 일방적으로 서두를 때
- 성관계 직전의 사소한 언쟁
- 아이들이나 부모님이 근처에 있는 경우
- 낭만적이지 않은 분위기와 태도
- 성교 후 남편의 무심한 태도

전희를 즐기며 배우자를 마음껏 칭찬하라.

여자들은 섹스를 할 때에는 자신이 보호받고 사랑받고 있음을 느끼고 싶어 합니다. 그래서 아내들은 부드러운 자극과 로맨스를 원하는 것입니다.

여자는 섹스를 일종의 양보, 자기희생, 또는 자신을 주는 행위로 생각하는 경향이 있습니다. 따라서 아내가 완전히 자유롭기 위해서는 남편의 변함없는 사랑과 안정된 부부관계 안에서 안전하다는 느낌을 가져야만 합니다. 그 안정된 느낌은 남편이 자신을 보호해 주고 이끌어 주며, 영원히 돌보아 줄 것이라는 확신이 들 때 찾아오는 것입니다.

남편들은 아내가 성적인 기쁨을 느끼지 못한다면 이상한 비디오에서 본 대로만 하려고 들지 말고, 섹스하기 전에 아내의 마음을 충분히 부드럽게 어루만져 주어야 합니다.

성(性)이라는 글자를 보면 마음 심(心)과 생(生)자의 결합입니다. 이는 마음이 생겨야 성생활을 할 수 있다는 뜻입니다.

아내의 마음을 모르는 상태에서 아무리 남편이 섹스행위에 최선을 다한다고 해도 아내의 불만은 더 커져갈 뿐입니다. 그러므로 남편들은 평상시에 아내에게 로맨틱하게 대하는 태도를 길러야 합니다. 그리고 서두르지 말고, 참을성 있게 아내의 마음과 몸이 열리기를 기다려야 합니다.

솔로몬은 자신의 아내에게 참을성 있게 대하며, 섹스를 하기 전에 충분히 마음을 어루만져서 아내가 마음을 활짝 열게 만들고 있습니다. 아가서 4:12-15절을 읽어 보겠습니다.

나의 누이, 나의 신부는 잠근 동산이요 덮은 우물이요 봉한 샘이로

구나. 네게서 나는 것은 석류나무와 각종 아름다운 과수와 고벨화와 나도초와 나도와 번홍화와 창포와 계수와 각종 유향목과 몰약과 침향과 모든 귀한 향품이요, 너는 동산의 샘이요 생수의 우물이요 레바논에서부터 흐르는 시내로구나

 위의 말씀에서 '동산'이라는 말은 여성의 '질'에 대한 상징입니다. 이 동산은 봉해져 있었습니다. 즉 아무런 반응이 없었습니다. 그러나 솔로몬은 아낌없는 찬사를 아내에게 쏟아 붓습니다. 그러자 동산의 샘은 향기롭게 흐르는 시내가 됩니다.

 남편들은 솔로몬의 이런 찬사의 기술을 배워야 합니다. 마음을 열기 위해서 어떤 육체적인 기교가 중요한 것이 아니라, 아내가 진정으로 존중받고 있으며 사랑받고 있음을 알게 해 주어야 합니다. 남자는 시각에 약하지만, 여자들은 청각에 약하다는 말은 진리입니다. 솔로몬이 그의 아내 술람미에게 어떻게 사랑을 고백하는지 배워봅시다.

 내 사랑 너는 어여쁘고도 어여쁘다.
너울 속에 있는 네 눈이 비둘기 같고
네 머리털은 길르앗 산기슭에 누운 무리 염소 같구나.
네 이는 목욕장에서 나온 무리 염소 같구나.
네 이는 목욕장에서 나온 털 깎인 암양
곧 새끼 없는 것은 하나도 없이

각각 쌍태를 낳은 양 같구나. (아 4:1-2)

귀한자의 딸아 신을 신은 네 발이 어찌 그리 아름다운가.

네 넓적다리는 둥글어서 공교한 장색의 만든 구슬꿰미 같구나.

배꼽은 섞은 포도주를 가득히 부은 둥근 잔같고

허리는 백합화로 두른 밀단같구나.

두 유방은 암사슴의 쌍태 새끼같고… (아가 7:1-3).

솔로몬의 표현을 잘 살펴보십시오. 그는 그림 같은 감각적인 언어를 구사하고 있습니다. 남편들은 사랑하는 아내를 위해서 솔로몬 같은 시인이 되어야 합니다. 왜 아내의 귀를 제비족 같은 인간들에게 빼앗깁니까? 로맨틱한 대화와 그림 같은 사랑의 고백은 아내의 가슴에 불을 지를 것이며, 당신은 아내에게 남편이 아니라 영원한 애인이 될 것입니다.

아내들은 누구나 자신의 외모가 남편을 흥분시킨다고 믿고 싶어 합니다. 그런데 문제는 자신의 몸매에 자신감을 갖는 여자들이 그리 많지 않다는 사실입니다. 자신의 몸을 거울에 비춰보면서 이곳저곳을 흠잡으며 불평을 합니다.

"허벅지는 왜 이렇게 굵지?"

"가슴이 너무 작아."

"이 큰 흉터는 언제 생겼을까?"

"피부는 왜 이렇게 거친 거야…"

남편들은 그런 아내에게 아주 부드럽고 다정한 목소리로

다음과 같이 말해주어야 합니다.

"내 눈에는 당신이 이 세상에서 가장 예뻐."

"당신의 피부가 제일 고와."

"아기 낳을 때 수술한 자국도 아주 귀엽고 예쁘네…"

솔로몬은 자신의 아내의 눈, 머리털, 이, 발, 넓적다리, 배꼽, 허리, 유방 등을 아름다운 비유를 통하여 찬양하고 있습니다. 솔로몬은 아내를 이렇게 칭찬해야 아내의 옥문(玉門)이 열린다는 사실을 알고 있었던 것입니다.

성에 대한 잘못된 신화에서 벗어나라.

의외로 많은 사람들이 성에 대한 잘못된 신화를 가지고 있는 경우가 많습니다. 건강한 성생활을 위해서는 잘못된 성적 통념에서 벗어나야 합니다. 잘못된 신화는 다음과 같습니다.

- 성은 더럽고 추잡한 죄의 결과이다.
  아닙니다. 성은 하나님의 축복입니다.
- 성은 자연스럽게 되는 대로 하는 것이다.
  아닙니다. 성은 복잡하며 전인적인 행위입니다.
- 느낌이 좋으면 그것은 분명 잘못된 것이다.
  아닙니다. 성은 즐겨야 합니다.
- 남자들은 성적 동물이다.

아닙니다. 단지 하나님이 남자들을 창조하실 때 생육하고 번
성하라고 하셨기 때문에 정복욕이 있을 뿐입니다.

- 사랑과 섹스는 같은 것이다.
  아닙니다. 사랑이 없는 동물적인 섹스도 얼마든지 있습니다.
- 남성의 성기가 작으면 여자를 만족시킬 수 없다.
  아닙니다. 만족감과 성기의 크기는 전혀 관계가 없습니다.
- 키가 작은 여성은 질이 작다.
  아닙니다. 여자 또한 몸이 크다고 질이 크거나 작지 않습
  니다.
- 여성의 가슴이 작으면 성적 쾌감이 적다.
  아닙니다. 가슴의 크기도 섹스의 만족감과 관계가 없습니다.
- 남자란 여자에게 오르가슴을 느끼도록 해야 남자다.
  아닙니다. 그것은 부부 공동의 의무입니다.
- 남자를 성적으로 해소시키는 것은 여자의 의무다.
  아닙니다. 여자들도 성적인 해소가 필요합니다.
- 여자가 성적으로 먼저 접근하고 주도하는 행위는 숙녀답지
  못하다.
  아닙니다. 대개의 남자들은 여자가 주도할 때 더 흥분을 느
  낍니다.
- 오르가슴을 동시에 갖는 것이 성교의 궁극적인 목표다.
  아닙니다. 그런 경우는 흔치 않습니다.
- 성교하는 동안 남편이 손으로 자극하거나 아내가 스스로 자
  기 몸을 자극하는 짓은 잘못된 행동이다.
  아닙니다. 손을 깨끗이 한다면 문제될 것이 없습니다.

섹스를 조건부로 이용하지 마라.

　섹스를 할 때에는 조건적으로 하면 안 됩니다. 그런 행동은 부부의 성생활을 병들게 하는 원인 중 하나입니다. 어떤 부인은 남편이 섹스를 원할 때 마다 돈을 요구하거나, 자신의 부탁을 들어주면 섹스에 응한다고 합니다. 그런 행위는 스스로를 매춘부로 파는 행위이며 배우자에게는 절망감을 주는 행위입니다.

　노만 피텐저(Norman Pittenger)는 '성은 그것을 잘 사용하면 높은 인격을 완성하는 수단이 되지만, 악용하게 되면 인격을 타락시키는 수단으로 전락하게 된다.'라고 경고하였습니다. 그러므로 부부의 섹스는 서로의 인격을 성숙시키고 사랑을 완성하는 종합예술이 되어야 할 것입니다.

　부부가 섹스를 할 때에 아내가 돈을 요구하는 것도 매춘과 같은 행위이지만, 남편이 아내가 섹스에 응할 때만 돈을 주는 것도 비극입니다. 절대로 부부의 섹스에 돈을 주고받으면 안 됩니다. 그것은 하나님을 욕보이는 망령된 행위입니다. 왜냐하면 성은 하나님의 선물이기 때문입니다.

외도하지 마라.

　부부는 서로에게 지성소입니다. 이 지성소는 오직 대제사장만 들어가는 곳입니다. 아무나 들어가면 하나님의 진노로 죽게 되어 있습니다. 부부의 몸 또한 마찬가지입니다. 결혼한 사람의 몸을 만지고 보고, 들어갈 수 있는 사람은 오직 배우자 단 한 사람입니다.

하나님은 침상을 더럽히지 말라고 했습니다. 결혼은 희랍어로 '가모스'라고 합니다. 이는 '성결하다.' 또는 '구별하다.'라는 뜻입니다. 또한 가모스는 하나님과 사람이 교제할 때 사용되는 단어이기도 합니다. 그래서 결혼은 성소요, 부부는 지성소인 것입니다.

그런데 요즘은 너무 침상을 더럽히는 사람이 많은 것 같아서 참으로 우려가 됩니다. 최고의 지식층이라고 하는 사람들이 서로 부부를 바꾸어서 잠을 자는 스와핑이라는 이상한 짓거리가 공공연하게 이루어지고 있다고 합니다. 참으로 지금은 소돔과 고모라 시대인 것 같습니다. 혼외정사는 달콤하기는 하지만 거기에 탐닉하게 되면 꿀통에 빠진 파리처럼 결과적으로 결혼생활을 비참하게 만들며 죽게 만듭니다.

부부의 섹스에서 무엇보다도 가장 중요한 룰은 변강쇠 같은 강력한 파워가 아닙니다. 화려한 드리블 같은 테크닉도 아닙니다. 그것은 바로 서로에 대한 믿음이고 신뢰입니다.

무엇보다도 부부는 순결을 지켜야 합니다. 결혼을 한 사람은 죽어도 배우자 한 사람만을 고집하는 옹고집이 있어야 합니다.

잠언 5장에서 솔로몬은 다음과 같이 말하고 있습니다.

너는 네 우물에서 물을 마시며 네 샘에서 흐르는 물을 마시라. 어찌하여 네 샘물을 거리로 흘러가게 하겠느냐. 그 물로 네게만 있게 하고 타인으로 더불어 그것을 나누지 말라.

이 말씀은 오직 아내하고만 성관계를 맺으라는 말씀입니다. 어떤 분은 나이를 먹으니 자신도 모르게 자꾸만 젊은 여자들에게 눈이 간다고 하는데, 그것은 자신의 바람기를 합리화시키려는 말에 불과합니다. 물론 남자들에게 짐승적인 본능이 있기도 하지만, 남자들이라면 나이가 들어갈수록 자신을 더욱 고상하게 발전시켜 나가야 하는 책무가 있는 것입니다.

남자의 눈은 원래 자신의 아내가 나이를 먹고, 자식을 낳아서 몸매가 변화되어도 아내에 대한 성적인 매력을 잃지 않게끔 하나님께서 만들었습니다. 그래서 부부가 죽을 때까지 해로 할 수 있는 것입니다. 그런데 사탄은 남편들의 눈을 여러 가지 영상매체로 상품화된 여성에게 돌리게 하며 죄를 유도하고 있습니다. 욥기 31장 1절에서 욥은 다음과 같이 고백하고 있습니다.

내가 내 눈과 약속하였나니 어찌 처녀에게 주목하랴.

표준 새 번역 성경에는 이 말씀이 다음과 같이 번역되어 있습니다.

젊은 여인을 음탕한 눈으로 바라보지 않겠다고 나 스스로 엄격하게 다짐하였다.

욥이 하나님께 인정을 받은 이유는 이렇게 사소한 것에도 죄를 짓지 않으려고 애썼기 때문입니다. 남자들은 젊으나 늙으나 보는 것으로 죄를 지을 수 있습니다. 시각에 약하기 때문이지요. 그런데 욥은 젊은 여자들을 아무런 사심 없이 볼 수 있는 경지에 있었던 것입니다. 과연 하나님으로부터 '그와 같이 순전하고 정직하여 악에서 떠난 자가 세상에 없느니라.'라는 칭찬을 받을만 한 사람입니다.

나 자신도 나이를 먹어가면서 스스로에게 다짐하는 말이 있습니다. '나이를 먹어도 깨끗하게 늙자.' 정말 부끄럽지 않게 나이를 먹는 것이 나의 희망사항입니다. 그런데 이런 희망사항이 인간의 힘으로는 불가능하다는 것입니다.

그래서 우리는 늘 성령님을 의지해야 한다는 말입니다. 명심하십시오. 결혼한 사람은 어떠한 일이 있어도 간음을 하거나 외도를 하면 안 됩니다. 그것은 정말 지성소를 더럽히는 행위입니다.

서울의 모 중형 교회에서 부부세미나를 해서 참석했던 일이 있었습니다. 강사는 정년퇴직을 눈앞에 둔 나이가 지긋하신 그 교회의 담임 목사님이었습니다. 나는 인생의 많은 경험을 한 분이 강사로 나오셔서 기대감을 가지고 그의 강의를 경청했습니다. 그런데 강의를 들으면 들을수록 세미나에 참석한 것을 후회하게 되었습니다. 강사 목사님의 강의의 핵심 내용은 '부부관계는 위와 아래만 해결되면 아무 문제가 없다.'는 것이었기 때문입니다.

세상에!

사람이 먹는 문제와 섹스문제만 해결되면 아무문제가 없다니, 그렇다면 우리 인간들이 동물과 다른 점이 무엇이란 말인가.

그 목사님은 거기서 그치지 않았습니다. 심지어 남편이 정력이 약해서 아내의 욕망을 채워주지 못하면 아내가 밖에 나가서라도 성적인 욕구를 채우고 와도 이혼만 하지 않으면 문제될 것이 없다고 강조하고 있었습니다. 나는 지금 저분이 무슨 말을 하고 있는가, 혼란스러웠고 어이가 없었습니다. 그런데 더 이해가 안 갔던 일은 그 세미나에 참석한 목사들 중에 그 누구도 이의를 제기하는 분이 없었다는 사실입니다.

과연 이것이 성경적일까요? 예수님은 이혼은 미워하셨지만 이혼한 자들을 미워하시지는 않았습니다. 예수님은 그들을 잃어버린 양처럼 취급하시며 품에 안으셨습니다.

우리는 목숨을 걸고 결혼생활을 지켜야 합니다. 그러기 위해서는 부부가 서로 성소에 드려진 예물처럼 순결을 지켜야 하는 것입니다.

배우자에게 가장 몹쓸 죄는 성적으로 외도하는 것과 간음입니다. 간음은 하나님께 병들고 상한 것으로 제물을 드리는 것처럼 하나님을 업신여기는 행위입니다. 그래서 예수님은 간음이 이혼의 사유가 된다고 말씀하셨습니다.

바리새인들은 예수님을 시험하려고 '사람이 아무 연고를 물론하고 그 아내를 내어버리는 것이 옳으니이까?'라고 질문을 하였을 때, 예수님은 다음과 같이 대답하셨습니다.

누구든지 음행한 연고 외에 아내를 내어버리고 다른 데 장가드는 자는 간음함이니라. (마 19:9)

예수님은 하나님이 짝지어 준 부부는 나눌 수 없다고 강력하게 말씀하셨지만, 배우자가 음행한 경우에는 이혼이 허락된다고 말씀하셨던 것입니다. 음행은 그만큼 배우자에게 지울 수 없는 엄청난 상처가 되기 때문입니다.

그런데 목사라는 사람이, 그것도 대형교회의 목사가 대중 집회에서 그런 말을 했다는 사실은 저에게는 너무나 큰 충격이었습니다.

성경을 보면 주님은 부부들의 이혼 문제에는 깊이 관여하시지 않았습니다. 주님에게는 영혼구원이 우선이었기 때문입니다. 그런데 오늘날 목사들은 예수님도 하시지 않았던 사역을 한다고 하면서 상처받은 영혼들을 오히려 교회에서 내치는 일을 하고 있으니 참으로 가슴 아픈 일이 아닐 수 없습니다.

정신과 의사들에 의하면 외도를 자주하는 사람들은 정서

도 불안하고 인격장애를 가지고 있는 경우가 많다고 합니다. 그들은 대화든 섹스든 상대가 무조건 자신을 이해하고 받아주기만을 바라는 소아적인 인격을 가지고 있다고 합니다.

명심하십시오. 요즘 여인들은 옛날 우리네 어머니들처럼 그렇게 인내심이 많지 않다는 사실을 말입니다. 어떤 현명한 아내는 바람기가 있어 보이는 남편에게 다음과 같이 쐐기를 박았다고 합니다.

"당신이 바람을 피우면 우리의 행복은 깨지는 줄 아세요. 혹시 내가 당신을 용서하지 않을까 기대하지 마세요. 만에 하나 용서를 한다고 해도 결코 이전과 같은 감정은 일어나지 않을 테니까. 그것은 내 가슴을 인두로 지지는 거나 마찬가지로 두고두고 내게 흉터를 남기고 말거에요."

변태적인 방법을 사용하지 마라.

사람들 중에는 사디스트(sadist)경향과 마조히스트(masochist) 경향이 있는 병적인 사람들이 있습니다. 사디스트는 남을 괴롭힘으로써 자신의 성적인 쾌감을 느끼는 사람입니다. 심해지면 살인까지도 저지르게 됩니다. 이것을 음락살인이라고 부릅니다. 반대로 마조히스트는 자기가 괴롭힘을 당하는 순간을 오히려 즐기는 형태입니다. 둘 다 치유를 받기 까지는 결혼을 하면 안 되는 사람들입니다.

결혼한 부부는 절대로 상대에게 고통을 가하면 안 됩니다. 이는 성생활의 규칙을 어기는 행위인 것입니다. 이런 분들은 이 책의 제4부, '낮은 자존감의 치유'를 참고하시면 많은 도움을 받을 수 있으리라 믿습니다.

부부는 다양한 체위로 성적 기쁨을 나눌 수 있습니다. 그러나 상대에게 고통을 주고 수치심을 주는 행위는 절대 금해야 합니다. 부부간 성생활의 규칙을 보충하면 다음과 같습니다.

- 부부 서로가 즐거움을 느껴야 한다.
- 성관계는 부부 사이에서만 이루어져야 한다.
- 강요에 의한 것이 아니라 '주는' 행위여야 한다.
- 사랑 없는 충동적 섹스나 배우자 강간을 하지 않는다.
- 고통이 따르지 않아야 한다.
- 포르노그래피를 사용하지 않는다.
- 다른 사람을 연상하면서 배우자와 성행위를 하지 않는다.
- 오랄 섹스가 정상 섹스를 대체해서는 안 된다.
- 항문 섹스를 하지 않는다.

섹스를 할 때 자연스럽게 감정을 표현하라.

아내들은 남편에게 자신이 원하는 포인트를 잘 말하지 못합니다. 말하지 않아도 남편이 잘 알아서 해주려니 생각합니다. 그러나 남편은 아내의 바람을 저버리고 매번 실망만 시킵니다. 그 실망감으로 인해 아내의 욕구불만은 쌓여만 갑니다. 그래서 남편의 섹스요구를 무시하거나 여러 가지 핑계를 대며 피하려 하는 것입니다. 그래도 남편이 강압적으로 나오면 마지못해 성의 없이 의무방어적인 섹스로 일관하게 됩니다.

섹스를 할 때에도 부부는 서로의 의견과 감정을 자연스럽게 나누어야 합니다. 사람들마다 흥분되는 방법과 성감대가 틀리기 때문에 말을 하지 않으면 알 수가 없기 때문입니다. 섹스를 할 때 자신이 감정을 표현하는 것을 부끄럽게 생각하지 마십시오.

"이것은 어때? 별로야 아니면 좋아?"

"약간 별로야."

"그럼, 이것은 어때?"

"음, 좀 좋아."

"그래? 그럼 이렇게 하는 거는 어때?"

"……"

"왜 말을 안 해?"

"으으, 아주 조 ~아~아."

위의 대화는 오한숙희의 〈부부성공시대〉에서 재미있어서 발췌해 봤습니다. 토크 섹스란 이렇게 부부가 섹스를 하면서 서로의 감정과 느낌을 자연스럽게 주고받는 행위를 말합니다.

이렇게 감정을 표현하면 서로에 대해서 더 많이 알게 되고 사랑이 깊어집니다. 적어도 아내가 아파서 내는 소리를 기쁨의 소리로 착각하는 일은 없을 것입니다. 섹스 후에도 상대에게 다음과 같이 말하여 주는 것이 좋습니다.

"오늘 홍콩에 몇 번은 갔다 온 것 같아. 자기 너무 좋아."

배우자가 이렇게 말을 해주면 상대는 아주 기뻐할 것입니다. 당신 부부도 토크 섹스를 하면서 상대가 어떻게 해주기를 원하는지 물어보십시오.

사람들마다 흥분되는 포인트가 다릅니다. 배우자에게 어느 부분을 자극해 주기를 원하는지, 어떤 방법으로 자극을 해 주기를 원하는지, 불편하게 생각하는 점은 무엇인지, 서로 대화를 나누어서 해결하십시오. 토크 섹스를 하는 여자들의 공통된 반응은 '어색함은 잠깐에 효과는 대박'이라고 합니다.

그리고 아내들은 잠자리에 들 때에는 김치 국물자국이 있는 냄새나는 추리닝 차림으로 남편 곁에 가지 마십시오. 그러면서 남편의 손길이 오기를 기다린다면 말이 됩니까? 며칠씩 굶은 늑대라면 모를까 정상적인 남편이라면 열 번이면 열 번 다 피할 것입니다.

늑대가 아닌 백마 탄 왕자가 달려들기를 바란다면 속이 훤히 비치는 야한 잠옷을 입으세요.

솔로몬은 술람미의 옷을 보며 이렇게 탄복하였습니다.

그대 입은 옷 향기는 레바논 향기 같아. (아 4:11)

술람미는 솔로몬과 잠자리를 할 때, 얇고 부드러우면서도 하늘하늘 속이 훤히 비치는 속옷을 입고 향수를 뿌렸습니다. 이런 속옷은 여성적 매력을 최대한 돋보이게 합니다. 술람미는 시골의 평범한 여인입니다. 그런데 왕궁의 그 많은 여인들을 제치고 왕의 사랑을 제일 많이 받는 왕비가 되었습니다. 물론 모두 다 하나님의 은혜이지만 그러나 결코 그냥 얻어진 것이 아니었습니다. 그녀는 그 만큼 노력했고 성숙된 여인이었습니다.

알고 있습니까? 남자는 시각에도 약하지만 후각에도 약하다는 사실을? 남자들은 낮에는 정숙한 요조숙녀를 원하지만 밤에는 요녀를 원한다는 말은 진리입니다.

상처받은 성의 치유

연구에 의하면 부부의 10%가 성 생활을 아예 하지 않는 것으로 밝혀졌다고 합니다. 여러 가지 이유가 있겠지만, 부부간의 친밀감의 부족과 어린 시절의 성적인 상처가 원인이 된 경우가 많다고 합니다. 성적인 상처는 그 사람의 전 인생에 영향을 미치는데 그 영향력은 다음과 같습니다.

- 우울증과 불안의 발병 원인이 됨.
- 열등감 또는 기분 나쁜 느낌.
- 적개심과 폭발적인 분노, 피해의식.
- 삶을 통제하지 못하며, 종종 무력감을 느낌.
- 사람들과 우정이나 친밀감을 맺고 유지하지 못함.
- 난잡한 성생활과 매춘에 빠짐.

- 성기능 부전.
- 성 학대를 받은 일을 다른 목적으로 이용하거나 사용함.
- 성 학대가 그렇게 오랫동안 지속되도록 내버려 둔 데에 대한 적개심.
- 동반의존성 성향을 보임.
- 다른 사람들에게 희생적인 친절과 사랑을 보이지만, 거의 돌려받지 못함.
- 하나님이나 다른 권위적인 인물들을 무서워하거나 멸시함.
- 다른 사람들의 호의와 칭찬을 받아들이지 못함.
- 삶에 목적의식이 없고 혼란스럽고 방향 감각이 없음.
- 부모와의 관계도 친밀하지 못하며 표면적인 대화만 가능함.
- 자기 조절에 문제가 생겨 각종 중독에 빠질 우려가 많음.
- 아동을 학대함.
- 부적당한 부모가 되지 않을까 걱정함.
- 폭력, 섹스, 어둠, 권위자, 고통 같은 주제의 꿈을 자주 꿈.

성적인 상처를 받으면 위와 같은 부작용이 일어나며 결혼 생활을 매우 힘들게 만드는 원인이 됩니다. 우리의 몸은 지성소처럼 거룩히 구별되어야 합니다. 그런데 자의든 타의든 거룩하고 신성해야할 부분이 더럽혀지면, 수치와 죄책감으로 자존감이 허물어질 수가 있습니다. 이로 인하여 부정적이고 낮은 자존감을 갖게 됩니다.

그런 사람들은 자기 자신을 혐오하게 되고 포기하는 마음으로 문란한 성생활을 하며 자신을 벌하려고 합니다. 또한 통제 불가능하고 습관화된 분노를 일으킬 수 있습니다. 이렇게 치유되지 않은 성적인 상처와 낮은 자존감은 그 사람의 성품과 인격 그리고 삶을 황폐하게 만듭니다. 그러므로 성적인 상처와 낮은 자존감은 반드시 치유되어야 합니다.

다음의 예는 어느 여전도사의 고백입니다.

"나는 신학대학을 우수한 성적으로 졸업한 여전도사입니다. 주님의 사랑에 감격하고 그 사랑을 뜨거운 열정으로 전하는 사람입니다. 그런데도 나에게는 고치지 못하는 고질적인 병이 있습니다. 그것은 성적인 죄입니다.

나는 이 죄악을 이겨보려고 40일 금식기도도 여러 번 하였습니다. 그래서 주위 사람들에게 신령하다는 말도 듣지만, 실은 자기 자신의 성적인 유혹도 이기지 못하는 나약한 죄인일 뿐입니다.

이렇듯 수도 없이 쓰러지는 나 자신을 보면서 절망하고 또 절망하였습니다. 하나님 앞에 나의 행위들이 가증스럽게 느껴져서 전도사 직분도 내려놓으려고 하였으나, 그나마 전도사 직분까지 포기한다면 내가 얼마나 더 망가질까 걱정이 되어서 사직도 하지 못하고 있었습니다.

그러던 어느 날, 서점에서 임종천 목사님이 쓰신 〈왕의 모습을 회복하라〉라는 책을 구입하여 읽던 중에 성령님의 도우심으로 말미암아 나의 내면을 들여다 볼 수 있게 되었습니다.

나는 사생아로 태어났습니다. 나의 어머니는 사랑하면 안 될 유부남을 사랑하다가 임신하여 나를 낳았습니다. 나는 지금까지 아버지의 얼굴을 한 번도 본 기억이 없습니다. 아버지는 엄마가 나를 임신한 사실을 알고 도망을 갔다고 합니다. 그래서 엄마는 나를 자신의 앞길을 막은 장애물정도로 밖에 생각하지 않았습니다.

그렇게 툭하면 화를 내며 폭언을 하던 엄마가 어느 날부터인가 변하기 시작했습니다. 새로운 남자가 생기고 나서부터입니다. 엄마의 새로운 남자도 유부남이었습니다. 그는 키도 크고 잘 생긴 사람으로 친절한 성격에 유머감각도 있었습니다. 그는 나에게 아빠처럼 잘 해주었습니다. 나는 나에게도 아빠가 생긴 것이 너무나 기뻤습니다.

그런데 어느 날, 엄마가 야근을 하여 집을 비운 날, 그가 내 방으로 들어왔습니다. 그리고는 나를 겁탈하였습니다. 내가 중학교 2학년 때의 일이었습니다. 그 후로 그는 수시로 나의 몸을 범했습니다.

나는 이 사실을 엄마에게 이야기할 수 없었습니다. 왜냐하면, 친아버지처럼 이 남자도 내 곁을 떠나는 것은 아닌가 하는 두려운 마음 때문이었습니다. 그러나 내가 중3이 되었을 때 임신을 하여서 이 비밀은 들통이 나고야 말았습니다. 결국 그 남자는 우리 곁을 떠나고 엄마는 심한 우울증에 걸렸습니다.

나는 이 일로 인해서 왜곡된 아버지 상을 갖게 되었습니다. 나를 친자식처럼 사랑한다고 하면서 성적인 노리갯감으로 취급한 그에게 증오심과 함께 그리움이 샘솟듯 밀려 왔습니다.

그 일 이 후로 나는 남자들의 성적인 요구를 거부하지 못하는 여자가 되고 말았습니다. 그들의 욕구를 거부하면 그들이 내 곁을 떠나고 또 외롭게 남겨질지도 모른다는 두려운 마음이 들었습니다. 나는 사랑과 성에 대한 혼란에 빠졌고, 낮은 자존감과 수치심 그리고 죄책감이 서로 뒤엉켜서 늘 괴로웠습니다.

그런데도 불구하는 나는 여전히 성적인 유혹을 뿌리치지 못하고 있습니다. 나를 어쩌면 좋을까요."

참으로 안타깝고 가슴 아픈 일입니다. 이 분의 경우는 아버지에 대한 그리움과 애정결핍, 그리고 왜곡된 성적인 욕구가 섞여진 상태입니다. 그래서 성적인 죄를 짓는 것이 습성이 된 상태라고 볼 수 있습니다.

이렇듯 성적인 상처를 치유하지 못하면 아무리 신자가 되고 전도사가 되었다고 하더라도 악한 영의 유혹에서 자유로울 수가 없는 것입니다.

그럼 지금부터 성적인 상처를 치유하는 단계를 알아보겠습니다.

하나님을 원망하지 말아야 한다.

자신의 힘으로 방어할 수 없는 일들을 당하였을 때, 우리는 하나님을 원망할 수 있습니다.

"하나님, 왜 나에게 그런 일이 일어나도록 허락하셨나요."

"하나님, 내가 성폭행을 당할 때에 왜 보고만 있었나요. 왜 도와주시지 않았어요."

이런 원망의 마음을 품을 수 있습니다. 우리는 한계를 가지고 있는 사람들이라 왜 그런 일들이 일어났는지 다 이해할 수 없습니다. 그래서 신명기 29장 29절에는 오묘한 일은 하나님께 속하였다고 말하고 있습니다.

오묘한 일은 우리 하나님 여호와께 속하였거니와 나타난 일은 영구히 우리와 우리 자손에게 속하였나니, 이는 우리로 이 율법의 모든 말씀을 행하게 하심이니라.

세상에서 일어나는 일들은 때로는 너무 오묘하여 우리는 다 알 수가 없습니다. 그렇다고 당신이 그런 일을 당할 만한 죄를 지어서 하나님으로부터 벌을 받은 것도 아닙니다. 자식이 부모의 말을 듣지 않았다고 아파트 베란다에서 아이를 밖으로 던질 부모가 없듯이, 하나님도 당신이 죄를 지었다고 그런 끔찍한 벌을 주시지 않습니다. 하나님은 하루를 천년처럼 천년을 하루처럼 기다리시는 분이십니다. 무엇보다도 우리들의 죄를 위하여 독생자이신 예수님까지도 십자가에서 돌아가시도록 내어주셨기 때문에, 당신에게 그런 가슴 아픈 일을 허락하실 분이 아닙니다.

그렇다면 당신이 당한 일을 어떻게 해석해야 하느냐고요? 그것은 한 마디로 말하면 '자유의지'입니다.

우리들은 모두 하나님으로부터 자유의지를 받았습니다. 우리는 모든 일을 선택할 자유의지를 선물 받은 사람들입니다. 그러므로 당신이 당한 상처와 아픔은 하나님께서 허락하신 것이 아닙니다. 당신에게 상처를 준 사람이 그 사람의 자유의지를 잘 못 사용하여 당신에게 상처와 고통을 준 것입니다. 그리고 당신은 그를 제어할 힘과 지혜가 없어서 당하였던 것뿐입니다.

당신에게 그런 일이 일어났다는 사실은 정말 가슴 아프고 슬픈 일입니다. 그러나 그런 감정에 언제까지고 좌절하고 주저앉아 있어야만 되겠습니까. 이제 벗어나야 합니다. 마귀의 올무에서 벗어나 자유함을 얻어야 합니다. 그러기 위해서는 다음의 순서대로 순종하십시오.

성적인 상처를 예수님께 솔직히 고백하라.

생각하기에도 끔찍하고 혐오스러운 일이지만, 당신을 파괴하는 악의 세력을 역으로 파괴하려면 반드시 하나님께 당신의 상처를 보여야 합니다. 이는 의사에게 상처를 보여야 치료를 받을 수 있는 이치와 같습니다.

당신의 상처는 세상적인 상담치료로는 완치되기 힘듭니다. 단순히 사고(思考)의 전환만 가지고는 치유가 불가능합니다. 사고를 긍정적으로 바꾸었다고 당신의 삶에 일어났던 분명한 사건이 없어지는 것이 아니기 때문입니다. 그 사건은 단순히 망각한다고 해결되는 것도 아닙니다. 암세포가 고통이 없고 보이지 않는다고 없는 것이 아니듯이 말입니다.

상처부위를 절개하여 암세포를 제거하듯이, 당신이 당했던 상처를 주님의 보혈의 능력으로 치유를 받아야 됩니다.

주님은 우리들의 상한 심령을 치유하려고 이 땅에 오셨습니다.

그가 나를 보내신 것은 마음이 상한 자를 고치고 포로된 자에게 자유를 갇힌자에게 놓임을 전파하며… (이사야 61장 1절)

하나님께 당신의 상처를 말씀드리기 위해서 방해받지 않을 조용한 장소를 선택하십시오. 십자가가 보이는 곳이라면 더 좋겠습니다. 당신 앞에 십자가나, 예수님의 초상화와 성경을 같이 놓으십시오.

주님이 당신을 얼마나 사랑하시는지 먼저 느껴보는 것이 좋습니다. 영화 패션오브크라이스트의 장면을 떠올려보십시오. 그 분은 당신을 위하여 그 모진 고통을 겪으셨습니다. 그런 주님께서 당신에게 그런 모진 일들이 일어나기를 원한 것이 아닙니다. 당신이 상처를 받을 때, 주님의 마음도 갈기갈기 찢겨지고 상처를 받았습니다.

주님은 당신이 어떤 말을 하던지 다 이해하며 다 들어주실 것입니다. 당신이 당했던 일들을 옛날이야기처럼 말하지 말고, 현재 벌어진 일처럼 말씀드리십시오. 속으로 말하지 말고 정확한 음성으로 또박또박 아뢰십시오. 감정이 치솟아 분노가 일어날 수도 있습니다. 아직 분노와 상처가 가라앉지 않았다면, 그 감정을 충분히 느끼십시오. 울고 싶으면 울어도 됩니다.

충분히 감정을 표현했으면 마음을 잘 진정하시고 당신이 당했던 상황을 주님께 다시 잘 설명하십시오. 그러면 어두운 방에서 전기 스위치를 올리듯이 당신의 어두운 상처에 주님의 사랑의 빛이 흘러넘치게 될 것입니다.

사건 현장에 주님을 초청하여서 주님을 영의 눈으로 보라.

당신이 고통당하던 그 현장에 주님께서도 함께 계셨습니다. 주님은 영원히 우리와 함께 하신다고 말씀 하셨습니다. 성령님께 당신의 영안을 열어서 그 곳에 계시는 예수님을 볼 수 있도록 해 달라고 부탁 하십시오.

다음의 성경말씀을 크게 읽으면서 주님께 그 상황을 다스려 달라고 주님께 부탁을 하십시오.

내가 여호와를 기다리고 기다렸더니 귀를 기울이사 나의 부르짖음을 들으셨도다. 나를 기가 막힐 웅덩이와 수렁에서 끌어 올리시고 내 발을 반석 위에 두사 내 걸음을 견고게 하셨도다. (시 40편 1-2절)

여호와여 보수(報讐)하시는 하나님이여, 보수하시는 하나님이여, 빛을 비춰소서. 세계를 판단하시는 주여 일어나사 교만한 자에게 상당한 형벌을 주소서. (시 94편 1-2절)

가해자를 주님께 넘기고 용서하라.

당신의 순결한 몸과 순수한 마음과 깨끗한 정신을 더럽히고 황폐하게 만든 가해자를 생각만 해도 치가 떨리고 죽이고 싶을 것입니다. 하나님은 당신의 그 마음을 아십시다. 그러나 하나님은 당신이 복수로 인하여 당신의 영혼까지 더럽혀지는 것을 원치 않습니다. 그래서 주님은 복수하는 것은 내게 맡기라고 하십니다.

원수 갚는 것이 내게 있으니 내가 갚으리라 하시고 또다시 주께서 그의 백성을 심판하리라 말씀하신 것을 우리가 아노라. (히브리서 10:30)

주님께서 심판을 주님께 맡기라고 한 데에는 다 이유가 있습니다. 그것은 당신이 복수를 한다고 하여도 당신의 찢긴 상처가 없어지지 않기 때문입니다. 주님께서 원수를 용서하라고 말씀하신 것은 당신을 사랑하시기 때문입니다. 그 일로 인하여 당신의 건강이 나빠져서 몹쓸 병에 걸리지 않게 하기 위함입니다.

하나님이 만든 세상은 일정한 법칙이 있습니다. 밤이 지나면 낮이 오고, 겨울이 지나면 봄이 오고, 물은 위에서 밑으로 흐르고, 모든 동물은 태어날 때가 있으면 죽을 때가 있습니다.

사람에게도 이런 생명의 법칙이 있습니다. 하나님은 사람들이 서로 사랑하고 존귀하게 여길 때, 그들에게 건강하고 행복하게 사는 법칙을 주셨습니다. 이 법칙을 어기고 미워하고 복수의 감정을 가질 때에는 몸에 해로운 호르몬이 생겨서 면역력을 떨어뜨리고 생명의 에너지를 소진시킵니다.

그 결과 암을 비롯하여 여러가지 질병에 걸리게 됩니다. 그래서 주님께서는 원수를 용서하고 주님께 맡기라고 하시는 것입니다.

상처를 타고 들어온 악한 영을 예수님 이름으로 쫓아내라.

악한 영이 사람의 몸에 침입하는 방법은 여러 가지가 있습니다. 감당하기 힘든 고통이나 상처를 받을 때 침입할 수도 있습니다. 그래서 미움의 감정을 증대시키고 잔인한 복수의 계획을 세우게 만듭니다.

또한 당신이 당한 상처를 핑계 삼아 여러 가지 죄를 짓게 만듭니다. 이를테면 문란한 성행위, 동성연애, 집착적인 자위행위 등을 하면서 성을 더럽고 추하게 느끼면서 거부하는 삶을 살 수도 있습니다. 아니면 당신을 또 다른 성적인 가해자로 만들면서 '나도 받은 만큼 돌려준다.'라는 복수심에 몸을 내 맡기게 할 수도 있습니다.

그러나 무엇보다도 악한 영은 우리들을 끊임없이 괴롭히며 우리들로 하여금 예수님의 용서의 정신을 믿지 못하게 만듭니다.

"하나님이 살아 계시다면 나에게 그런 일이 일어나게 하지는 않았을 거야."

"하나님도 나를 버린 거야. 그러니 나를 도와주시지 않고 보고만 계셨지."

"나는 이미 더럽혀진 아이야, 기도한다고 내가 다시 순결
해 지겠어?"

"그 인간을 용서하다니, 그럼 어떻게 정의가 실현될 수 있
겠어?"

이런 생각들은 악한 영들이 당신을 완전히 파멸시키기 위
해 하는 가증한 거짓말입니다. 그러므로 예수님의 힘으로
악한 영들을 대적하십시오. 그래야 당신이 자유를 얻을 수
있습니다.

당신의 죄를 회개하고 당신 자신을 자유롭게 하라.

당신의 몸과 인생을 더럽힌 것은 당신의 잘못이 아닙니다.
그러나 그 영향으로 당신이 부정적으로 행동하고 말을 한
다면 그것은 당신의 죄입니다. 그 사건에 부정적으로 대처
한 것을 하나님께 회개 하십시오.

그런 후에는 하나님의 도우심과 용서하심을 받아들이고
당신 자신을 자유롭게 풀어 주어야 합니다. 이제 당신은 옛
사람이 아니라 새 사람이 되었습니다. 다음의 말씀을 큰 소
리로 선포하십시오.

**누구든지 그리스도 안에 있으면 새로운 피조물이라 이전 것은 지나
갔으니 보라 새것이 되었도다.** (고후 5:17)

악한 영은 당신의 상처를 들추어내어서 당신을 수치스럽게
하려고 할 것입니다. 그럴 때마다 마귀를 대적하며 당신이

새로운 피조물이 되었으며 하나님의 자녀가 되었음을 선포
하십시오. 그러면 마귀는 떠날 것입니다.

예수님을 닮아가는 생활을 시작하라.

이제 당신은 순결한 사람이 되었습니다. 예수님의 보혈은
당신의 상처를 완전히 낫게 하였습니다. 또한 그 상처로 인
해 당신이 방황하며 지었던 모든 죄도 용서함을 받았습니다.

이제는 거룩한 사람답게 예수님을 닮아가는 생활을 하여
야 합니다. 예수님처럼 자신의 모든 것을 내어주는 사람이
되어야 하며, 이해받는 사람보다는 이해하는 사람이 되어야
하며, 사랑받는 사람보다는 사랑을 주는 사람이 되어야 합
니다. 그런 사랑을 먼저 당신의 배우자에게 실천해 보십시
오. 하나님이 기뻐하실 것입니다.

제4부

낮은
자존감의 치유

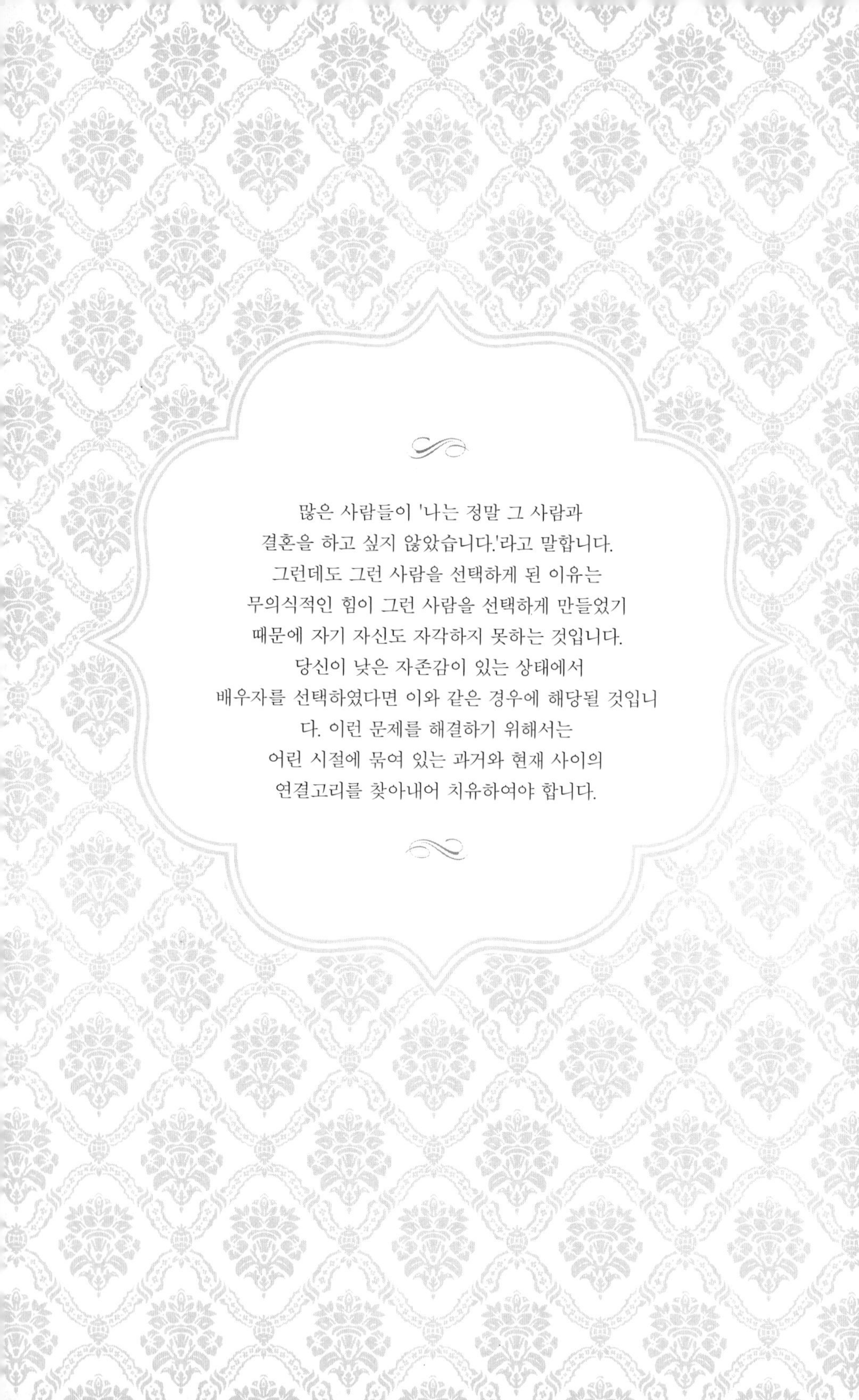

많은 사람들이 '나는 정말 그 사람과
결혼을 하고 싶지 않았습니다.'라고 말합니다.
그런데도 그런 사람을 선택하게 된 이유는
무의식적인 힘이 그런 사람을 선택하게 만들었기
때문에 자기 자신도 자각하지 못하는 것입니다.
당신이 낮은 자존감이 있는 상태에서
배우자를 선택하였다면 이와 같은 경우에 해당될 것입니
다. 이런 문제를 해결하기 위해서는
어린 시절에 묶여 있는 과거와 현재 사이의
연결고리를 찾아내어 치유하여야 합니다.

01

왜 자존감이 낮아지는가?

사람은 기본적인 욕구인 사랑, 보호, 인정, 격려, 적절한 교육을 받지 못했다거나 육체적, 정서적, 또는 성적으로 학대를 당하며 성장하였다면 낮은 자존감이 형성될 수밖에 없습니다. 그 결과 자아상, 감정, 태도, 행동, 등 네 가지에 부정적 영향을 받게 됩니다. 그래서 낮은 자존감을 치유하지 않고서는 행복한 결혼생활을 하기가 어려운 것입니다.

낮은 자존감은 건강한 가정보다는 역기능 가정에서 형성됩니다. 역기능 가정의 출신들은 배우자 선택에서 부터 많은 문제가 있습니다. 보통 사람들은 어린 시절에 경험한 것과 유사한 정서적 상황을 자기도 모르게 재현하려고 하는 무의식적인 욕구가 있기 때문입니다. 이를 '고향귀환 증후군'이라고 합니다.

 폭력과 비판적인 가정에서 성장한 사람은 자신은 결코 비판적이거나 폭력을 휘두르는 사람과는 결혼을 하지 않겠다고 내적인 맹세를 합니다. 그런데도 불구하고 무의식적으로 그런 사람에게 끌려서 결혼을 하게 됩니다. 그 이유는 그런 유형의 사람이 자신에게 익숙하기 때문이기도 하지만, 어린 시절의 미해결 과제를 완성하고자 하는 무의식의 강력한 영향 때문입니다.

 아이들에게는 부모로부터 사랑받고 행복해지기 원하는 욕구가 있습니다. 또한 자기 부모님이 서로 사랑하는 것을 보고 싶어 하는 욕구도 있습니다. 그런데 이런 욕구를 충족하지 못하면 무의식적으로 미완성된 느낌을 갖게 됩니다.

 그래서 이런 사람들은 성인이 되어서 배우자를 선택할 때, 어린 시절에 완수하지 못한 미해결과제를 완성하려고 자신에게 무관심하고 사랑이 없던 부모님을 닮은 배우자를 선택하게 되는 것입니다. 사랑이 없는 매정한 배우자에게 열심히 노력을 해서 사랑을 얻어내려고 합니다.

 어떤 사람은 어린 시절의 미해결 과제를 해결하기 위하여 공격적으로 접근하는 경우가 있습니다. 이를 '공격적 해결 접근방법'이라고 합니다. 이런 경우는 자신의 부모와 반대되는 배우자를 선택하게 됩니다. 부모가 사랑이 없는 사람들이었다면 배우자를 선택할 때 자상하고 사랑이 많은 헌신적인 사람을 선택합니다. 그래서 부모가 자신을 거부하고 학대하였듯이 배우자를 거부하고 상처를 주는 언행을 합니다. 이런 행동은 마음속에 살아 있는 부모를 배우자를 통하여 처벌하려는 보복 심리의 결과입니다.

또 다른 경우는 '희생적인 접근방법'으로 미해결과제를 해결하려는 경우입니다. 이런 아이들은 부모가 서로 사랑하고 행복해 하는 모습을 보고 싶어서 자신이 사랑을 받고 관심을 받고 싶은 욕구를 포기합니다. 그리고 오히려 부모를 돌보고 구출하려고 애를 쓰게 됩니다. 이런 경우에는 자신이 어떨 때 행복한지, 어떤 것을 좋아하는지, 어떤 것이 필요한지 느끼지도 못하고 말도 못합니다.

이런 아이는 성장하여 배우자를 선택할 경우에도 자신이 사랑하고 헌신할 만한 사람을 선택하지 않습니다. 그는 부모가 좋아할 만한 배우자를 선택함으로써 부모에게 기쁨을 주려고 합니다. 혹은 부모를 닮은 불쌍한 사람을 선택하거나, 그 보다 못한 배우자를 선택하여 그를 고쳐 주고 구출해 주려고 애쓰며 살다가 결국 자신의 부모보다 더 비참한 결혼생활을 하며 고통스러워합니다.

많은 사람들이 '나는 정말 그 사람과 결혼을 하고 싶지 않았습니다.'라고 말합니다. 그런데도 그런 사람을 선택하게 된 이유는, 자신의 내면에 잠재되어 있던 무의식적인 힘이 그런 사람을 선택하도록 이끌었기 때문입니다.

당신이 낮은 자존감 상태에서 배우자를 선택하였다면 이와 같은 경우에 해당될 것입니다. 이를 해결하기 위해서는 어린 시절에 묶여 있는 과거와 현재 사이의 연결고리를 찾아내어 치유하여야 합니다.

그럼 먼저 건강한 가정의 특징을 살펴보겠습니다.

네브라스카 대학교의 닉 스티넷(Nick Stinnett) 박사와 존 디프레인(John Defrain) 박사는 20년간 국가, 문화, 인종, 종교를 초월해서 27개국 18,000여 가정을 대상으로 연구하였습니다. 그들은 이 연구를 통하여 '건강한 가정의 6가지 특징'이라는 논문을 발표하였습니다. 그 특징은 다음과 같습니다.

첫째, 건강한 가정은 부부와 자녀들 사이에 견고한 결속이 있었고, 서로에 대해서 헌신하고 있었습니다.

둘째, 건강한 가정은 가족들이 함께 하는 시간이 많았습니다.

셋째, 건강한 가정에서는 긍정적이며 바람직한 의사소통이 있었습니다. 일반 가정에 비해 서로의 말을 잘 들어주고 자신의 생각이나 욕구, 감정을 더 자연스럽게 표현하고 있었습니다.

넷째, 건강한 가정에서는 가족원들이 서로에게 감사와 애정을 많이 표현하는 것으로 나타났습니다. 심지어 갈등이 있을 때에도, 상대방을 비방하거나 깎아내리지 않고 긍정적인 점을 말해 주는 특징이 있었습니다.

다섯째, 건강한 가정은 일반 가정에 비해 신앙심이 좋았고 영적으로 결속되어 있었습니다.

여섯째, 건강한 가정은 위기 극복 능력이 뛰어났습니다. 어려운 문제가 발생했을 때, 평상시보다 가족 구성원들이 더욱 강하게 결속하여 문제에 긍정적이고 적극적으로 대처하는 능력이 있었습니다.

이번에는 역기능 가정의 특징을 살펴보겠습니다. '역기능 (dysfunction)'이란 마땅히 해야 할 제 기능을 발휘하지 못하고 있는 손상된 상태를 말합니다.

성취도가 낮아서 평균 이하의 수준으로 살아가는 가정, 배우자나 자녀들에 대해 지나치게 기대가 높은 완벽주의 가정, 정서적인 문제나 신체적인 문제에 몰두해 있는 가정, 중독증세가 있는 가정(알코올, 도박, 섹스, 종교, 폭력), 이전 세대에서 전수된 문제를 해결하지 못하고 과거의 짐을 짊어지고 있는 가정 등이 여기에 해당됩니다.

역기능 가정의 특징은 다음과 같습니다.

첫째, 결혼관계가 병리적입니다.

역기능 가정은 먼저 역기능적인 결혼생활에서 시작됩니다. 비록 몸은 어른일지 모르지만 이런 부부들은 정서적, 정신적으로 미숙합니다. 그들은 상대방의 필요를 인식하지 못하고 자신의 필요에 몰입되어 있습니다. 그 이유는 어린 시절에 그런 필요들을 채움 받지 못했기 때문입니다.

몸은 자랐지만 정서적으로 유치한 수준을 벗어나지 못한 어른을 전문가들은 '성인아이(adult child)라고 부릅니다. 성인아이들은 자녀들의 당연한 필요도 채워 주지 못합니다. 왜냐하면 그들 자신이 그런 대우를 받아 보지 못했기 때문입니다. 그래서 역기능 가정의 영향은 계속하여 대를 이어서 자손에게 미치는 것입니다.

둘째, 가족관계가 빈약합니다.

역기능 가정은 가족들 간에 대화가 매우 빈약하다는 것입니다. 그들은 서로에게 정서적으로 지나치게 얽혀 있거나 지나치게 단절되어 있습니다. 특히 역기능 가정의 3대 규칙인 '말하지 말라.' '느끼지 말라.' '믿지 말라.'가 집안 분위기를 장악하고 있습니다. 그래서 식구들은 자신의 의견, 감정, 욕구, 필요 등을 적절하게 표현하지 못합니다. 이런 사람들은 결혼을 해서도 자신의 의견, 감정, 욕구, 필요를 말하지 못합니다.

셋째, 대대로 반복되는 패턴이 나타납니다.

역기능 가정에서는 대대로 이어져 내려오는 패턴이 많이 나타납니다. 예컨대 알코올, 도박 등의 중독 문제라든가, 가정폭력, 성폭력 등의 학대가 반복해서 발생하는 것입니다. 알코올중독 가정에서 성장한 사람은 알코올중독자가 되거나 그런 사람을 배우자로 만날 확률이 정상 가정의 사람들보다 4배가 높다는 통계 수치는 이런 진리를 잘 증명 해 주고 있습니다.

넷째, 수치심에 묶여 있습니다.
역기능 가정은 외부 사람들에게 말하기를 꺼려하는 수치스러운 비밀들을 간직하고 있는 경우가 많습니다. 이전 세대에 일어났던 충격적인 사건, 가정에서 일어난 정서적, 성적학대 등이 여기에 해당됩니다.

다섯째, 역기능 가족 규칙이 지배하고 있습니다.
역기능 가정은 자녀들의 정신적, 신체적, 정서적, 성적 경계선을 침범하면서 자녀들에게 생각하고, 느끼고, 말하고, 표현할 자유를 억압합니다.

여섯째, 가족들의 역할이 경직되어 있습니다.
역기능 가정의 가족들은 모두가 건강하지 못한 역할에 고착되어 있는 경우가 많습니다. 중독이나 성격파탄, 가정폭력, 분노조절장애, 무책임 등의 문제를 가진 1차 역기능자가 있는가 하면, 그런 사람의 문제를 대신 짊어지고 살아가는 배우자가 있습니다. 그리고 성취와 업적을 통해 착한 아이로 살아가는 영웅 역할이 있는가 하면, 우스갯소리로 가족의 스트레스를 잊게 하려고 애쓰는 마스코트 역할도 있습니다. 문제아로 가족의 비난거리가 되는 희생양, 있는 듯 없는 듯 살아가는 잊혀 진 아이, 이 모든 역할들은 건강하지 못한 채 경직되어 있는 역기능 가족들의 어두운 단면입니다.

일곱째, 외부 세계에 닫혀 있습니다.

역기능 가정은 대체로 항상 같은 모습을 고수하기를 고집하며 변화에 대해 저항합니다. 가족의 비밀을 외부에 노출하기를 싫어하며 숨겨진 고통과 학대를 지니고 있습니다. 이미지 관리에 신경을 많이 쓰기 때문에 문제가 발생해도 외부에 도움을 요청하지 않고 좋은 모습만 보이려고 합니다.

여덟째, 더럽고 치사한 싸움을 합니다.

역기능 가정은 일반 가정에 비해 서로의 말이나 주장을 잘 경청하지 않으면서 '너는 항상' 또는 '너는 절대로'와 같은 단정적인 표현을 많이 사용하고, 분노를 터트리거나 침묵하는 방법을 사용해 대화를 회피합니다. 또한 교묘하고 알아채기 어려운 간접적인 화, 놀리기, 잊어버리기, 까다롭게 굴기, 늑장부리기, 일을 어렵게 만들기, 비협조적으로 행동하는 등, 공격적인 의사표현을 많이 합니다. 그리고 상대에게 '모자란다.' 아니면 '멍청하다.'는 식으로 꼬리표를 붙이는 말을 많이 합니다. 상대방의 감정에 둔감하고 과거를 파헤치고 의심하는 증상이 있습니다. 갈등이 생길 때, 자녀나 성 관계를 무기로 사용하는 치사함이 있습니다.

  대체로 이런 증상들이 역기능 가정의 특징들입니다. 이런 가정에서 성장한 사람이 성인이 되어서 결혼을 하였다면 문제가 생기는 것은 어찌보면 불을 보듯이 뻔한 일인 것입니다.
  역기능 가정의 출신들은 부정적인 생각을 가지고 있기 때문에 가정에서 뿐만 아니라 사회에서도 성공하기가 어렵습니다. 요행히도 그런 사람이 성공하였다면, 그 사람은 자신이 만든 성공의 칼날로 많은 사람들을 죽이며 상처를 줄 수도 있습니다. 그러므로 마음의 상처인 낮은 자존감은 반드시 치료가 되어야 합니다.
  "나는 이제 예수님을 믿는 사람이 되었는데 구태여 옛날의 이야기를 끄집어내서 무엇 하겠어. 성경에도 나와 있잖아. 이전 것은 지나갔으니 보라 새것이 되었다라고. 나는 그 옛날의 어린아이가 아니야."
  이런 식으로 자신이 받은 상처를 외면하고 부인한다면 전혀 예상하지 못했던 곳에서 엉뚱한 방법으로 상처받은 어린아이가 튀어 나와서 사람들을 혼란케 합니다. 특히 배우자와 자기들에게 지우기 어려운 상처를 줍니다. 그러므로 내적인 상처의 치유는 반드시 필요합니다.

02

낮은 자존감의
치유 단계

낮은 자존감에서 비롯된 문제점을 인정하고 변화되어야 한다.

낮은 자존감에서 치유를 받으려면 먼저 자신이 변화되고자 하는 열망이 있어야 합니다. 그런데 어떤 사람은 변화되기를 원치 않는 사람이 있습니다. 그 이유는 자신이 병들었다는 사실로 인해서 주위 사람들에게 관심을 끌어 모은다거나, 다른 사람을 조정하기 쉽기 때문입니다.

이런 이야기가 있습니다.

배가 난파되어서 무인도에 갇힌 세 명의 남자가 있었습니다. 어느 날 그들은 해변에서 호리병 하나를 발견하게 되었습니다. 호리병에 묻은 먼지와 모래를 닦아내자 병에서 연기가 뭉글뭉글 피어

오르더니 거인 요정 '지니'가 나타났습니다. 지니가 예절바르게 인사를 하며 그들에게 세 가지 소원을 들어준다고 하였습니다. 그래서 그들은 한 가지씩 소원을 말하기로 하였습니다.

먼저 키가 큰 사내가 소원을 말했습니다.

"나는 한강이 내려다보이는 분위기 좋은 레스토랑에서 예쁜 여자와 식사를 하며 사랑을 나누었으면 좋겠다."

말을 마치자마자 키가 큰 사내는 '펑'하는 소리와 함께 사라졌습니다.

이번에는 키가 작은 사내가 말했습니다.

"나는 공기 좋고 물 좋은 시골에서 아름다운 전원주택을 짓고 사랑하는 아내와 함께 행복하게 살았으면 좋겠다."

말을 마치자마자 그도 '펑'하는 소리와 함께 사라지고 말았습니다.

이번에는 뚱뚱한 사내가 말을 할 차례가 되었습니다. 그런데 뚱뚱한 사내는 몹시 불안한 증세를 보이면서 다음과 같이 말하는 것이었습니다.

"나는… 나는 그 친구들이 없으니 몹시… 불안해. 그 친구들이 다시 이곳에 왔으면 좋겠어."

말을 마치자마자 '펑'하는 소리와 함께 두 친구가 다시 무인도 섬으로 왔습니다.

참으로 기가 막히고 한심한 일이 아닐 수 없습니다.

뚱뚱한 사내처럼 현실에 안주하여 변화를 싫어하는 사람들이 있습니다. 행복한 부부가 되고 하나님이 원하시는 천

국과 같은 가정을 만들기 위해서는 먼저 자신이 변화되고
자 하는 노력이 필요합니다. 그러기 위해서는 먼저 낮은 자
존감에서 비롯된 문제들이 자신에게 있다는 사실을 인정해
야 합니다.

낮은 자존감에서 비롯된 문제들을 열거하면 다음과 같습
니다.

- 자신이 나쁜 사람이라는 신념에 바탕을 둔, 열등감, 죄책감과
  수치심, 또는 분노.
- 비평이나 충고에 대한 과민한 반응과 지나친 비난.
- 자신의 약한 모습이 다른 사람들에게 들킬까봐서 불안해서
  일부러 하는 우스운 행동이나 익살.
- 남을 지나치게 의식함, 부끄러움, 대인 공포증.
- 종종 자신감으로 착각을 하는 거만한 행동이나 책임전가.
- 남들은 나비이고 자신은 벌레라고 생각하는 것과 같은 자기
  비하.
- 남들이 하지 못하는 훌륭한 일을 하고도 어쩌다가 재주 좋게
  걸려든 것이라고 말을 하는 위선 또는 거짓말.
- 자신을 싫어함.
- 자신의 정체성을 극단적으로 부인하는 동성애.

자신의 존귀함을 깨닫고 사랑해야 한다.

자신을 사랑하지 않고는 배우자와 자녀, 그리고 하나님과

다른 사람들을 진실로 사랑할 수 없습니다. 자신을 진실로 믿고 사랑하기 위해서는 자기 자신이 하나님께 용납되고 받아들여졌다는 사실을 믿어야 합니다.

많은 사람들이 성장할 때 기본적인 욕구를 채우지 못하였거나, 학대를 당했거나, 버림을 당한 경험이 있으면 자신의 가치를 하찮게 여기는 경우가 있습니다. 그래서 낮은 자존감이 형성되는 것입니다. 그러나 이는 자신의 가치를 세상적인 시각으로 보기 때문입니다.

만약에 당신이 길을 가다가 만 원짜리 지폐를 발견하였다고 합시다. 그 돈은 길거리에 버려지고, 구겨지고, 구두 발로 짓밟히고, 오물이 묻어서 더럽혀져 있습니다.

그렇다고 당신은 그 돈을 줍지 않고 그냥 길을 가겠습니까? 체면 때문에 그 돈을 주울 수 없다면 주위에 아무도 없다고 가정을 하겠습니다. 그러면 당신은 필시 그 돈을 주울 것입니다. 그 돈이 아무리 누군가에게 잃어버린 바 되고, 구겨지고, 더럽혀졌다고 하더라도 만원의 가치는 그대로 있기 때문입니다.

당신의 가치도 마찬가지입니다. 당신이 누군가에게 학대를 당하고, 소중한 대접을 받지 못하였다고 하더라도 당신의 가치가 없어진 것이 아닙니다. 당신은 여전히 하나님의 자녀이며 소중한 사람입니다. 예수님은 당신이 아무리 상처로 찢어지고 죄로 인하여 더럽혀졌다고 하더라도 당신을 부끄럽게 생각하지 않으십니다.

히브리서 2장 11절에서 사도 바울은 다음과 같이 말하고 있습니다.

거룩하게 하시는 자와 거룩하게 함을 입은 자들이 다 하나에서 난지라. 그러므로 형제라 부르시기를 부끄러워 아니하시고.

좀 부족한 면이 있고 연약한 모습이 있다고 하더라도 당당하십시오.

어떤 유대인 학교에서 전교 꼴등하는 학생에게 선생님이 '너는 이다음에 어떤 사람이 될 거니?'라고 물었답니다. 그러자 그 학생은 옆 자리에 앉은 전교 1등 하는 학생을 가리키면서 다음과 같이 말을 했다고 합니다.

"나는요. 이 담에 큰 부자가 될 거예요. 그래서 얘를 비서로 쓸 거예요."

얼마나 당당합니까? 인생에서 공부가 다가 아니라는 사실을 이 아이는 이미 알고 있었던 것입니다. 어떤 사람 앞에서도 또는 어떤 환경에도 기죽지 마십시오. 당신의 인생은 당신이 결정하는 것입니다. 하나님은 스스로를 인정하는 사람을 축복하십니다.

욥기 22장 28-29절에는 다음과 같이 기록하고 있습니다.

네가 무엇을 결정하면 이루어질 것이요 네 길에 빛이 비취리라. 네가 낮춤을 받거든 높아지리라고 말하라. 하나님은 겸손한 자를 구

원하시느니라.

 사냥개들은 매우 용맹합니다. 그들은 어떤 동물도 두려워하지 않습니다. 심지어 호랑이도 두려워하지 않고 덤벼듭니다. 사냥개가 이렇게 용맹한 이유는 바로 자신들의 주인을 믿기 때문입니다.

 사냥개들은 주인이 가지고 있는 총의 위력을 믿습니다. 그 총 앞에서는 어떤 동물도 맥을 못 춘다는 사실을 압니다. 곰과 호랑이도, 심지어는 덩치가 산만한 코끼리조차도 주인의 총 한 방이면 바로 끝난다는 사실을 압니다. 그래서 사냥개는 무서울 것이 없습니다.

 우리들은 사냥개의 믿음을 본받아야 합니다. 사냥개는 주인을 믿고 겁 없이 호랑이에게도 돌진합니다. 그런데 당신이 믿는 하나님은 사냥꾼보다 능력이 없다고 생각하십니까? 하나님을 당신 한 명 정도 품지 못할 만큼 하찮은 분으로 여기십니까?

 하나님은 당신을 자녀로 받으시기 위해서 예수님을 십자가에 못 박으셨습니다. 그래서 당신은 하나님의 자녀가 되었고, 하나님은 당신의 아버지가 된 것입니다.

 당신은 만왕의 왕이신 하나님을 아버지라고 부르는 그분의 자녀입니다. 이것이 당신의 신분입니다. 어떠한 상황에 처해도 이 신분에 대한 확신은 흔들리지 않아야 합니다. 그래야만 게임도 되지 않는 사탄에게 당하지 않는 것입니다.

이런 이야기도 있습니다.

어떤 호랑이가 자신이 호랑이라는 사실이 믿어지지 않았습니다. 그래서 동물이나 사람들에게 100번 질문을 해서 자기가 호랑이라는 확실한 대답을 들으면 정말 호랑이로 믿고 살기로 했습니다.

호랑이가 먼저 사슴에게 물었습니다.

"사슴아, 내가 호랑이가 맞니?"

그러자 사슴이 대답했습니다.

"맞습니다. 당신은 호랑입니다. 당신의 큰 덩치를 보면 몰라요?"

이번에는 토끼에게 물었습니다.

"이봐요, 토끼 양, 내가 호랑이가 맞나요?"

토끼가 대답 했습니다.

"그럼요, 당신은 호랑이가 틀림없어요. 불이 뿜어져 나오는 눈을 봐요, 당신은 틀림없는 호랑이라니까요."

이번에는 곰에게 물었습니다.

"곰 양반, 말 좀 묻겠소. 내가 호랑이가 맞소?"

곰이 대답을 했습니다.

"그럼, 호랑이가 맞고말고. 당신의 발과 발톱, 그리고 몸에 있는 줄무늬가 영락없는 호랑이 거잖아."

호랑이는 이렇게 99마리의 동물들에게 질문을 해서 그들로부터 모두 '호랑이가 맞다.'는 대답을 들었습니다. 이제 한 번만 더 확실한 대답을 들으면 의심 없이 호랑이로 살기로 작정했습니다.

호랑이는 질문을 하면서 어느 새 38선 근처 비무장 지대까지 왔습니다. 그곳에서 호랑이는 보초를 서고 있는 북한군에게 마지막 질문을 했습니다.

"여보시오. 군인 아저씨, 말 좀 묻겠소. 내가 호랑이가 맞소?"

그러자 북한군이 귀찮다는 듯이 말을 뱉었습니다.

"저리가라우! 이, 개 간나 새끼야!"

순간 호랑이는 충격을 받았습니다.

"아~, 내가 호랑이가 아니라 개새끼였구나!"

이 말을 듣고 충격을 받은 호랑이는 결국 낭떠러지에서 투신하여 자살을 하고 말았다고 합니다.

이 얼마나 어처구니없는 이야기입니까? 얼마나 많은 하나님의 자녀들이 자신들의 신분을 모르고 삶을 포기하며 사는지 모릅니다.

하나님의 말씀에 비추어서 자신의 가치와 신분을 알아야 하는데, 세상적인 관점과 사고방식으로 자신을 보니 호랑이가 아니라 강아지로 보이는 것입니다.

당신은 당신의 신분을 알고 있습니까? 당신의 신분에 대해서 몇 가지만 확신을 시켜 드리겠습니다.

- 당신은 하나님의 자녀가 되어서 하나님을 '아바 아버지'라고 부르는 사람입니다. (롬 8:15)

- 당신은 이미 거룩함을 입었습니다. (고전 1:2, 3:17)

- 당신은 이미 하나님께 받아졌습니다. (롬 15:7, 히 13:5)

- 당신은 이제 흠이 없는 사람입니다. (엡 1:4, 5:27, 골 2:13)

- 당신은 이미 천국 백성입니다. (엡 2:5-6)

- 당신은 완전해 졌습니다. (골 2:9-10)

- 당신은 전적으로 용서를 받았습니다. (골 2:13, 히 10:17-18)

- 당신은 마귀를 정복한 사람입니다. (막 16:17-18, 롬 8:37)

- 당신은 왕 같은 제사장입니다. (고전 2:9)

- 당신은 아브라함의 축복을 이을 축복의 후손입니다. (갈 3:29)

당신은 육신의 부모가 원하기 전에 하나님께서 원하셨고 하나님이 당신을 지으셨습니다. 시편 139편 13-14절은 이렇게 말하고 있습니다.

"주께서 내 장부를 지으시며 나의 모태에서 나를 조직하셨나이다. 내가 주께 감사하옴은 나를 지으심이 신묘막측하심이라. 주의 행사가 기이함을 내 영혼이 잘 아나이다."

당신은 충분히 당신 자신을 사랑해도 좋은 존귀한 존재입니다. 자기 사랑은 하나님의 계명을 이루는 일입니다.

어느 날 한 율법사가 예수님을 시험하려고 '선생님이여 율법 중에 어느 계명이 크니이까?'라고 물었습니다. 이때 주님은 다음과 같이 대답하였습니다.

네 마음을 다하고 목숨을 다하고 뜻을 다하여 주 너의 하나님을 사랑하라 하셨으니 이것이 크고 첫째 되는 계명이요, 둘째는 그와 같으니 네 이웃을 네 몸과 같이 사랑하라 하셨으니, 이 두 계명이 온 율법과 선지자의 강령이니라. (마 22:37-40)

이 말씀에서 주님은 이웃을 사랑할 때 '네 몸과 같이 사랑하라.'고 말씀하셨음에 주의하여야 합니다. 주님께서 이렇게 말씀하신 이유는 어느 누구도 자기 자신을 사랑하지 않고는 남을 사랑할 수 없기 때문입니다. 그러므로 자신을 사랑하는 행동은 곧 하나님의 율법을 지키는 행동입니다.

자신을 사랑하는 말은 내가 하나님께 지음 받은 자로서 자신이 누구인지를 인식하는 것입니다. 현재 자신의 모습이 얼짱, 키짱, 몸짱이 아닌 육체적인 불편함이 있다고 하더라도, 타인들의 시각이 아닌 하나님의 시각에서 자신을 보아야만 합니다. 그래야 나는 하나님의 작품이라는 자부심을 가지게 되는 것입니다.

자기를 사랑하는 것은 이기심과는 다른 차원입니다. 이기심은 상대방을 이용하여 내 욕심을 채우고 상대를 희생시키는 야비한 태도입니다. 그러나 자기 사랑은 상대방의 필요를 내 것 만큼 소중하게 생각하는 태도이며, 그러면서 내 필요와 느낌을 중요하게 생각하는 태도인 것입니다.

또한 상대방의 유익을 위해서는 나 자신을 자발적이고 호의적으로 포기할 줄 아는 마음가짐입니다. 이런 사랑을 남편은 아내에게, 아내는 남편에게 주어야 합니다.

이와같이 남편들도 자기 아내 사랑하기를 제 몸같이 할지니…

(엡 5:28)

자기 사랑은 남과 비교하는 것이 아닙니다. 바울은 갈라디아서 6장 4절에서 다음과 같이 말했습니다.

각각 자기의 일을 살피라 그리하면 자랑할 것이 자기에게만 있고 남에게는 있지 아니하리니…

이 말씀을 리빙 바이블에서는 다음과 같이 해석하고 있습니다.

각각 자신이 최선을 다하고 있음을 확신하십시오. 그러면 남과 비교하지 않고도 자기 자신이 한 일을 자랑스럽게 여길 수 있을 것입니다.

자신을 사랑한다는 말은 자신의 모습에 만족하며, 자신에게 주어진 삶에 최선을 다하는 태도를 의미합니다. 또한 나를 다른 사람과 비교하지 않으며 나의 배우자도 다른 배우자와 비교하지 않고 감사함으로 용납한다는 뜻입니다.

① 성경은 당신이 느끼는 감정을 표현해도 좋다고 말씀하고 있습니다.

나는 많은 아내들이 자신의 남편을 두고 다음과 같이 불평하는 소리를 들었습니다.

"나는 내 남편과 20년을 넘게 살았지만, 남편의 속마음을 알 수가 없습니다. 도대체 내 남편은 감정을 표현하지 않습니다. 참으로 답답합니다.”

이런 남편들은 보통 자신의 감정을 표현하지 않는 가정에서 성장하였을 가능성이 많습니다. 역기능 가정에서 성장한 아이들은 자신들의 감정이나 생각을 표현하지 못합니다. 그들은 부당한 대우를 받거나 상처를 받았을 때 이런 꾸지람을 받으며 자랐을 것입니다.

“화내지 마. 그러면 지옥에 가!”

“울면 안 돼. 멍청한 놈만 우는 거야!”

“반항하지 마. 그러면 나쁜 아이야!”

이런 식의 강압적인 명령을 받았기 때문에 정당한 감정을 표현하지 못하게 되었던 것입니다. 이런 가정은 상한 감정뿐만 아니라, 좋은 감정까지도 숨겨야할 부끄러운 감정으로 왜곡하는 경우가 흔합니다.

이제 당신은 거짓선지자들의 가르침과 세뇌에서 해방되어야 합니다. 당신의 감정은 하나님이 주셨습니다. 하나님은 천지만물을 창조하시고 기뻐하셨습니다. 하나님은 하나님의 백성들이 하나님의 사랑을 믿지 못하고 현실만 보면서 원망불평을 하실 때, 불 뱀에게 물려서 고통을 받게 하실 정도로 화도 내셨습니다.

예수님도 하나님께 예배를 드리고 기도를 드리는 성전이 장사꾼들의 소굴이 되는 것이 화가 나셔서 장사꾼들의 상자들을 엎으실 정도로 화를 내셨습니다. 또한 죄악으로 어두

워진 예루살렘을 보면서 눈물을 흘리셨고, 죽은 나사로의 무덤에서도 눈물을 흘리셨습니다.

하나님은 당신을 생각만 해도 기뻐서 어쩔 줄 모르신다고 말씀하셨습니다.

너의 하나님 여호와가 너의 가운데 계시니 그는 구원을 베푸실 전능자시라 그가 너로 인하여 기쁨을 이기지 못하여 하시며 너를 잠잠히 사랑하시며 너로 인하여 즐거이 부르며 기뻐하시리라. (스바냐 3:17)

하나님은 이렇게 자연스럽게 감정을 표현하셨습니다. 감정의 표현은 자연스럽게 해야 하는 것입니다. 화가 나면 화가 난다고 말해도 됩니다.

분노의 감정은 우리의 기본적인 욕구나 권리가 침해되었거나 침해되려고 한다는 신호를 알리는 감정입니다. 그러나 화가 난다고 상대를 때리거나, 욕을 하거나, 물건을 던지고 부수는 행동은 분노를 잘 못 표현한 나쁜 행동입니다.

얼마나 많은 가정이 잘못된 분노표현으로 인하여 파괴되는지 모릅니다. 그러므로 분노의 감정은 잘 다스려야 합니다.

분노를 일으키는 원인은 다양합니다. 숨겨진 마음의 상처가 있을 때, 상실감을 느낄 때, 상대적인 박탈감을 느낄 때, 잘못된 신화적 사고를 할 때, 미움과 질투심을 느낄 때, 지배받고 있다고 느낄 때, 자신의 약점이 돌출될 위험을 느낄 때, 교만한 마음이 있을 때, 자존심에 상처를 받을 때, 불의를 볼 때, 등등입니다.

특히 숨겨진 마음의 상처와 상실감으로 인한 분노의 감정을 올바로 처리하지 못하면 심각한 후유증이 생깁니다. 분노의 감정이 치유되지 않은 채 오래 동안 누적되어 차갑고 딱딱하게 변하면 증오(hatred)가 됩니다. 증오는 원한의 마음이나 혐오감을 말하며, 연민이나 죄의식이 없는 마음입니다.

억압된 분노를 치유하지 않으면 엉뚱한 곳에서 비합리적으로 과격하게 표출되는 격노(rage)로 변합니다. 격노는 사소한 일에도 지나치게 분노하고, 엉뚱한 곳에서 걷잡을 수 없이 화를 내고, 한번 폭발하면 잘 다스려지지 않는 난폭한 행동입니다.

이런 감정이 치유되지 않고 결혼을 하면 아무 죄도 없는 배우자에게 수시로 폭발하게 되는 것입니다. 이런 분노는 내적 치유기도 시간에 억압당했던 고통과 슬픔을 충분히 애도해 주고 펑펑 울면서 치유해 주어야 합니다. 상처받은 자신을 불쌍히 여기며 충분히 울어서 독소를 빼내야 합니다. 그래야 배우자에게 공격적인 분노를 터트리는 버릇을 고칠 수 있습니다.

우리는 건전한 분노와 죄가 되는 분노를 분별할 줄 알아야 합니다. 불의를 보고 느끼는 분노는 거룩한 분노입니다. 예수님도 이런 분노를 나타내셨습니다. 그러나 죄가 되는 분노는 다스릴 줄 알아야 합니다.

죄가 되는 분노는 다음과 같습니다.

- 자기의 욕심이 충족되지 못해서 나오는 분노.
- 미움과 질투 그리고 교만한 마음에서 오는 분노.
- 완벽주의적인 욕구가 충족되지 않아서 생기는 분노.
- 의심에서 나오는 분노.
- 다른 사람의 행동이 자신과 같지 않을 때 생기는 분노.

이런 분노를 해결하는 방법은 모든 사람은 개성이 다르게 창조되었다는 사실을 인정하고 받아들이는 것입니다.

자존심이 상했을 때와 손상당했을 때, 그리고 불의를 보았을 때 느끼는 분노는 정당한 분노입니다. 정당한 분노는 정당한 방법으로 표현되어야 합니다. 정당한 분노는 말로 표현하되 지혜롭게 하여야 합니다.

분노를 표현하는 목적은 상대에게 고통을 주기 위함이 아니라, 상대와 올바른 관계를 유지하고 화해하는 것이 목적이 되어야 합니다. 그러기 위해서는 분노를 표현할 때 상대를 비난하거나 상해를 입히면 안 됩니다.

한 번 잘못된 분노의 폭발은 배우자에게 지울 수 없는 상처를 줄 수 있습니다. 그러므로 분노의 감정을 느낄 때는 그 분노가 정당한지 아닌지 분별하는 통찰력이 필요합니다. 당신이 느끼는 분노가 정당한 분노라면 그 분노를 지혜롭게 표현하는 자세 또한 중요합니다. 분노를 정당하게 표현하는 방법은 다음과 같습니다.

첫째, 상대방을 비난하지 말고 자신의 감정만을 말하십시오. 분노의 감정의 원인이 되는 사람을 담대히 만나서 '당신은'이라는 표현보다는 '나는'이라는 표현을 써서 상대방을 비난하지 말고 당신의 감정만을 말하십시오.

둘째, 한 가지 문제만을 *끄집어내십시오*.

셋째, 상대방이 반응할 기회를 주십시오.

넷째, 말다툼의 목적은 감정해소이지 상대방을 정복하려는 것이 아닙니다. 논쟁에서 이기면 사람을 잃는다는 말이 있다는 사실을 명심하십시오.

다섯째, 분노의 감정을 표현 할 때 그와 똑같은 애정을 쏟아부어 사랑과 우정에 균형을 잡아야 합니다.

여섯째, 예수님이라면 어떻게 하실까? 하고 생각해 보십시오.

일곱째, 자존감을 높이십시오. 화를 잘 내는 행동은 열등감을 나타낼 수도 있습니다.

여덟째, 할 수만 있으면 빨리 용서해서 분노가 증오와 격노로 변하지 않게 해야 합니다. 그래서 성경은 하루해가 지기 전에 용서하라고 권하고 있는 것입니다.

분을 내어도 죄를 짓지 말며 해가 지도록 분을 품지 말고 마귀로 틈을 타지 못하도록 하라. (엡 4:26-27)

분노를 오랫동안 품고 있으면 세로토닌과 노에피네프린 결핍이 생겨서 몸에 이상이 오고 여러 가지 질병에 노출 되기 쉽다고 합니다.

아홉째, 해결되지 않는 분노의 감정과 복수는 하나님께 맡기십시오.

사람은 누구나 자신이 받은 것만큼 돌려주고 싶은 감정이 있습니다. 그러다보면 원치 않는 죄를 짓는 경우가 허다합니다. 얼마나 많은 사람들이 순간적인 분노를 참지 못하고 돌이키지 못하는 강을 건너는 경우가 많이 있습니까!

그래서 바울은 '분을 내어도 죄를 짓지 말라.'고 경고하였던 것입니다. 복수하고 싶은 감정은 하나님께 맡기십시오.

바울은 로마서 12장 19절에서 다음과 같이 말하고 있습니다.

내 사랑하는 자들아 너희가 친히 원수를 갚지 말고 진노하심에 맡기라. 기록되었으되 원수 갚는 것이 내게 있으니 내가 갚으리라고 주께서 말씀하시니라.

복수는 하나님 권한입니다. 그러므로 복수의 감정은 하나님께 넘기고 당신은 그 감정에서 자유로워져야 합니다. 그리고 무엇보다도 자신 속에 숨겨진 분노가 있음을 알아야 합니다.

많은 사람들이 분노의 감정을 느끼고 있으면서도 그 감정을 숨기거나 아니면 스스로도 그것을 모르는 경우가 있습니다. 당신 속에 숨겨진 분노의 감정이 있는지 다음의 테스트를 해 보십시오.

다음 중 자신에게 해당되는 증상에 ☑표를 하십시오.

☐ 대수롭지 않은 일로 긴장감을 자주 느낀다.

☐ 부과된 과제를 제 시간 내에 완수하지 않고 지연시킨다.

☐ 비관적 사고를 자주 한다.

☐ 상대방에게 불쾌감을 느낄 때, 대화를 중단하거나 상대를 하지 않는다.

☐ 상대가 나의 욕구를 이해하지 못할 때, 심적으로 괴로움을 느낀다.

☐ 나에게 요청하는 일을 하는데 있어서 까다롭게 굴고 비협조적인 경향이 있다.

☐ 다른 사람이 나보다 더 행복하다는 사실을 알았을 때 좌절감을 느낀다.

☐ 어떤 문제에 직면했을 때 그 문제를 어떻게 해결할지 지나치게 걱정한다.

☐ 좋아하지 않는 사람과 만나는 것을 피하기 위하여 일부러 다른 방향으로 걷는다.

☐ 나에게 잘못을 저지른 사람을 쉽게 잊지 못한다.

☐ 모든 일들을 매우 공격적으로 한다.

☐ 어떤 사람의 평판에 대해서 확인도 없이 중상 모략하는 경향이 있다.

☐ 마음속으로는 상처를 받았음에도 겉으로는 태연하게 행동한다.

☐ 가학적이고 무례하거나 빈정거리거나 냉소적인 경향이 있다.

☐ 한숨을 자주 쉰다.

☐ 부자연스럽고 가식적인 예의바름과 쾌활함을 자주 보인다.

☐ 우스운 것이 없는데도 웃는다.

☐ 빈정거리는 특징을 지니고 있다.

☐ 악몽이나 거슬리는 꿈을 자주 꾼다.

☐ 수면에 어려움이 있다.

☐ 이전에 흥미를 느꼈던 것에 대해 흥미를 잃는다.

☐ 행동이 느리고 움직이는 것이 싫다.

☐ 사소한 일에 과도하게 짜증을 낸다.

☐ 도피 수단으로 평소보다 잠을 많이 잔다.

☐ 장소를 불문하고 졸음이 쏟아진다.

☐ 턱 관절 부위에 통증을 느낀다.

☐ 우울증을 자주 느낀다.

☐ 과로하며 과잉 성취하려는 경향이 있다.

☐ 여러 가지 스트레스성 신체 증상을 겪는다.

위의 질문에서 10개 이상 해당된다면 깊은 상처로 인한 억압된 분노 문제가 당신에게 있다고 보아야 합니다. 만약 15개 이상 체크했다면 심각한 분노의 증상이 있다고 볼 수 있습니다.

당신은 여러 가지 일에 좌절과 실망을 겪고 있고, 자주 짜증을 내는 자신을 발견할 것입니다. 이 또한 분노의 감정입니다. 그 분노의 감정을 하나님께 맡기고 하나님께서 치유해 주시도록 기도하십시오.

이제는 당신의 감정을 숨기지 마십시오. 좋으면 좋다, 싫으면 싫다, 화가 나면 화가 난다, 슬프면 슬프다고 말하십시오. 그러나 자신이나 남에게 상처가 되지 않게 표현해야 합니다. 감정을 표현하는 것이 당신에게나 배우자에게 좋습니다. 이제는 감정을 숨기는 숨바꼭질 놀이는 하지 마십시오.

② 성경은 당신이 원하는 것을 원해도 괜찮다고 말씀하고 있습니다.

하나님은 당신의 욕구가 채워지는 것을 원하시고 있습니다. 민수기 6장 24-26절에서 하나님은 다음과 같이 말씀하시고 있습니다.

여호와는 네게 복을 주시고 너를 지키시기를 원하며

여호와는 그 얼굴을 네게 비취사 은혜 베푸시기를 원하며

여호와는 그 얼굴을 네게로 향하여 드사

평강 주시기를 원하노라 할지니라 하라.

하나님은 당신에게 복을 주시고, 악한 세상에서 지키시기를 원하시고, 조건 없이 은혜를 주시기를 원하시고, 평강주시기를 원하시고 있습니다. 또한 그 분은 당신에게 당신이 원하는 것 보다 훨씬 더 많은 복을 주시기를 원하시고 있습니다. 당신은 당신을 사랑할 뿐만 아니라 하나님을 사랑해

야 합니다. 그러면 하나님은 당신이 원하는 그 이상으로 꿈 같은 축복을 주실 것입니다.

하나님은 육신의 부모와 다르신 분이십니다. 역기능가정의 부모들은 자신들의 필요나 욕구가 충족된 적이 없기 때문에 자녀들이 도움을 요청하고 뭔가를 원하면 화를 냅니다. 당신이 당연히 요구해도 좋은 욕구를 표현하지 못하고 말하지 못한 것은 바로 그런 부모 밑에서 성장했기 때문입니다. 당신의 속마음을 표현했다가 부모님들에게 당했듯이, 괜히 창피만 당하는 것이 아닌가하는 두려움 때문에 정당한 욕구도 표현하지 못하게 된 것입니다.

그러나 이제는 두려워하지 말고 당신이 원하는 것을 말해도 됩니다.

예수님은 한 번도 거부하신 적이 없었습니다. '너는 기도가 부족해서 안 되겠다.' 또는 '너는 죄가 너무 많아서 안 되겠다.' 아니면 '너는 정성이 부족하니 헌금을 더 많이 해라.' 등의 이유를 대지 않았습니다.

오히려 그분은 '나는 의인을 부르러 온 것이 아니요, 죄인을 불러 회개시키려왔다.'고 말씀하셨습니다. 그분은 아흔 아홉의 양보다 한 마리 잃어버린 양을 찾으시는 분이십니다.

주님은 당신의 요구를 거절하거나 수치스럽게 생각하시지 않으십니다. 그분은 오히려 마태복음 7장에서 적극적으로 요구하라고 권하고 있습니다.

 구하라, 그러면 너희에게 주실 것이요. 찾으라, 그러면 찾을 것이요. 문을 두드리라, 그러면 너희에게 열릴 것이니, 구하는 이마다 얻을 것이요. 찾는 이가 찾을 것이요. 두드리는 이에게 열릴 것이니라.

 예수님 이름으로 하나님께 당신의 요구를 담대히 구하십시오. 그러면 얻을 것입니다. 또한 당신의 배우자에게 당신의 요구를 표현하십시오. 당신이 마음을 열어서 말을 해야 당신이 무엇을 원하는지 상대가 알 수 있지 않겠습니까?
 당신의 요구가 배우자에게 해가 되는 일이 아니라면, 당신이 마음을 열어 보인 것이 무슨 잘못입니까? 그러나 상대에게도 당신의 요구를 거절할 자유가 있음을 인정해야 할 것입니다.

③ 성경은 항상 진실을 말하라고 권하고 있습니다.
 역기능가정에는 많은 비밀들이 있습니다. 그 비밀을 숨기기 위해서 가족들은 거짓말을 자연스럽게 합니다. 그런 가정에서 아이는 살아남기 위해서 자신도 진실을 왜곡하는 사고방식을 갖게 되고 마술적인 사고를 하는 버릇을 가지게 됩니다.
 어린 아이들은 자신에게 엄청난 힘이 있어서 자신이 생각하는 대로, 자신을 중심으로 우주가 돌아간다고 생각합니다. 비행기사고나 교통사고가 난 뉴스를 보면 자신이 기도를 하지 않았거나, 거짓말을 해서 그런 일이 일어났다고 생각합니다.

보통 정상적인 가정의 아이들은 성장해 가면서 이런 마술적인 사고에서 벗어납니다. 그런데 문제가 있는 가정에서 성장한 아이들은 이런 마술적인 사고가 고착됩니다.

건강하지 않은 가정에서는 아버지가 술을 마신다든지, 부모가 이혼을 했다거나, 어머니가 잔소리를 하는 것은 모두 너 때문이라고 말하는 경우가 많습니다. 마술적인 사고를 가진 아이는 그 말을 액면 그대로 받아들입니다. 그래서 자신이 실제로 나쁜 사람이라고 생각합니다.

마술적인 생각은 배우자 선택에도 많은 영향을 미칩니다.

'기다림'은 여성들에게 있는 대표적인 마술적인 믿음입니다. 그 믿음은 어디선가 백마를 타고 나타난 왕자가 자신을 왕비로 맞아들이는 꿈인 것입니다.

여자 아이들이 즐겨보는 동화책인 〈신데렐라〉에서는 주인공은 부엌에서 멋진 왕자가 자기에게 꼭 맞는 신발을 가지고 찾아오기만을 기다리고 있는 내용입니다.

〈백설공주〉에서는 참고 기다리기만 하면 멋진 왕자가 찾아올 것을 이야기하고 있고, 〈잠자는 숲 속의 공주〉는 죽은 사람에게 키스하기를 좋아하는 이상한 취미를 가진 남자를 기다리는 내용입니다.

정상적인 발달단계를 거쳐 성장한 사람들은 죽은 사람이 얼마나 공포스러운지 압니다. 그래서 아무리 사랑하는 사람이라고 하더라도 땅에 묻는 것이죠. 그런데 누가 죽은 사람에게 키스를 하겠습니까?

보통의 사람들은 나이를 먹어감에 따라 동화 속의 이야기들이 얼마나 현실감이 없는지 그 의미를 파악할 수 있습니다. 그러나 성인아이들은 어른이 된 후에도 그 동화같은 이야기들을 그대로 믿으려고 합니다.

결혼을 하는 많은 사람들이 결혼만 하면 모든 문제들이 해결되고 행복하게 잘 살 줄로 알고 있습니다. 그러나 이것 또한 마술적인 생각입니다. 신데렐라가 왕자와 결혼을 했다고 무조건 해피엔딩으로 영원히 잘 살게 되었을까요?

한번 신데렐라가 결혼생활을 하는 모습을 상상해봅시다.

첫째, 하인처럼 무조건 남편에게 순종하는 관계를 맺고 살아갑니다. 왜냐하면 남편은 너무나 고귀한 왕자의 신분이고 자신은 비천한 출신의 여자이기 때문입니다. 그래서 과분한 남편과 살기 위해서 무조건 순종하는 것입니다.

물론 성경은 아내의 순종을 강조하고 있습니다. 그러나 남편보다 못한 비천하고 비굴한 상태에서의 순종이 아니라, 남편과 동등하지만 예수님처럼 스스로 낮아져서 가정의 평화를 위해서 섬기는 자리로 스스로 내려간 순종을 말하고 있습니다.

둘째, 남편과 계약 관계를 맺고 살아갑니다.
"당신은 나라의 정사를 살펴야 하니 나에게 생활비나 넉넉히 주면 나는 집에서 살림이나 하고 자식이나 키우겠다. 우리 서로 관섭하지 말고 살자."
이런 식의 계약을 무언으로 하며 살아가는 것입니다. 이 또한 답답하고 한심한 관계인 것입니다.

셋째, 결혼생활에 적응을 하지 못해서 별거를 하거나 이혼을 합니다.
결혼 전에는 아무 때나 자고 싶으면 자고, 먹고 싶으면 먹었는데 왕궁에 들어오니 법도가 너무나 까다롭고 엄중해서 불편을 느끼며 살아야 하기 때문입니다. 그래서 엄청난 스트레스를 받고 남편과 별거를 하든지, 아니면 자신과 맞는 남자를 만나서 도망을 가는 것입니다.

넷째, 정말 행복하게 잘 사는 모습입니다.
마치 성경 아가서에 나오는 솔로몬 왕과 술람미 여인의 사랑처럼 말입니다. 그러나 이럴 가능성은 아주 희박입니다.

멋진 왕자를 만나 결혼을 한 신데렐라는 정말 많은 장애물을 만날 것입니다. 그런데 마술적인 생각을 가지고 있는 미숙한 사람들은 결혼 후의 결과는 생각하지 못합니다.

그들은 무조건 예쁘고, 몸매 죽여 죽고, 배경 좋고, 키 크고 잘 생긴 배우자를 기다립니다. 이런 사람은 결혼을 하고 나서도 조금만 어려운 일을 만나면 부부가 협력하여 그 장애를 극복하려고 하지는 않고, 또 다른 완전한 배우자를 꿈꾸면서 살게 됩니다.

행복한 결혼생활은 좋은 조건의 상대를 만나는 것도 중요하지만, 자신을 변화시키고 성숙시키기 위하여 자신을 훈련시키는 것이 더 중요한 것입니다.

결혼을 하였다면 몽상적인 꿈에서 깨어나고 현실을 직시해야 합니다. 그리고 배우자에게 진실하십시오. 거짓말 하지 마십시오. 그것이 행복의 지름길입니다.

부정적인 생각을 끊고, "만약~하였다면"을 "만약~하면"으로 바꾸라.

낮은 자존감을 치유하려면 이전의 습관과 버릇을 버려야 합니다. 잘못된 습관과 버릇을 고치는 지름길은 부정적인 생각과 대화를 끊고 마음을 새롭게 하는 것입니다.

비합리적인 사고를 긍정적인 사고로 바꾸는 것을 심리치료사들은 사고의 전환 또는 인지치료라고 합니다. 부정적인 생각과 행동을 같이 치료하는 것은 인지행동치료라고 합니다.

나는 이를 '성경적인 사고의 전환'이라고 부릅니다. 이는 성경이 진리이기 때문입니다. 성경의 진리만 바로 깨닫고 자신에게 적용한다면 우리들은 어떤 어려움도 극복할 수 있습니다.

그래서 다니엘, 사드락, 메삭, 아벳느고는 금신상에 절하라는 왕의 명령을 당당히 거부할 수 있었던 것입니다. 그들은 불속에도 들어가고 사자굴 속에도 들어가는 형벌을 받았지만, 하나님이 결단코 자신들을 버리지 않는다는 믿음 때문에 부정적인 사고와 타협을 하지 않았던 것입니다. 아무리 환경이 좋지 않다고 하더라도 부정적인 사고를 하지 말아야 합니다.

일반적으로 사람들에게서 진정한 변화, 즉 영구적인 변화가 일어나려면 그들의 사고가 바뀌어져야 합니다. 그래서 에피클레투스(Epicletus)는 '사람은 사건 때문에 방해받는 것이 아니라 자신이 견지하고 있는 관점 때문에 방해받는다.'라고 말했던 것입니다.

존 밀턴(John Milton)은 '생각은 자신만의 공간이 있는데, 그것은 지옥 속에서도 천국을 만들 수 있고 천국 속에서도 지옥을 만들 수 있다.'라고 말했습니다.

앨버트 엘리스(Albert Ellis)는 '당신을 화나게 하는 것은 과거나 현재의 상처 때문이 아니다. 그것을 인식하는 당신의 시각이 그렇게 만든다.'라고 말했습니다.

로렌스 크랩(Lawrence Crabb) 박사는 다음과 같이 말했습니다.

"변화는 우리의 환경이나 과거, 현재를 바꾸는 것에 달려 있지 않고 우리의 사고를 새롭게 하는 데 달려 있다. 상처가 되는 과거의 기억을 치유하거나 현재 상황을 재정리하는 것으로는 이러한 진정한 문제들을 해결하지 못한다."

사건에 대해 우리가 반응하는 방식이 중요합니다. 당신은 스스로 인지행동치료자가 되어야 합니다. 낮은 자존감에 시달리는 사람들은 보통 다음과 같은 생각을 많이 가집니다.

"만약 하나님께서 나에게 그런 비극적인 일이 일어나게 하시지 않았다면 내가 이렇게 되지는 않았을 것이다."

"만약 나를 사랑하는 부모를 만났더라면 내가 이렇게까지 되지는 않았을 것이다."

"만약 내가 성 폭행을 당하지 않았다면 나는 행복한 사람이 되었을 것이다."

정말 그런 일이 당신에게 일어나지 않았다면 당신의 오늘의 모습이 많이 변해있을 수도 있습니다. 그러나 이제 와서 어떻게 하겠습니까? 과거를 돌리거나 변화시킬 수도 없는데 말입니다.

당신뿐만 아니라, 많은 사람들이 인생을 살면서 뒤를 돌아보며 '만약 그 때에 그런 일이 나에게 없었다면…'하는 생각을 하게 됩니다. 그러나 과거는 이미 엎질러 진 물입니다. 우리들에게는 과거를 돌려놓을 힘이 없습니다.

그렇다면 우리들의 생각을 바꾸는 것이 최선입니다. 그 최선은 '만약 ~했더라면'을 성경적인 사고인 '만약 지금이라도 믿음을 붙든다면'으로 바꾸는 것입니다.

　요한복음 11장에는 나사로의 죽음이 등장합니다. 이곳에는 마리아와 마르다의 '만약 ~하였더라면'과 예수님의 '만약 ~하면'이 둘 다 나타납니다.

　나사로는 마리아와 마르다의 오빠이며 이들은 예수님과 친구처럼 지내던 사이였습니다. 마리아는 아주 값진 향유를 예수님께 붓고 머리털로 주님의 발을 씻기던 여인이었습니다. 그래서 예수님의 사랑은 이들에게 각별하였습니다.

　이들은 유대나라 베다니라는 작은 마을에 살고 있었습니다. 그런데 나사로가 위독한 병이 들었던 것입니다. 이때 주님은 베다니에서 멀리 떨어진 요단 강변에 계셨습니다.

　예수님은 나사로가 병들었다는 소식을 듣고도 계시던 곳에서 이틀을 더 머무셨다가 베다니에 오셨습니다. 그러나 이때는 이미 나사로가 죽어서 장사를 지낸지 나흘이 지난 뒤였습니다.

　그녀들은 예수님이 그들을 사랑하신다고 말씀하시면서도, 나사로가 병들어서 위독하다는 소식을 듣고도 늦게 오신 것을 이해하지 못했습니다. 그래서 그녀들은 예수님을 만나자 마자 다음과 같이 원망 섞인 말을 했습니다.

“주님께서 여기 계셨더라면 제 오빠는 죽지 않았을 거예요.”

이 말은 다음과 같이 해석 할 수 있을 것입니다.

“만약 주님께서 여기 계셨더라면 오빠는 죽지 않았을 것입니다. 우리가 그토록 주님을 찾을 때에 주님은 어디에 계셨나요?”

“주님은 우리를 사랑하신다고 하시더니 우리가 정작 주님이 필요할 때는 왜 우리를 외면하셨습니까?”

“주님이 하나님의 아들이라면서 왜 이런 일이 일어나지 않도록 미리 예방을 하시지 않았나요?”

사람들은 누구든지 자신이 이해할 수 없는 일들을 겪으면 이렇게 말할 수 있습니다. 불행한 사건들은 신앙이 좋은 사람이라고 비껴가지 않습니다. 그래서 테레사(Teresa of Avila) 수녀가 기도하면서 하나님께 따졌답니다.

“왜, 하나님께서는 착하고 선한 사람들에게 고난과 환난을 주십니까?”

그러자 하나님이 대답하셨습니다.

“나는 원래 내 친구들을 다 그런 식으로 대하느니라.”

하나님의 응답에 테레사 수녀가 다시 말했습니다.

“왜, 하나님께 그렇게 친구가 적은지 이제야 알 것 같군요.”

고난의 의미를 알 수 없는 사람들에게는 이해할 수 없는 고난을 허락하신 하나님을 친구로 삼기가 당연히 어려울 것입니다. 그러나 나에게 닥친 고난과 아픔을 내가 이해할 수 없다고 해도 주님의 말씀을 끝까지 붙들어야 합니다. 왜냐하면 하나님의 생각이 우리들의 생각보다 높기 때문입니다.

예수님은 자신들에게 닥친 고난을 이해하지 못해서 원망 섞인 목소리로 '만약 주님이 이곳에 계셨더라면'하고 과거에 연연하는 부정적인 말을 강한 믿음의 말인 '만약'으로 응답하십니다.

네가 믿으면(if) 하나님의 영광을 보리라 하지 아니하였느냐? (요 11:40)

예수님이 사용하신 '만약(if)'은 과거에 연연하는 비난하고 원망하는 단어가 아닌, 과거를 극복하고 일어서는 능력의 말입니다. 예수님이 사용한 '만약'은 과거의 상처를 현재와 미래의 성공에 밑 걸음이 되는 에너지로 바꾸는 말입니다.

예수님은 과거의 상처에 연연하는 그녀들에게 나사로의 무덤의 돌문을 옮겨 놓으라고 명령하셨습니다. 그녀들은 예수님의 이 말씀이 이해가 가지 않았습니다. '아직 죽지 않았다면 예수님의 능력으로 나사로를 살릴 수 있겠지만, 그러나 나사로는 이미 죽어서 썩은 냄새가 나는 시체로 무덤에 누어있지 않은가?' 하는 생각에 그녀들은 예수님의 명령이 너무나 가혹하다는 투로 다음과 같이 말했습니다.

"주여 죽은 지 나흘이나 되어 냄새가 나나이다."

이 말은 이미 끝나고 소망이 없다는 절망적인 말입니다. 그러나 주님은 더 확고하신 목소리로 말씀하십니다.

예수께서 가라사대 내 말이 네가 믿으면 하나님의 영광을 보리라 하지 아니하였느냐! (요 11:40)

아무리 지금의 상황이 회복 불가능한 상황이라고 해도 '만약 믿으면'이라는 주님의 말씀을 붙들고 순종해야 하는 것입니다. 부정적인 '만약~하였더라면'을 '만약 ~하면'으로 바꾸려면 먼저 견고한 부정의 돌문을 옮겨야 합니다. 그래야 죽은 나사로에게 생명의 빛이 들어가고, 생명의 말씀이 들어갈 수 있는 것입니다.

낮은 자존감이 형성된 까닭은 본래의 모습인 하나님의 형상이 죽었기 때문입니다. 심리학에서는 하나님의 형상을 일컬어 '놀라운 아이'라고 말합니다. 그 놀라운 아이를 다시 살리려면, 딱딱하게 굳은 마음의 돌문을 옮기고 그 죽은 아이를 예수님 앞에 들어내야 합니다. 이것이야말로 바로 자신의 약점과 상처를 숨기지 않고 드러내는 솔직함입니다.

그런 일은 정말 힘듭니다. 마치 마리아와 마르다가 나사로의 무덤 문을 옮기는 것처럼 부담스러운 일입니다. 그녀들이 '주여 죽은지 나흘이나 되어 냄새가 나나이다.'라고 말하듯이 낮은 자존감이 있는 사람들에게 '예전에 받았던 상처를 인정하고 기억해 내십시오.'하고 말하면 그들은 다음과 같이 정색을 하며 말합니다.

"구태여 그럴 필요가 있나요? 다 지나간 일인데."

"기억하고 싶지도 않습니다. 생각하면 오히려 가슴만 아파요."

그러나 돌문을 옮기지 않으면 그 상처를 치유하는 예수님의 생명의 빛이 들어가지 못합니다. 마르다와 마리아는 오라버니의 장례로 마음뿐만 아니라, 몸도 지칠 대로 지친 상태입니다. 그런 연약한 상태에서 큰 돌문을 옮긴다는 것은 여간 어려운 일이 아닙니다. 그러나 그녀들은 예수님을 신뢰하고 돌문을 옮겼습니다.

그러자 예수님은 그 무덤 앞에서 하나님께 감사기도를 드린 후에 큰 소리로 명령하셨습니다.

나사로야, 나오너라!

예수님의 이 명령은 죽은 나사로를 살렸습니다. 당신의 삶과 인생도 이런 변화가 일어나기를 축복합니다.

우리는 나사로의 사건에서 또 한 가지 유의할 점이 있습니다. 예수님을 특별히 잘 믿고 예수님에게 특별한 사랑을 받는 사람도 병들 수 있고 고난을 당할 수 있다는 사실 말입니다.

고난과 학대를 당한 사람들 중에는 자신들이 하나님께 사랑을 받지 못해서 그런 일이 일어났다고 생각하는 사람들이 많습니다. 이 또한 부정적인 생각입니다.

당신이 그런 학대를 당하고 고난을 당한 것은 당신이 나빠서도 아니요, 하나님이 당신을 싫어하셔서도 아닙니다. 당신에게 아픔을 주고 학대를 한 사람이 나쁠 뿐입니다. 그런 사건이 당신에게 일어난 것은 세상이 병들고 죄로 가득차서이고, 당신에게 상처를 준 사람이 자유의지를 잘못 사용했기 때문이며, 그들 또한 치유 받지 못한 상처받은 사람들이기 때문입니다.

예수님을 잘 믿는다고 고난이 피해가지는 않습니다. 예수님은 제자들을 불러 모으실 때에 다음과 같이 말씀하시지 않았습니다.

"나를 따라오너라. 그러면 내가 너희들을 불의에서 지켜주고, 환난과 고통을 겪지 않게 하리라."

예수님은 제자들에게 오히려 다음과 같이 말씀하셨습니다.
너희가 세상에서 환난을 당하나 담대하라.

예수님의 제자들 중 사도요한을 제외하고는 모두 다 불의한 사람들로 인해서 억울한 죽임을 당하였습니다.

베드로는 우리가 다 알다시피 십자가에서 거꾸로 매달려 죽임을 당했고, 야고보는 헤롯 아그립바 1세에 의해 주후 44년 부활절 즈음에 예루살렘에서 참수를 당했습니다.

안드레는 주후 69년 11월 30일에 십자형을 받고 3일 동안 고통스럽게 매달려 있다가 순교를 하였습니다.

빌립은 그의 나이 87세 때 히에라볼리에서 십자가형으로 죽임을 당했고, 나다나엘도 빌립과 함께 십자형에 처하였으나 치안판사의 특별사면을 받아 죽음을 면하였지만, 아제르바이잔 지역에서 전도하다가 결국 주후 68년에 순교를 당하였습니다.

도마는 인도 남부 케랄라지역에 일곱 개의 초대교회를 세우고 창에 찔려 죽임을 당하였고, 마태는 이집트에서 죽임을 당하였습니다.

그 밖에 모든 제자들이 아무런 죄도 없이, 단지 예수님을 전파한다는 이유 하나만으로 억울한 죽음을 맞이하였습니다. 당신은 아무 죄도 없는 예수님의 제자들이 비참한 죽음을 당하는 것을 보며 다음과 같은 생각이 들 것입니다.

"왜 다른 사람들도 아니고 예수님의 제자들이 그렇게 죽는 것을 하나님은 보고만 계셨을까?"

"왜, 하나님은 다니엘을 사자 굴에서 구하듯이 그들을 구하지 않으셨을까?"

그 이유는 하나님만 정확하게 알 수 있습니다. 그런 의문스러운 일을 제자들뿐만 아니라 예수님 자신도 당하셨다는 사실을 잘 알고 계시지요?

예수님은 죄가 전혀 없으신 분이십니다. 주님은 남에게 해를 입히신 분이 아니라, 오히려 병든 자들을 고치시고, 죽은 자를 살리시고, 버림받고 상처받은 사람들을 감싸 안으신 분이십니다.

그런 분이 종교지도자들의 음모로 역적이나 강도들이 받는 형벌인 십자가형에 처하게 되었던 것입니다. 그들은 예수님을 십자가에 매달아 놓고 조롱하였습니다.

저가 하나님을 신뢰하니 하나님이 원하시면 이제 그를 구원하실지라. 그의 말이 나는 하나님의 아들이라 하였도다 하며… (마 27:43)

예수님은 종교지도자들과 많은 백성들의 조롱을 받으며 고통 중에 외치셨습니다.

나의 하나님, 나의 하나님, 어찌하여 나를 버리셨나이까.

예수님의 이런 처절한 절규에도 불구하고 하나님은 예수님을 구해 주시지 않았습니다. 하나님은 예수님이 불의의 피해자로 고통 받는 모든 사람들과 하나 되기를 원하셨기 때문에 아들의 울부짖음을 하늘 문을 닫고 외면하셨던 것입니다.

바울은 이 사건을 다음과 같이 묘사하고 있습니다.

자기 아들을 아끼지 아니하시고 우리 모든 사람을 위하여 내어주신 이가 어찌 그 아들과 함께 모든 것을 우리에게 주시지 아니하겠느냐. (롬 8:32)

하나님은 예수님을 십자가에서 구해 주시는 것보다 더 위대한 일을 계획하셨습니다. 바로 예수님을 만왕의 왕으로 죽음에서 부활시키는 계획이었던 것입니다. 또한 하나님은 아들이신 예수님 보다 당신을 더 사랑하신다는 사실을 증명해 보이고 싶었던 것입니다.

당신이 당했던 고난의 문제 또한 하나님의 이런 계획안에서 해답을 찾아야 할 것입니다. 지금은 당신이 당하는 고난이 이해가 가지 않지만, 그러나 당신이 믿음을 끝까지 붙든다면 결국에는 고난의 답을 기쁨으로 얻게 될 것입니다. 그래서 바울은 로마서 12장 2절에서 다음과 같이 권고하였습니다.

너희는 이 세대를 본받지 말고 오직 마음(생각)을 새롭게 함으로 변화를 받아 하나님의 선하시고 기뻐하시고 온전하신 뜻이 무엇인지 분별하도록 하라.

바울의 이 교훈은 우리의 사고를 하나님의 사고로 전환함으로써 변화가 일어난다고 격려하는 말입니다.

생각은 하나님과 사탄의 가장 큰 전쟁터입니다. 문제는 어느 쪽을 선택하느냐 하는, 선택의 문제입니다. 당신 안에서 하나님의 나라가 번성하기 위해서는 부정적인 생각을 바꾸고, 부정적인 자기 대화도 끊어야만 합니다. 생각을 새롭게 하고 부정적인 대화를 끊는 결단은 마음속에서 계속하여 돌아가는 부정적인 테이프를 끊는 것입니다.

"나는 다른 사람들에게 사랑이나 인정을 받을 수 없어. 나는 멍청하거든."

이런 부정적인 자기 대화를 성경적인 관점으로 바꾸는 것입니다.

"내가 하나님을 의지하고 노력한다면 사랑받는 인물이 될 거야. 그리고 무엇보다 하나님이 나를 인정해주시니 나는 부족함이 없어."

이렇게 생각을 새롭게 하면 합리적이고 긍정적인 테이프가 비합리적이고 부정적인 테이프를 압도하게 됩니다.

어릴 때 학대를 받았다거나, 상처를 받고 성장하였거나, 너무나 오랫동안 고통 중에 있다면 자신도 모르게 부정적인 사고방식이 자리 잡게 됩니다. 그래서 쉴 새 없이 부정적인 대화가 마음속에서 돌아가는 것입니다.

"나만 버림받은 기분이야. 나만 불행해."

"이런 일을 당하는 것을 보면 하나님이 나를 버렸어."

"기도해도 소용이 없어, 아무것도 변하지 않아."

이렇게 환경이나, 사건을 부정적으로만 해석을 하고 말을 하면 마귀가 당신을 주장하게 됩니다. 그래서 심한 우울증과 낮은 자존감의 무덤에 갇히는 것입니다. 낮은 자존감의 무덤에서 부활을 하려면 어떤 상황에서도 부정적인 말을 하지 말고 끝까지 소망을 붙잡아야 합니다.

〈세 나무 이야기〉라는 동화책이 있습니다.

　이 책에는 올리브나무, 떡갈나무, 그리고 소나무가 등장합니다. 너무나 아름다운 이야기라서 아래에 소개합니다.

　이들 나무는 각자 특별한 존재가 되겠다는 큰 꿈을 품고 있었습니다. 올리브나무는 정교하고 화려한 보석 상자가 되어 그 안에 온갖 보물을 담는 꿈을 품고 자신의 꿈이 이루어지도록 날마다 기도하였습니다.
　어느 날 나무꾼이 숲의 수많은 나무 중에서 그 올리브나무를 선택하여 베었습니다. 올리브나무는 자신의 몸이 베어지는 아픔보다는 자신의 꿈이 이루어지는 기대에 가슴이 벅찼습니다. 그런데 시간이 지남에 따라 자신의 모습이 이상하게 만들어지는 것을 느낄 수가 있었습니다.
　올리브나무는 아름다운 보석 상자가 될 기대에 부풀었지만, 더럽고 냄새나는 짐승의 먹이를 담는 구유로 만들어졌던 것입니다. 올리브 나무는 자신의 기도가 산산조각이 난 것에 대해서 몹시 절망하고 화가 났습니다. 올리브 나무는 하나님께 불쾌한 심정을 토로하며 따졌습니다.
　"하나님 내가 언제 더럽고 냄새나는 짐승의 먹이통이 되게 해 달라고 했습니까? 세상에서 가장 아름답고 귀한 보석을 담는 보석함이 되게 해 달라고 했지요."
　그러나 하나님은 침묵으로 응답하셨습니다.

　이번에는 떡갈나무 이야기를 하겠습니다.
　떡갈나무는 나라에서 제일 높은 절대 권력의 주인공인 왕을 신고 다니는 배의 일부가 되는 것이 꿈이었습니다. 그 떡갈나무도 어느 날 나무꾼이 와서 베어갔습니다. 그리고 목수에게 넘겨졌습니다. 떡갈나무는 자신이 왕을 싣고 다니는 큰 배가 되어서 당당하게 바다를 떠다니는 모습을 상상하며 몹시 마음이 설레었습니다.

그러나 머지 않아 나무꾼이 자신으로 조그만 낚싯배를 만들고 있음을 알았습니다. 떡갈나무는 슬픔의 눈물을 흘리며 탄식하였습니다.

마지막으로 소나무 이야기를 할 차례입니다.

소나무는 산꼭대기에 당당하게 서 있으면서, 사람들에게 늘 변함없는 지조와 정조 , 그리고 하나님의 위대한 창조의 섭리를 일깨워 주는 것이 꿈이었습니다. 그런데 어느 날, 순식간에 번개가 치더니 소나무를 새까맣게 태우고 쓰러뜨리고 말았습니다. 소나무의 꿈도 새까맣게 타고 말았습니다.

얼마 후에 나무꾼이 쓰러진 소나무를 가져다가 쓰레기 더미에 던져 버렸습니다. 완전히 버림받은 절망감 때문에 소나무는 탄식하며 하나님을 원망하였습니다.

"하나님, 왜 나를 이렇게 비참하게 만들었나요? 왜, 나를 버리셨죠?"

그러나 하나님은 아무런 대답이 없었습니다. 세 나무들은 모두 자신들의 꿈이 깨어지고, 기도의 응답이 거꾸로 된 것에 대해서 몹시 화가 났습니다. 그리고 모두가 꿈을 포기하고 말았습니다.

그렇게 또 세월이 흘렀습니다.

어느 겨울날, 날씨는 쌀쌀했지만 하늘에는 아름다운 별들이 금가루를 뿌려놓은 것 같이 빛을 발하고 있었습니다. 그 중에는 특별히 크고 밝은 별이 있었는데 그 별은 구유가 되어있는 올리브나무가 있는 외양간을 비추고 있었습니다.

바로 그 때에 젊은 부부가 들어왔습니다. 그들은 바로 마리아와 요셉이었습니다. 놀랍게도 마리아는 외양간에서 해산을 하였습니다. 그리고 아기 예수님을 올리브나무로 만들어진 구유에 누였습니다.

올리브 나무는 꼭 꿈을 꾸는 것 같았습니다. 자신의 품에 예수님이 안긴 것입니다.

이때 하나님의 음성이 들렸습니다.

"올리브 나무야! 아름다운 보석 상자가 되고 싶다고 했지? 보석 중에 보석은, 바로 내 아들 예수란다."

올리브나무는 감격의 눈물만 흘릴 뿐 아무 말도 하지 못했답니다. 올리브나무는 보석함 중에 보석함이 되었던 것입니다.

그 아기 예수님은 시간이 흐를수록 키와 지혜가 자라가셨습니다. 그리고 멋진 30세 청년이 되었습니다. 어느 날 예수님은 수많은 사람들에게 천국 복음을 설교하시려고 베드로의 배에 올라타셨습니다. 그 배는 작고 초라한 낚싯배였습니다. 바로 떡갈나무로 만들어진 배였죠.

예수님이 배에 올라타시자, 떡갈나무는 가슴이 터지는 것 같았습니다. 바로 왕 중에 왕이 자신의 몸에 올라타셨기 때문입니다.

278

떡갈나무도 이때 하나님의 음성을 들었습니다.

"애야, 왕을 태우는 큰 배가 되고 싶다고 했지? 예수는 온 우주의 왕이니라."

하나님은 떡갈나무에게 한 나라의 왕이 아니라, 온 우주의 왕을 태우는 영광으로 응답을 하신 것입니다.

이제, 소나무가 남았나요? 그럼 소나무 이야기도 하죠.

벼락을 맞고 새까맣게 타서 쓰레기더미 위에 버림을 받은 소나무는 날마다 눈물을 흘리며 자신의 신세를 탄식하였답니다. 그런 어느 날 몇몇 로마 병사들이 이 소나무가 버려진 쓰레기더미에서 뭔가를 부지런히 찾고 있었습니다. 이에 소나무는 곧 땔감 신세가 되겠거니 생각했습니다. 로마병사들은 소나무를 발견하고 소리쳤습니다.

"여기 좋은 재료가 있네!"

그들은 소나무를 질질 끌고 가서 두 조각으로 나누어서 십자가를 만들었습니다. 그리고 그 죄 없으신 예수님을 나무에 못 박기 시작했습니다. 예수님의 고통과 아픔이 소나무에게 고스란히 느껴졌습니다. 소나무 자신이 버림받았다는 고통은 거기에 비하면 아무것도 아니었습니다. 소나무는 뜨거운 눈물을 흘리며 하나님께 기도했습니다.

"하나님 용서해 주세요. 제가 철이 없었습니다. 예수님의 십자가를 만들기 위한 하나님의 섭리는 모르고 원망만 했어요."

소나무는 십자가가 되어서 변하지 않는 하나님의 사랑을 증거하는 영원한 사랑의 증표가 되었습니다.

이 이야기의 핵심은 기도의 응답이 다르게 되어도 하나님의 사랑과 계획을 의심하거나 포기하지 말 것을 말하고 있습니다. 하나님은 결국 더 좋게 하십니다. 그래서 성경은, 하나님은 우리보다 더 생각이 높으시니 우리가 함부로 불평하지 말라고 하시는 것입니다.

"여호와의 말씀이 내 생각은 너희 생각과 다르며 내 길은 너희 길과 달라서 하늘이 땅보다 높음같이 내 길은 너희 길보다 높으며 내 생각은 너희 생각보다 높으니라." (사 55:8-9).

다음의 PO 차트는 인지치유에서 사고를 전환할 때 사용하는데, 부정적인 생각을 긍정적인 생각으로 바로 잡는데 많은 도움을 줄 것입니다.

리치필드의 PO 차트(Put Off / Put On Chart by Litchfield)

사건 :

옛 것을 찾아내기
- 고통스러운 감정, 부적절한 행동, 또는 옛 신념/사고:

옛 신념 논쟁하기
(만일 세 가지 이상 부정적인 답이 나오면 비합리적인 사고임)

- 그것이 사실(실제, 진리)인가? 예 / 아니오.
  그 이유는?

- 그것이 나를 자라게 하는가? 예 / 아니오.
  그 이유는?

- 그것이 나의 목표를 이루도록 도와주는가? 예 / 아니오.
  그 이유는?

- 그것이 나로 하여금 다른 사람들에게 부적절한 갈등을 하지 않게
  하는가? 예 / 아니오.
  그 이유는?

새로운 신념을 찾아내기
- 진리

옛 것을 벗어 버리기(Put Off)

새 것을 입기(Put On)
- 올바른 신념/사고

- 올바른 행동

- 올바른 감정

PO 차트 사례

사건 :

아버지는 내가 어렸을 때, 좀처럼 칭찬이나 격려를 하지 않으셨고, 늘 나를
못마땅하게 생각하시며 나를 쓸모없는 놈이라고 말씀하셨다.

옛 것을 인정하기

- 감정:
  - 나는 아버지에게 화가 났다. 그러면서도 아버지에게 인정을 받고 싶었다.
  - 나는 내가 멍청하다고 생각했다.
- 부적절한 행동:
  - 될 수 있으면 아버지를 피하고 말을 하지 않았다.

거짓 신념과 사고

- 나는 멍청해서 성공할 수 없고, 사랑을 받을 자격이 없다.

옛 신념과 사고 논박하기

- 그것은 사실(현실, 진리)인가? (아니오)
  왜 그런가? 육신의 아버지는 나를 인정하지 않았지만, 하나님은 나를 있
  는 그대로 조건 없이 사랑하시기 때문이다. 나도 믿음을 붙들고 노력하면
  성공할 수 있다.

- 그것은 나의 성장에 도움이 되는가? (아니오),
  왜 그런가? 그런 사고는 낮은 자존감을 형성하게 해서 부정적인 사고와
  소극적인 태도를 가지게 하기 때문이다.

- 그것은 나의 목표를 이루는 데 도움이 되는가? (아니오),
  왜 그런가? 나의 본 가치를 보지 못하고 다른 사람의 판단에 나의 가치를
  두기 때문이다.

- 그것은 나의 대인관계에 도움이 되는가? (아니오),
  왜 그런가? 아버지에게 화를 내고 아버지를 피하듯이, 다른 사람들과의
  관계에서도(특히 권위자들에게) 부정적인 거부반응을 나타낼 수 있기 때
  문이다.

새로운 신념/ 사고 인정하기

- 현실/진리
  - 내가 아버지에게 사랑받지 못한 것은 내 잘못이 아니다.
  - 나는 하나님께 깊이 사랑받고 있다. 그러므로 나는 하나님의 사랑으로 다른 사람을 용서하고 사랑할 수 있다(요일 4:9-11).
  - 하나님은 내가 어떤 일을 성취여부로 판단하시지 않으시고 그냥 있는 그대로 나를 전적으로 받아주신다(골 1:19-22).

옛 것을 벗기

- 아버지에 대해 용서치 않은 마음과 분노를 고백한다.
- 아버지에 대한 분노, 두려움을 끊는다. 그리고 낮은 자존감을 거부한다.

새 것을 입기

- 올바른 신념/사고
  - 하나님의 무조건적인 사랑에 대한 진리를 고백하고 그것을 마음으로 믿는다.

- 올바른 행동
  - 아버지를 용서하고 할 수 있는 한 아버지를 돕고 효도를 한다.
  - 아버지를 존중하며 사랑표현을 자연스럽게 한다.
  - 아버지에게 사랑을 받고 인정을 받고 싶었으나, 아버지가 사랑을 표현해 주지 않으시고 인정을 해 주지 않으셔서 마음이 아팠다고 설명을 드린다.
  - 그래도 아버지를 존경하고 사랑한다고 말을 한다.

- 올바른 감정
  - 아버지에게 인정과 사랑을 받고 싶었지만, 아버지는 적절한 사랑과 격려를 하지 못하시는 분이시다. 그래도 그 분은 나에게 소중한 아버지이시고, 하나님께 사랑을 받는 사람이다.
  - 아버지가 나를 멍청하다고 판단하였지만, 그것은 아버지의 편견과 잘못된 시각 때문이었다. 나는 나만의 개성과 특징을 하나님으로부터 받았다. 하나님은 나를 도울 것이며 나는 반드시 성공할 수 있다. 그 이유는 하나님은 나와 함께 하시는 분이시기 때문이다.

용서하라.

 어느 날 정신치료 전문의가 인턴들을 데리고 회진하고 있었습니다. 한 병실 문 앞에서 담당의사는 인턴들에게 그 방에 있는 환자에 대해 설명했습니다.

"이 환자는 전형적인 우울증 환자라네. 화학적으로나 뇌에도 이상이 없지. 우울증의 원인은 사랑하는 애인에게서 받은 배반감 때문이야. 그는 자기 목숨처럼 사랑하는 아가씨에게 청혼을 하고 드디어 결혼을 3일 앞두고 있었는데, 그만 그 애인이 도망을 가서 다른 남자와 결혼을 하였다네.

이 사람은 그 충격과 상실로 인해 우울증에 걸렸는데, 벌써 여기 온 지가 3년이 되었지. 그동안 회복될 기미가 없어보였는데, 다행이 도망간 애인을 용서하는 결심을 한 후 부터는 조금씩 차도를 보이고 있지. 곧 회복될 것 같아."

 인턴들은 담당의사의 말과 환자를 관찰한 내용을 자세히 기록하였습니다.

 그 방에서 나온 의사는 이번에는 복도 끝 쪽에 있는 다른 방으로 갔습니다. 의사는 그 방 앞에서 그 안에 있는 환자에 대해서도 설명했습니다.

"이 방에 있는 환자는 스트레스로 인한 우울증 환자야. 그 상태가 완전히 무력한 상태라 침대에서 일어나지도 못하고 있지. 현재로는 어떻게 손을 쓸 수 없을 정도라네."

 담당의사의 말에 인턴들이 물었습니다.

"이 사람의 애인도 결혼을 며칠 앞두고 도망갔습니까?"
인턴들의 질문에 담당의사는 한숨을 쉬면서 대답했습니다.
"휴~. 이 사람이 바로 아까 그 도망간 약혼녀와 결혼한 남자라네."

용서!

정말 용서만큼 어려운 일도 없을 것입니다. 결혼을 3일 앞두고 다른 남자와 눈이 맞아서 도망 간 애인을 용서하기란 얼마나 어려운 일일까요? 자기 목숨처럼 사랑했는데, 그 여자를 위해서라면 죽을 각오도 하였는데, 그런데 그런 자신의 순수한 사랑을 헌 신짝처럼 버릴 수 있는지, 그것도 온 일가친척들, 친구들, 지인들이 알게 결혼 3일전에 도망을 간 애인을 용서하기가 얼마나 어려웠을까요?

성경에는 용서할 수 없는 사람들을 용서한 위대한 인물들이 여러 명 나옵니다. 그 중에 대표적인 인물은 요셉과 입다 그리고 욥입니다.

입다는 원치 않는 아이로 태어났습니다. 그의 아버지는 알콜 중독자였을 가능성이 많고, 그의 어머니는 술집 여자였습니다. 그들은 아이를 원하지 않았습니다. 그냥 재수 없게 임신이 되었던 것입니다.

그래서 엄마는 그 어린 핏덩어리를 남자의 집 앞에 던져버리고 도망을 갔고, 아버지는 본처가 있고 자식들이 있는 사람이라 입다에게 관심을 두지도 않았습니다. 결국 입다는 그 집에서 쫓겨나서 황량한 벌판에서 혼자 하나님 앞에 섰습니다.

욥은 하나님이 인정할 정도로 정직하고 의로운 사람이었습니다. 그런데 마귀의 농간으로 하루아침에 온 재산을 잃고, 열 명의 자녀들을 잃었습니다. 그는 건강도 잃고 명예도 잃었습니다. 가장 큰 의지가 되어야 할 아내마저 '차라리 하나님을 원망하고 죽으라.'악담을 합니다. 친구들도 처음에는 욥을 위로하는 척 하더니 이내 욥을 비난하기 시작하였습니다.

정말 기가 막혀서 말도 나오지 않고 숨조차도 쉬기 어려운 욥에게 친구들은 다음과 같이 비난을 해 댑니다.

"욥, 자네는 위선자이네. 다른 사람들이 볼 때에는 의롭고 정직한 사람인 것 같지만, 하나님이 볼 때 숨겨진 죄가 있기 때문에 이런 환난이 온 것일세. 회개하게. 가난한 자를 학대하고, 남의 집을 빼앗기 때문에 자네가 이런 고난을 당하는 것일세."

욥은 친구들의 비난처럼 위선자이거나 남을 학대하거나 남의 재산을 빼앗는 못된 인간이 아닙니다. 욥은 '그와 같이 순전하고 정직하여 하나님을 경외하며 악에서 떠난 자가 세상에 없느니라.'는 하나님의 칭찬을 받은 사람입니다. 그런데 친구들은 욥이 가장 위로가 필요하고 격려가 필요할 때에 거짓말을 지어서까지 비난을 해댔던 것입니다.

그런 친구들을 용서하기가 그리 쉬운 일일까요? 그런데 하나님은 왜 그렇게 어렵고도 힘든 용서를 우리들에게 강요할까요? 그것도 한 번도 아니고 일흔 번씩 일곱 번이라도 용서하라고 말입니다. 그 이유는 다음과 같습니다.

첫째, 용서를 하지 않으면 귀신의 공격을 받아서 인생이 황폐해 지기 때문입니다.

나는 알코올중독자와 정신질환자를 전문으로 치료하는 한라병원에서 원목으로 섬긴 적이 있습니다. 그 곳에서 사역을 하면서 내심 놀라고 가슴 아팠던 일은 그 병원에 예수님을 믿는 신자들이 많았다는 사실입니다.

그 곳에는 집사님, 장로님, 목회자 사모들과 자녀들이 있었습니다. 상담 결과 그분들이 그 지경까지 된 것은 마음에 용서하지 못하는 증오심이 있었고. 용서에 대한 그릇된 가르침 때문에 혼란을 겪어서였습니다. 그로 인해 마귀는 그들의 정신과 믿음, 육체를 공격하여 피폐하게 만들었던 것입니다.

둘째, 용서를 하지 않으면 하나님의 예비 된 축복을 받을 수 없습니다.

하나님은 우리들에게 꿈과 같은 축복을 주시기를 원하시는 분이십니다. 고린도전서 2장 9절은 다음과 같이 말씀하고 있습니다.

하나님이 자기를 사랑하는 자들을 위하여 예비하신 모든 것은 눈으로 보지 못하고 귀로도 듣지 못하고 사람의 마음으로도 생각지 못하였다 함과 같으니라.

눈으로 보지 못하고, 귀로도 듣지 못하고, 마음으로 생각지 못했던 축복은 꿈과 같은 축복을 말하는 것입니다. 그런데 이런 꿈같은 축복을 우리들이 누리지 못하는 이유는, 여러 가지 원인이 있겠지만 그 중에 하나가 바로 용서하지 못해서인 것입니다.

요셉이 용서할 수 없는 형들을 마음으로 용서를 할 때 하나님은 그에게 국무총리가 되는 축복을 주셨습니다. 요셉은 고등교육을 받은 지식인이 아닙니다. 그는 노예였습니다. 또한 그는 애굽 사람도 아닙니다. 그는 히브리인이었습니다. 그런 그가 자기 나라도 아닌 타국에서 국무총리가 된다는 것은 꿈과 같은 일입니다.

입다는 자신을 멸시하고 유린하고 왕따를 시킨 부모형제와 마을 사람들을 용서하고, 그들을 위하여 목숨을 걸고 전쟁에 나가서 싸웠습니다. 그래서 하나님은 그에게 '사사'라는 직책을 주었습니다.

사사란 여호수아가 죽고 아직 왕이 없던 시대에 하나님께서 세우신 제도입니다. 사사는 이스라엘 백성의 가나안 점령에서부터 왕국 설립 때까지 하나님의 대표자로 신적 권위를 가지고 있었습니다. 또한 이스라엘을 다스리고 재판하며, 이방 군대의 침입에서 보호하는 지도자인 것입니다.

입다가 사사가 된 것은 꿈같은 일이었습니다. 왜냐하면 입다는 기생의 아들이며 서자이기 때문에 당시에는 말단 공무원도 될 수 없었습니다. 그것은 당시의 법적으로도 그렇게 정해져 있었습니다. 그런데 입다가 말단 공무원도 아닌, 왕권, 군사권을 가진 최고의 지도자가 된 것입니다.

욥은 자신을 비난하고 능욕하던 친구들을 용서할 때에 하나님이 예비하신 갑절의 축복을 받았습니다.

하나님이 당신에게 용서를 권하는 이유는 이런 꿈같은 축복을 주시기 위함입니다. 용서하지 못함으로 하나님의 꿈같은 축복을 거부하지 마십시오. 만약에 요셉이 자신을 노예로 팔았던 형제들을 용서하지 못했다면 그는 그냥 재수좋게 성공한 사람일 뿐입니다. 아무도 그를 존경하지 않았을 것입니다.

입다 또한 그를 무시하고 비난하고, 유기하였던 사람들을 용서하지 못했다면 그는 기생의 아들로 인생을 끝냈을 것입니다.

당신의 인생을 역전시키고 싶으십니까? 그러면 당신에게 상처를 준 사람을 용서하십시오. 물론 일흔 번씩 일곱 번이라도 끝임 없이 용서해야 합니다. 그래야 관계를 유지할 수 있고 가정을 지킬 수 있습니다.

셋째, 용서를 해야 참된 자유와 행복을 얻습니다.

낮은 자존감을 가지고 있는 사람들은 보통 자신을 싫어합니다. 그 이유 중에 하나는 자기 자신에게서 상처를 준 사람의 모습을 보기 때문입니다. 알코올 중독과 구타하는 아버지가 죽도록 싫었는데, 어느 사이에 자신이 알코올 중독자가 되었거나, 처자식을 구타하는 폭행자가 되어있는 것입니다. 이런 징그러운 모습에서 해방되기 위해서는 자신을 학대했던 알코올 중독자인 아버지를 먼저 용서해야 합니다. 그래야만 그 모습이 나에게서 떠나갑니다.

너무 오랫동안 미움의 감정을 깊이 감춰 두면 내가 그 사람과 같은 사람이 될 뿐만 아니라, 하나님과의 조화로운 관계도 파괴되고, 또한 원만한 대인관계에도 문제가 생기게 됩니다.

당신이 어느 날 직장 동료에게 악의 없이 말을 했는데 그가 버럭 화를 내면서 과민성 반응을 보이는 것을 보면서 당황한 적은 없습니까? 그 때 당신은 당황하면서 '저 친구가 왜 저래?'하며 의아해했던 적이 있을 것입니다. 그가 그렇게 과민성 반응을 보인 것은, 당신의 말속에서 자신이 과거에 받았던 쓰라린 상처가 되살아났기 때문에 마음이 상했던 것입니다.

이렇듯 숨겨진 상처와 분노는 어느 날 뜻하지 않는 방향에서 터질 때가 많습니다. 특히 가장 가까운 배우자와 자녀들에게 그 상처를 폭발시키게 되어서 천국이 되어야 할 가정이 지옥으로 변하게 되는 원인이 됩니다.

정말 행복한 부부가 되고 행복한 가정을 이루고 싶습니까? 그러면 용서하십시오.

용서는 예수님께서 우리들에게 하신 명령입니다. 예수님은 제자들에게 '주기도문'을 가르치실 때에 '우리가 우리에게 죄 지은 자를 사하여 준 것 같이 우리 죄를 사하여 주옵시고…'라고 기도하라고 하셨습니다.

이 말씀의 뜻은 무엇입니까? 우리가 우리에게 죄를 지은 자를 용서하지 않으면, 우리도 우리가 지은 죄를 하나님께 용서함을 받지 못한다는 말입니다. 그러면 우리는 기도 응답을 받을 수 없을 뿐만 아니라, 하나님께서 예비해 놓으신 꿈과 같은 축복을 받을 수도 없게 된다는 말씀입니다. 그래서 예수님은 주기도문을 다 가르치신 후에 바로 다시 용서에 대해서 강조하셨던 것입니다

너희가 사람의 과실을 용서하면 너의 천부께서도 너희 과실을 용서하시려니와, 너희가 사람의 과실을 용서하지 아니하면 너희 아버지께서도 너의 과실을 용서하지 아니하시리라. (마 6:14-15)

비록 사랑하는 애인이 결혼 3일 전에 다른 남자의 손을 잡고 도망을 갔다고 하더라도 용서를 해야 합니다. 그런 여자는 결혼을 해도 언젠가는 도망을 갈 여자입니다. 앞의 예에서도 보았듯이, 그 여자와 결혼을 한 남자가 더 회복가능성이 없는 우울증에 빠졌다는 사실을 기억하십시오.

하나님은 이것을 미리 아시고 그 여자로 하여금 도망을 가게 하였던 것입니다. 어쩌면 그 여자가 도망간 일을 감사해야 될 지도 모르겠습니다. 그래서 성경은 '범사에 감사하라.'고 하는 것입니다.

배반당한 남자가 도망간 애인을 용서하지 않았다면 그는 정신병원에서 평생을 보내야만 하였을 것입니다. 그러나 그가 용서를 결단하자 우울증의 늪에서 벗어나게 되지 않습니까.

당신도 낮은 자존감의 지옥에서 벗어나려면 용서하기를 서둘러 결단하십시오.

상처를 준 사람을 떠나보낸다.

나에게 상처를 준 사람을 용서했으면 이제는 떠나보내야 합니다. 당신이 진정으로 성장하고 성숙하기 위해서는 당신에게 상처를 주고 낮은 자존감을 준 대상을 떠나보내고 자유로워져야 합니다.

그들이 당신에게서 떠나는 모습을 상상하며 손을 흔들어

주십시오. 당신으로 인하여 한때 내가 몹시 힘들고 아팠지
만 이제는 그 굴레에서 벗어나 자유인이 되었다고, 이제는
상처의 영향을 받지 않고 성경의 진리대로 살게 되었다고,
그래서 당신을 떠나보낸다고 손을 흔들어주십시오.

 상처를 준 사람을 떠나보내기 위해서, 과거에 당신에게 상
처를 주었던 인물과 관계된 장소를 찾는 것도 좋습니다. 그
장소에서 그 사람에게 말하십시오. 나는 이제 당신에게서
자유로워졌다고, 더 이상 당신에게 영향을 받지 않는다고
말입니다.

 부모님의 무덤을 찾아가서 말하는 것도 좋습니다. 어찌되
었든 나를 낳아주셔서 감사하다고, 뒤늦게 원망 없이 부모
님을 떠나보내게 되어서 다행이라고. 평안하게 잘 지내시라
고 말한 후에 모든 과거를 그곳에 두고 오십시오.

 이제 과거의 인물과 관계 맺으며 형성된 과거의 초라한 자
기도 떠나보내야 합니다. 약하고, 비겁하고, 우유부단하고,
겁 많고, 의심 많고, 쉽게 분노하고, 외롭고, 수치심으로 부
끄러워하고, 이기적이고, 징징 울어대는 아이를 이제는 떠
나보내야 합니다. 그 아이의 손을 다정하게 잡고 위로한 후
에 떠나보내십시오.

 너무 슬퍼하지 말라고, 오랫동안 나와 함께 했지만 이제 나
는 성숙한 성인으로 살기로 했다고 말입니다. 이제는 더 이
상 유아기로 퇴행하지 않을 터이니 너무 섭섭히 생각하지

말라고 위로하며 보내십시오.

 사실 예전의 모습은 거짓 선지자들이 만들어낸 나와 비슷한 유사품이며 인형이었습니다. 우리는 오래도록 부모나 교사가 성장기 내내 만들어 낸 틀 안에 주입한 납으로 인해 만들어진 인형처럼 살았습니다. 이제 그 생명 없는 밀납 인형을 떠나보내고, 하나님의 형상인 왕의 모습을 회복해야 합니다. 이제 왕의 자녀답게 온유하나 당당한 모습으로 살겠다고 결심하십시오.

03

내적치유를 위해 기도하는 방법

낮은 자존감과 마음의 상처를 치유하는 방법은 여러 가지가 있습니다. 정신분석 치료, 대인관계분석 치료, 행동수정 치료, 약물 치료, 자기 양육법, 음악치료, 미술치료, 이마고 부부 대화법 치료, 등등이 있습니다. 위의 치료법들은 각각 특색이 있고 나름대로 좋은 효과도 있습니다. 그러나 완전하지 않고 한계가 있습니다.

그래서 기독교 치유 상담자들은 '내적치유기도'를 해 줌으로써 예수님을 직접 만나게 하고, 그분의 위로하는 음성을 듣게 함으로써 마음의 상처를 치유하고 있습니다. 나 또한 이 방법이 유익하며 좋은 효과가 있음을 인정하기 때문에 이곳에서 간단하게 소개하고자 합니다.

먼저 당신이 왜 내적 치유기도를 해야 하는지를 알아보는 것이 좋겠습니다.

〈내적치유와 영적성숙〉의 저자 마이크 플린과 더그 그레그는 내적치유기도를 받아야 하는 증상을 다음과 같이 말하고 있습니다.

- 분노의 감정을 쉽게 느낀다. 때로는 그 분노의 감정을 자신도 감당하지 못할 정도로 폭발시킨다.
- 감정이 자주 바뀐다. 그래서 주위사람에게도 불편함을 준다.
- 사람을 새롭게 사귀기가 힘들고 대인관계가 어렵다.
- 복통, 두통, 빈혈 등과 같은 육체적 통증을 자주 느낀다.
- 매사에 의욕이 없으며 부정적이다.
- 하나님의 사랑이 믿어지지 않는다.
- 낮은 자존감, 열등감, 두려움, 수치심, 우울증, 도피증상이 있다.
- 알코올, 도박, 섹스, 도벽, 거짓말, 폭력, 관계중독 등등의 중독증상이 있다.
- 배우자를 비롯하여 사람들을 믿지 못하는 경향이 있다.
- 내 자신이 무가치하게 느껴지고 차라리 태어나지 않았으면 하는 생각이 든다.
- 정당한 이유 없이 다른 사람을 심하게 비난하는 경향이 있다.

이 외에도 여러 증상이 있지만, 당신에게 이런 증상이 있다면 내적치유 기도를 받는 것이 좋습니다. 요즘은 여러 곳에서 내적치유 세미나를 하고 있습니다. 그런 곳을 잘 선택하여서 참석하여 기도를 받으면 좋은 효과를 얻을 수 있을 것입니다. 시간이나 여건상 내적치유 세미나에 참석할 수 없는 분들을 위해서 나는 이 책에서 자신이 직접 내적기도를 하는 방법을 소개하고자 합니다.

자신을 보호하는 기도를 하라.

내적기도에 앞서서 먼저 자신을 보혈로 덮는 기도를 하여야 합니다. 왜냐하면 마귀는 할 수 만 있으면 당신을 방해하고, 망하게 하기 위해서 수단 방법을 가리지 않기 때문입니다. 또한 마귀는 예수님의 형상과 음성을 흉내 내서 거짓된 정보와 음성을 들려줄 수도 있습니다. 그래서 자신을 보호하는 기도와 예수님의 보혈과 전신갑주를 입어야 합니다. 다음과 같은 기도를 따라하십시오.

"주님, 예수님의 보혈과 전신갑주로 저의 온 몸을 덮고 싶습니다. 악한 사탄이 공격하지 못하도록 저를 지켜주시고 온전한 치유가 일어나도록 도와주옵소서. 사탄아! 나는 예수님의 보혈과 전신갑주로 내 온 몸을 덮었다. 너는 나를 공격하여 결코 쓰러트리지 못함을 선포하노라."

성령님의 인도하심을 구하고 임재하심을 받아들여라.

내적기도를 효과적으로 하기 위해서는 성령님의 도움이 절대적으로 필요합니다. 그래서 예수님도 병자를 고치시거나 귀신을 쫓아내실 때 성령님을 의지하였습니다. 성령님께 이렇게 기도하십시오.

"성령님, 이제 제가 옛 상처에서 고침 받고 자유로워지고자 합니다. 저의 인격과 성품, 대인관계, 그리고 주님과 걸림돌이 되는 것이 무엇인지 알려주시기를 부탁드립니다. 성령님, 지금까지 저에게 부정적인 영향을 끼치는 상처는 무엇이며, 언제 그런 상처를 받았는지도 떠오르게 해 주십시오."

이렇게 기도한 후에 성령님께서 당신의 영혼과 심령에 임재하시고, 당신이 치유 받아야 할 상처를 떠오르게 할 때까지 조용히 기다리십시오.

상처받은 사건을 기억하고 당시의 그 상황으로 들어가라.

눈을 감은 채 아무 생각을 하지 말고 성령의 강력한 역사 속에서 과거의 기억 속으로 되돌아가 가장 중요하며 기억에 남아 있는 상처를 떠오르게 해야 합니다. 어쩌면 상처를 받았던 기억이 잘 떠오르지 않을지도 모릅니다. 그 이유는 당신 스스로가 그 충격과 상처에서 자신을 보호하기 위해서 감정을 억압하였기 때문입니다. 이럴 때는 성령님께 다시 도움을 요청하십시오.

"성령님, 보여 주시고 기억나게 해 주세요. 내 인격과 성격에 영향을 주었던 상처가 언제부터 시작되었습니까? 이제 낮은 자존감의 뿌리를 제거하고 주님의 형상을 닮아가려고 합니다. 성령님 도와주세요."

이렇게 기도를 하면서 기다리면 성령님은 당신의 마음에 당신에게서 다루어야 할 상처들을 기억나게 해 주실 것입니다. 어머니 태중에서부터 지금까지 가장 강하게 떠오르는 기억을 집중하되 가능하면 아주 어릴 때, 태중의 깊은 상처 속으로 가기를 성령님께 맡겨야 합니다.

일중독과 우울증에 빠졌던 은진이라는 자매가 있었습니다. 그녀는 심한 우울증 때문에 몇 번의 자살 기도를 하였고, 실어증 증세까지 있었습니다. 그녀는 심한 우울증에 걸리기 전에는 하루에 3시간 이상을 잠도 자지 않고, 쉴 새 없이 일만 하는 일 중독자였습니다. 그녀가 이렇게 쉴 새도 없이 일을 하는 원인은 마음 한 구석에서 끊임없이 들려오는 목소리 때문이었습니다. 그 목소리는 다음과 같이 속삭였습니다.

"너는 살 가치가 없는 인간이야, 차라리 죽어버려."

"너는 실패작이야, 어떤 일을 해도 성공할 수 없을 거야."

그녀는 이런 목소리를 거부하고 자신이 가치 있는 사람이라는 것을 증명하여야 한다고 생각했습니다. 그래서 잠자고 밥 먹는 시간도 아까워하며 일에 매달렸습니다.

주위 사람들은 긍정적으로는 그녀를 부지런한 사람이며 적극적인 사람이라고 평했고, 부정적으로는 그녀를 일중독에 걸린 완벽주의자라고 평했습니다. 그녀는 일에 매달리면 매달릴수록 마음에 절망감이 엄습했습니다.

그녀는 똑똑했고 유능했습니다. 그런데 이상하게도 그녀가 만나는 남자들은 형편없는 건달들뿐이었습니다. 그녀는 미친 듯이 일해서 번 돈을 그 형편없는 남자들에게 다 빼앗겼습니다.

나는 그녀와 상담을 면서 놀라운 사실을 알게 되었습니다. 그녀의 엄마는 고등학교 3학년 여름 방학 때 해변에서 만난 사람과 사랑도 없이 술기운에 이끌려 잠자리를 같이하였다는 사실이었습니다. 은진이 자매는 10대 미혼모의 '원치 않는 아이'로 태어났던 것입니다.

그녀가 내적 기도를 받으며 '성령님, 왜 제 마음에는 평안이 없고 늘 죽고 싶은 생각만 떠오를까요?'라고 질문을 하자, 성령님은 그녀가 엄마의 복중에 있을 때, 태아인 상태의 모습을 보여주었습니다. 아기는 숨도 제대로 쉬지 못하고 공포로 몸을 잔뜩 웅크리고 있었습니다.

"죽어버려! 왜 네가 생긴 거야? 나는 너를 원치 않아, 죽어, 죽어버리란 말이야."

엄마는 이렇게 소리치면서 배를 주먹으로 사정없이 쳤습니다. 은진이 자매는 이런 가슴 아픈 기억을 떠올리며 몸부림치면서 울었습니다.

고3인 그녀의 엄마는 그녀가 임신을 했다는 사실을 알았을 때 두려움과 극심한 스트레스를 받았을 것입니다. 처음에는 임신 사실을 숨기다가 낙태를 할 수 없는 상태까지 가서 결국에는 은진이 자매를 낳았지만 그녀는 엄마를 언니라고 부르며 성장해야 했습니다.

엄마의 고통이 자기 때문이라고 생각한 은진이 자매는 성장해 오면서 자신의 필요를 누구에게도 부탁 하거나 요구하지 않았습니다. 엄마의 인생을 자신이 대신 살아야 한다는 중압감과 자신의 존재를 증명하려면 아주 특별한 사람이 되어야 한다고 믿었습니다. 그래서 그녀는 무슨 일을 하든지 완벽하게 일을 하려고 하였습니다. 그러나 그럴수록 그녀는 허탈했고 죽고 싶은 유혹을 받곤 하였던 것입니다.

은진이 자매처럼 삶에 큰 흉터를 남긴 상처들을 다시 기억한다는 것은 정말 고통스러운 일일 수 있습니다. 그러나 그런 고통이 없이는 치유가 일어나지 않습니다. 이런 과정은 손바닥에 박힌 가시나 유리조각을 빼내는 작업과 같습니다. 손바닥에 박힌 가시나 유리조각을 빼낼 때 아픔과 고통이 있지만, 그러나 그것을 빼내지 않으면 손을 쓰는데 많은 장애를 받게 됩니다.

마찬가지로 정상적으로 처리되지 않은 나쁜 기억과 상처들은 우리들의 성격과 감정을 불구로 만들어 놓습니다. 낮은 자존감, 분노, 우울증, 수치심, 각종 중독, 자살충동, 결단력 부족, 표현력 부족, 친밀감 부족, 죄의식, 두려움 같은 이 모든 감정들은 치유되지 않은 상처의 쓰레기입니다. 이런 악취 나는 쓰레기를 치우기 위해서는 과감히 청소도구들을 들어야 합니다. 그 첫 단계가 바로 그 때의 아팠던 기억을 떠올리는 것입니다.

당시에 받았던 감정을 느끼고 표현하라.

상처를 받은 그 상황을 떠올리면서 그 때에 당신이 받았던 슬픔과 아픔, 그리고 절망감과 수치심을 다시 느껴보십시오. 마치 흑백영화를 상영하는 극장에 앉아 있다고 상상하십시오. 영화의 제목은 〈과거의 상처〉입니다.

마음속으로 천천히 '과거의 상처'라고 제목을 읽어보십시오. 영화 속에서는 당신이 어렸을 때 받았던 상처와 고통을 재연하고 있습니다. 그 영화를 그 당시의 어린 당신이 보고 있습니다. 어른인 당신은 그 영화를 보고 있는 어린 당신을 좌석의 7줄 뒤에서 보고 있습니다. 이때 당신의 감정은 어떻습니까?

그 감정을 억압하지 마시고 그대로 밖으로 표출하십시오. 화가 나면 화를 내도 좋고 슬프면 울어도 좋습니다. 자신의 감정을 표출하는 행위는 그 자체만으로도 내면에 깊이 자리 잡고 있던 묵은 상처를 치유하는 기능이 있다고 합니다.

그래서 면도날 같은 기억도 외부로 표출되는 순간 종잇장처럼 부드럽게 변하는 것입니다. 그래서 상처를 받았을 때는 애도과정(grief process)이 필요한 것입니다.

어떤 목사는 사랑하는 사람이 죽었는데도 '울면 천국을 믿지 못하는 불신앙이다.'라고 주장하며 눈물을 흘리지 못하게 하는 분이 있습니다. 그러나 이것은 성경을 잘못 이해하고 있는 무식한 소치입니다. 성경을 보면 하나님은 애곡하는 법과 애가를 자녀들에게 가르치라고 말씀하고 있습니다

부녀들이여 여호와의 말씀을 들으라. 너희 귀에 그 입의 말씀을 받으라 너희 딸들에게 애곡을 가르치며 각기 이웃에게 애가를 가르치라. (렘 9:20)

눈물에 대해서 연구한 결과, 양파를 썰 때 나오는 눈물과 달리, 감정이 작용해서 흘리는 눈물 속에는 체내에 있던 독소들이 다량으로 검출된다고 합니다. 마음 놓고 울어서 마음속에 있는 독소를 다 몸 밖으로 배출하여야 합니다.

인생에서 소중한 것을 잃어버렸을 때, 눈물을 흘리고 애통하는 시간을 가짐으로써 우리는 추억을 과거로 떠나보내고 미래를 향해 새로운 출발을 할 수 있는 법입니다. 그래서 하나님은 슬픔을 충분히 애도할 수 있도록 배려하셨던 것입니다.

슬프면 한바탕 속 시원하게 울어도 좋습니다. 그렇게 울고

나면 상처로 인한 분노, 아픔, 슬픔, 절망감 등이 걷히면서 마음이 차분해지고 현실을 있는 그대로 받아들이는 용기와 평안이 생기는 것입니다. 아리스토텔레스는 그의 저서 〈시학〉에서 그런 현상을 '카타르시스'라고 설명했습니다.

 감정을 표현하면 마음뿐 아니라 몸의 질병도 치유된다는 연구결과도 있습니다. 정신분석학자인 빅터 프랭클은 유대인으로서 나치의 포로수용소에서 지옥 같은 고통을 이기고 살아남은 사람입니다. 그는 후에 그의 경험을 담은 〈죽음의 수용소에서〉라는 책을 썼는데, 그는 이 책에서 다음과 같이 말하고 있습니다.

"울음을 부끄러워할 필요는 없다. 눈물은 한 사람의 가장 위대한 용기, 고통을 참고 견딜 수 있는 용기가 있음을 입증하기 때문이다. 나의 동료 가운데 한 사람도 눈물을 흘렸다고 고백했다. 그는 한때 부종에 시달리고 있었는데 어느 순간 부종의 고통에서 벗어나 있었다. 나는 그에게 어떻게 부종을 이겨냈는지 물었다. 그는 내게 '실컷 울어서 부종을 몸 밖으로 내보냈다네.'라고 말했다. "

당신에게 상처를 준 사람에게 이야기한다.

 당신이 받은 상처를 기억하고 충분히 아파하고 슬퍼하였다면, 이번에는 당신에게 상처를 준 사람에게 다음과 같이 감정을 표현하십시오.

"왜 나에게 그렇게 했어요? 그것 때문에 내가 얼마나 힘들고 괴로웠는지 아세요?"

"왜, 그렇게 나를 무시하고 학대했나요? 그것 때문에 내가 얼마나 죽고 싶었는지 아세요? 지금도 나는 그 후유증으로 고통을 받고 있다고요!"

이때 당신에게 상처를 준 사람들이 그 자리에 있는 것처럼 크게 말하면 더 큰 도움이 됩니다. 그들에게 당신이 느낀 것과 그들이 당신에게 했던 것에 대해서 속 시원하게 말하십시오.

말하는 것이 어색하면 편지를 쓰는 것도 좋습니다. 당신이 그때 얼마나 절망적이고 슬펐는지, 얼마나 죽고 싶고 고통스러웠는지, 마음이 찢어지도록 아팠는지, 그 모든 감정들을 편지로 쓰십시오. 그리고 사랑받고 싶어 했던 마음과 서운함, 미련, 그리고 그리움까지도 문맥이나 문법에 상관없이 하루 종일 편지에 집착하며 써 보십시오.

편지는 당분간 간직하거나, 추억의 장소나 부모님의 묘에 묻어도 좋습니다. 아니면 불태워서 허공에 훨훨 날려 보내도 좋습니다. 그들을 용서하는 마음과 함께 영원히 날려 보내십시오.

그 사건에 함께 있었던 예수님을 찾아보라.

〈과거의 상처〉라는 흑백영화 속으로 다시 들어갑시다. 이번에는 그 사건의 현장에 계신 예수님을 보아야 합니다. 주님은 '내가 너희와 항상 함께 있으리라'고 약속하셨기 때문에 그 때에도 주님은 분명 당신과 함께 계셨을 것입니다. 숨겨진 오래된 상처를 치유받기 위해서는 옛날의 그 사건의 현장에서 예수님을 만나고 예수님의 음성을 듣고, 예수님의 사랑을 확인해야 합니다. 그래야 상흔이 사라지고 고통을 제거할 수 있습니다.

주님은 당신이 겪은 상처를 재조명하시고 새로운 시각으로 바라볼 수 있도록 도와주십니다. 사건 현장에 계신 예수님을 보고, 그 분의 위로하는 음성을 듣고, 그 분의 사랑을 확인할 때에 온전한 치유가 이루어집니다.

눈을 뜨고 예수님이 보이지 않으면 눈을 감으십시오. 그리고 마음을 편안하게 하시고 몇 번 숨을 천천히 들이마셨다가 천천히 내뱉으십시오.

자, 이제 과거의 장면을 떠 올리십시오. 상처를 받아서 울고 있는 당신에게 예수님이 걸어가시는 모습을 믿음의 눈으로 보십시오. 주님은 어느새 당신 옆에 오셨습니다. 주님께서 당신의 어깨에 손을 얹으십니다. 따뜻함이 느껴집니다. 부끄러워하는 당신에게 주님이 다시 말씀하십니다.

"애야, 너를 안아도 괜찮겠니?"

"네."

당신은 모기 소리 만하게 대답을 하면서 고개를 끄떡입니다. 예수님이 넓고 따뜻하고 포근한 품으로 당신을 꼭 끌어 안는 기분을 느끼십시오. 당신의 눈에서는 자신도 모르게 눈물이 흐릅니다. 예수님의 따뜻하고 사랑이 풍성한 음성이 당신의 가슴을 적십니다.

"얘야, 힘들어하는구나. 그 동안 많이 아팠지? 이제 울지 말거라. 내가 언제든지 너를 버리지 않고 함께 있으마. 괜찮다. 내가 내 십자가 보혈로 너의 모든 죄를 씻어주고, 연약한 것은 강하게 해주고, 없는 것은 나의 풍성함으로 채워주마. 나는 네가 자랑스럽단다. 내게 너무나 소중한 존재이기 때문이지. 나는 네 이름만 불러도, 네 얼굴만 생각해도 기쁨이 넘친단다. 힘들면 언제든지 나를 부르렴. 그러면 내가 바로 너에게로 달려올게."

예수님의 음성을 듣자, 당신의 마음에 사무치던 서러움, 억울함, 분노, 미움, 복수심, 증오의 눈덩어리가 싹 녹아서 사라지는 느낌을 받습니다. 그래도 사라지지 않는 의문이 있으면 예수님께 다시 질문해 보십시오.

"예수님, 왜 그렇게 내가 상처를 받아야만 했나요?"

"예수님, 그 사람이 왜 나를 그토록 미워했나요?"

"예수님, 왜 그 사람과 관계가 그렇게 나빠졌는지 가르쳐 주세요."

당신의 질문에 예수님이 말씀하시는 것을 들으십시오. 아직 예수님의 음성이 들리지 않는다면 그것은 훈련이 안 되었기 때문입니다. 나는 이런 분들을 도울 목적으로 〈하나님 음성 확실히 듣는 법〉을 저술하였습니다. 참고하시면 많은 도움을 얻을 수 있을 것입니다.

아직 하나님의 음성을 듣는 법을 모른다면 나중에 차츰 훈련을 하시고, 지금은 주님께서 당신에게 다음과 같이 말씀하시고 있음을 받아들이십시오.

"그것은 네가 나쁘거나 잘못되어서 그런 것이 아니란다. 너를 소홀히 대하고 무례히 대한 것은 그들의 잘못이란다. 그들이 사랑하는 방법을 모르고 사랑을 주는 법을 모르기 때문이고, 자유의지를 죄를 짓는데 사용해서란다. 너는 어리고 힘이 없어서 그냥 당한 것이란다. 그러나 네가 그런 대우를 받았다고 너의 가치나 존재가 떨어지거나 더럽혀 진 것은 아니란다. 너는 여전히 소중한 존재이며 존귀하며 순결하단다. 다른 사람이 말하는 비난의 소리에 기죽을 필요가 없다. 내가 말하는 것이 진리이기 때문이지. 애야, 너의 상처에 나의 십자가의 보혈을 발라 줄게. 완전하고 깨끗하게 나을 수 있도록 말이야."

예수님이 당신의 마음과 몸에 보혈을 발라주는 것을 느끼며 당신은 감격하여 눈물을 흘립니다. 보혈의 능력이 느껴지자, 모든 죄악이 순식간에 씻기고, 모든 상처가 낫고, 순결해지고 정결해진 것이 느껴집니다. 당신은 그 감격을 예수님의 품에 안겨서 한참을 느낍니다.

당신의 마음속으로 예수님의 사랑과 용서와 은혜가 충만하게 가득 차는 것을 느낍니다. 이제 충만하다는 생각이 들자 당신은 예수님을 안았던 팔을 풉니다. 예수님도 당신을 안았던 팔을 풀면서 당신을 사랑스럽게 봅니다.

오랫동안 교제하던 애인과 작별을 하듯이 예수님은 당신과 작별 인사를 하고 당신에게서 멀어지고 있습니다. 그러나 당신은 조금도 섭섭하거나 아쉬움을 느끼지 않습니다. 왜냐하면 주님은 언제든지 당신이 원하면 다시 오신다는 것을 당신이 알기 때문입니다.

예수님의 음성을 듣기 전과 듣고 난 후의 당신의 가치가 어떻게 느껴집니까? 아까와는 전혀 다른 존재가 된 느낌일 것입니다. 그럼 마음의 상처가 치유되었다는 증거입니다. 한 번 확인해 볼 겸, 옛날의 극장으로 다시 가 봅시다. 이번에는 총천연색 화면으로 〈과거의 상처〉의 장면들을 보십시오. 예전의 상처받아서 울고 있는 당신을 다시 보십시오. 아까 느꼈던 아픔과 고통이 느껴지지 않으면 당신의 상처는 치유 받은 것입니다. 그런데 여전히 아프고 고통스럽다면 아직 상처가 치유되지 않은 것입니다. 만일 예수님의 격려의 음성을 듣지 못했다면 다시 처음부터 시작하십시오. 몇 번 시도해 보면 성령님께서 도와주셔서 주님의 음성을 듣게 될 것입니다.

위의 예수님의 말씀을 당신이 신뢰하는 사람에게 부탁을 해서 낭독해 달라고 해서 몇 번이고 마음에 평화가 올 때까지 반복하십시오. 도와 줄 사람이 없으면 녹음기에 녹음을 해서 실시해도 동일한 효과를 볼 수 있을 것입니다.

명심하십시오. 당신은 용서를 받았고, 새로운 피조물이며, 저주에서 해방된 자유인이며, 하나님의 자녀이며, 왕의 후손입니다. 이제 그렇게 행동을 해야 합니다. 기쁘면 또 울어도 됩니다.

말씀으로 자신을 축복하라.

믿음을 갖는다는 것은 거의 대부분 의지의 문제이며 의지로 행하는 결단입니다. 신자들의 삶은 '이해하기 때문에 믿는다.'가 아니라 '믿기 때문에 이해한다.'는 진리를 실천하며 사는 사람들입니다. 그러므로 내적 치유를 위한 기도는 다음과 같이 끝내는 것이 좋습니다.

"예수님, 저는 주님이 저의 상처를 치유하시도록 결정했으며, 이제는 치유되었음을 선포합니다. 지금부터는 옛날의 상처가 저의 감정, 태도, 행동에 부정적인 영향을 미치지 못할 것입니다. 저를 용납해 주시고 치유해 주신 주님께 감사드립니다. 그리고 성령님, 저의 상처가 있었던 곳을 성령님의 충만함으로 채워주십시오. 예수님 이름으로 기도드렸습니다. 아멘."

이런 기도를 드릴 때, 많은 사람들이 성령님의 임재를 다양하게 느낍니다. 보통 마음에 표현할 수 없는 기쁨과 평화가 느껴집니다.

어떤 사람은 마음에 억눌림이 사라지고 편안한 마음이 드는 경우도 있고, 어떤 사람은 몸에 강한 전류가 흐르는 것과도 같은 체험을 하거나, 몸이 공중에 부양되는 것 같은 기분을 느끼는 사람도 있습니다. 그 외에 바람을 느끼거나 몸이 뜨거워지는 증상을 느끼기도 합니다. 간혹 어떤 사람은 술 취한 것 같은 기분을 느끼는 경우도 있고, 어떤 분은 어지러움을 호소하기도 합니다.

이 모든 증상들이 성령님께서 우리 몸속에 거주하시고 계시다는 증거입니다.

마지막으로 상처받았던 마음에 하나님의 사랑으로 채우고, 말씀으로 자신을 축복하여야 합니다. 자신을 축복할 때 성경구절을 사용하면 효과적입니다. 시편 23편, 민수기 6장 24-26절, 시편 103편 3-5절 등과 같은 말씀을 인용하면 도움이 될 것입니다.

이때에 '너', '네가' 라는 말에 자신의 이름으로 넣어서 기도하면 더 효과적입니다. 민수기 6장 24-26절을 인용하며 축복하는 방법은 다음과 같습니다.

"여호와는 ○○○에게 복을 주시고 ○○○를 지키시기를 원하며 여호와는 그 얼굴로 ○○○에게 비취사 은혜 베푸시기를 원하며 여호와는 그 얼굴을 ○○○에게로 향하여 드사 평강주시기를 원하노라"

성경말씀을 인용하든지 아니면 자신에게 맞는 기도를 만들어서 축복기도를 하십시오. 그러면 내적인 상처의 치유뿐만 아니라 영적인 충만함을 경험하게 될 것입니다.

물론, 내적 치유를 받았다고 모든 문제가 하루아침에 해결되고, 사람이 180도 변하는 것은 아닙니다. 스스로 새 사람이 되려고 노력하는 용기와 인내의 시간을 견뎌야 합니다.

낡은 버릇과 습관을 버리고 주님을 닮아가는 삶의 방법들을 습득해나가고, 예전의 자기를 버리고 새로운 자기를 만들어가는 노력을 몸에 밸 때까지 반복하여야 합니다. 이런 훈련의 과정을 잘 거치면 당신은 하나님의 형상인 왕의 모습을 회복할 것입니다. 정말 멋진 남편, 멋진 아내, 훌륭한 부모가 될 것입니다.

변화된 당신을 환영하며 주님의 이름으로 축복합니다.

04

동반의존성(Introduction)의 치유

하나님은 사람들이 서로 의존하는 존재로 만들었습니다. 아담 혼자 있는 모습이 보시기에 좋지 않았다고 하였습니다. 그래서 아담을 돕는 하와를 만들었던 것입니다.

부부는 서로 돕고 의지하도록 만들었습니다. 그러나 병리적인 의존성을 갖는 것은 중독과 같은 해를 가지고 옵니다. 중독은 속박이며 우상숭배와 같은 결과를 가져옵니다. 우상숭배라 함은 오직 하나님만이 채울 수 있는 공간을 사람에게 집착하여 채우려고 하는 것입니다. 인간의 본질적인 공허함은 오직 하나님만이 채울 수 있는 공간입니다.

성경에서 사랑을 가장 잘 나타낸 곳은 고린도 전서 13장입니다. 이곳에서 표현 된 사랑은 성숙된 사랑입니다. 그러나 동반의존성의 질병을 가지고 있는 사람의 사랑은 '빗나간 사랑'입니다. 그 이유는 자신의 내면의 깊은 공허함을 채우기 위한 집착으로 상대를 의지하기 때문입니다. 그것은 정체성의 혼란과 위기 상태를 나타내는 것에 불과합니다.

'가족질병'으로 불려지기도 하는 동반의존성 또는 사람중독(people addiction)은 오늘날 엄청나게 만연해 있는 장애입니다. 동반의존성에 걸린 사람은 상대에게 존중받지 못하면서 그 사람의 조종과 통제를 받습니다. 그 또한 상대를 존중하지 않으면서 통제하고 조종하려고 애를 씁니다. 그러다가 필요가 채워지지 않으면 상대를 경멸하거나 애증의 관계로 이어집니다.

동반의존성(사람의존성)의 특징은 다음과 같습니다. 다음 중 내 자신에게 일반적으로 해당된다고 생각되는 항목에 ☑표를 하십시오.

☐ 극단적인 기분과 행동이 번갈아 나타난다.
☐ 타인에 대한 강박적, 충동적 의존성이 있다.
☐ 다른 사람들을 조종하거나 그들의 생활방식을 통제하는 경향이 있다.
☐ 변화될 수 없는 것들에 대해서 지나치게 염려와 좌절을 한다.
☐ 자신의 행복이 다른 사람들에 의해 결정된다고 생각한다.
☐ 타인에 대한 지나친 책임감을 가지고 있다.

□ 자신의 건강과 복지를 돌보지 않는다.

□ 의존성, 애정결핍, 낮은 자존감, 고통, 분노, 등을 부인 한다.

□ 누군가를 돌봄으로써 내가 쓸모 있다는 느낌을 가지곤 한다.

□ 다른 사람들이 나에 대해서 어떻게 생각하는지에 신경을 많이 쓰는 편이다.

□ 자주 육체적으로 아프거나 고통을 느낀다.

□ 자신의 삶을 변화시킬 힘이 없다고 느낀다.

□ 내게 유익하지 않은 관계를 유지한다.

□ 결단력이 없이 우유부단하다.

□ 억압된 분노를 가지고 있다.

□ 싫어하는 것도 '괜찮아요.'라고 말하며 자기 경계선이 불분명하다.

□ 자신의 행동에 대해 후회하면서도 그 행동을 반복한다.

□ 다른 사람과 친밀한 관계를 형성하는데 어려움이 있다.

□ 성적인 만족을 느끼지 못한다.

□ 자신과 상대에 대해 비현실적인 기대를 가진다.

0~5개   : 원만하고 행복한 사람입니다.

6~10개 : 자신을 잃어버리고 약한 정도의 동반의존성을 보이고 있습니다.

11~15개 : 당신은 자신의 감정을 회피하기 위해 다른 사람의 문제나 관심사에 초점을 맞추는 병적인 사람의존성을 가지고 있는 상태입니다.

16~20개 : 당신은 중독증이나 충동증세를 가지고 있는 사람에게 중독되어있는 심각한 상태입니다.

위의 테스트결과, 당신이 동반의존성에 중독 되어있다고 판명되면 당장 그 관계를 끝내는 것이 좋습니다. 그러나 당신이 결혼한 상태라면 결혼생활을 지키는 것이 최우선이기 때문에 이혼보다는 건강한 자아분화를 통해서 동반의존성에서 빠져나와야 합니다.

동반의존성을 치유하지 않은 상태에서 결혼을 수없이 반복한다고 해도 똑 같은 배우자를 만나게 됩니다. 그러므로 이혼보다는 치유가 해답입니다. 동반의존성에서 빠져나오려면 다음의 규칙을 지키는 것이 좋습니다.

강한 애착심(愛着心)을 버려라.

중독은 강한 애착(attaching)으로 인해 발생합니다. '애착'이라는 단어는 '못 박다.'라는 프랑스어에서 파생되었다고 합니다. 당신이 어떤 배우자에게 중독되어 있다면 그것은 그 사람에게 '못 박혀' 있는 것입니다. 하나님은 부부가 한 몸이 되라고 하셨지만, 자신의 본질을 상실하라고 하지는 않았습니다.

배우자에게 강한 애착을 가지고 있는 사람은 배우자의 사소한 행동 하나에도 근심하고 걱정하며 금방 감정적인 반응

316

을 보입니다. 또한 동반의존자는 자신에게 중독된 배우자가 행복해 하면 자기가 중요한 사람이라고 생각하고, 그렇지 않으면 무가치한 사람이라고 생각합니다. 자신의 안녕이 배우자의 안녕에 단단히 못 박혀 있기 때문입니다.

그는 배우자를 돌보며, 그를 대신해 여러 가지 결정을 내려줍니다. 그래서 배우자가 스스로 자기 행동에 책임지는 것을 여러모로 제한합니다. 그러면서 배우자가 계속해서 중독 안에 머물게 하면서 자신은 배우자를 위해서 최선을 다한다고 생각합니다.

이런 중독적인 관계를 치유하려면 먼저 못을 뽑고 분리의 과정을 밟아야 합니다. 자신을 발견하고 배우자를 놓아주는 감정적인 분리가 필요합니다. 그러면 두 사람 모두 서로에게서 자유하게 되어 건전한 결혼생활을 유지할 수가 있습니다.

배우자를 지배하겠다는 욕심을 버려라.

천성적으로 남을 돌보기 좋아하는 사람이라면 더욱 더 배우자를 지배하겠다는 욕심을 버려야 합니다. 이런 사람들은 자신의 정체성을 배우자가 자기를 필요로 한다는 사실에서 찾기 때문입니다. 배우자가 아무리 자기 때문에 변화되더라도 그를 지배하겠다는 욕심은 버려야 하는 것입니다.

배우자의 일거수일투족을 통제하는 한, 그는 영원히 자기 인생을 책임질 수 없게 됩니다. 쉽게 말해서 어린아이 상태로 머무는 것입니다. 그러므로 배우자를 지배하고 싶은 마음이 들어도, 그것을 자제하는 것이 두 사람 모두에게 좋습니다.

진정으로 배우자를 돕는 방법은 좋은 선택을 하도록 돕는 것이지, 선택해 주는 것이 아닙니다. 성숙된 변화를 위해서 다음의 규칙을 지키겠다고 결심하십시오.

- 배우자에게 관심은 갖겠지만, 그를 어린아이처럼 돌보지는 않겠다.
- 겸손하되 자기비하는 하지 않겠다.
- 절대로 잔소리는 하지 않겠다.
- 헌신은 하되 건강한 경계선은 지키겠다.
- 내 의견을 무시한다고 화내지 않겠다.

양보하지 말아야 할 것은 끝까지 지켜라.

살다보면 피치 못해서 싸울 경우가 있습니다. 지금 집에 쌀이 떨어졌는데 쌀을 살 돈으로 꽃을 산다거나, 극장에 가서 영화를 본다면 당신은 어떻게 하겠습니까? 이럴 때는 가정을 지키기 위해서 이해하고 양보하는 해서는 안됩니다. 분명히 따지고 넘어가야지요.

자신의 정체성을 발견하라.

정체성의 기본은 '안정'과 '중요함'입니다. 이 두 가지가 흔들리면 삶 전체가 흔들립니다. 사람들이 배우자에게서 이 두 가지를 발견하려고 하는 것은 지극히 당연한 일입니다. 배우자가 변심하지 않고 끝까지 나를 사랑해 주리라는 믿음은 감정적으로 커다란 안정감을 줍니다.

그런데 중독적인 관계에서 벗어나려면 배우자와 상관없이 스스로 안정감과 중요함을 발견하는 것이 중요합니다. 대부분의 부부는 결혼 속에서 안정감과 중요함을 발견할 수 있습니다.

이것은 아주 어려운 질문이지만, 그러나 반드시 해야만 하는 질문입니다. '나는 누구인가?'와 같은 기본적인 질문들에 당신은 스스로 존귀한 존재임을 발견해야 합니다. 그러면 배우자에 대한 건강하지 못한 의존을 많이 거둘 수 있을 것입니다.

자신을 보호하기 위해 경계선을 설정하라.

경계선이란 한계를 말합니다. 그것은 자신의 땅이 어디서 시작되고 끝나는지 규정짓고, 다른 사람들의 땅과 구별 짓기 위해 자신의 집 주위에 설치한 담과 같습니다.

당신이 역기능가정 출신이라면 성장할 때, 개인적인 경계선이 자주 침해를 받았을 것입니다.

목욕을 하고 있는데 갑자기 부모님이 문을 열고 들어오거나, 허락도 없이 당신의 서랍이나 일기를 몰래 읽는 일, 등등을 경험하였을 것입니다.

이런 일들을 부모들은 자신들의 '권리'라고 생각하면 안 됩니다. 이런 행동들은 명백한 경계선 침범입니다.

어릴 때부터 경계선을 침범 당한 사람은 성인이 되어서도 적절한 경계선을 설정하지 못합니다. 그래서 배우자나 다른 사람들이 함부로 대하거나 무리한 부탁을 해도 거절을 하지 못하고 그것 때문에 힘들어 하게 됩니다.

어떤 사람들은 그런 행동이 기독교적인 사랑이요, 희생이라고 칭송합니다. 그러나 그것은 그런 행위들과는 틀립니다. 희생적인 사랑은 희생을 해도 기쁨이 있습니다. 그리고 자원하는 마음이 있습니다. 진정한 사랑은 절제가 있으며 상대로 하여금 성숙하게 만듭니다.

이제부터는 누구라도 무례히 대하는 것을 방치하면 안 됩니다. 배우자가 무례하게 대하면 부드러우면서도 단호하게 다음과 같이 말하십시오.

"당신이 그런 식으로 말을 하고 행동을 하면 내 마음이 너무 아픕니다. 그런 식으로 나를 대하지 않았으면 좋겠어요. 그래야 나도 당신을 존경할 수 있습니다."

자신의 일을 가져라.

당신이 아직 직업이 없다면 당신이 할 수 있는 직업을 가지십시오. 직업은 자기가 중요한 사람이라는 의식을 갖게 해줍니다. 자신의 적성에 맞는 직업을 찾는 것이 좋습니다. 전업주부가 적성에 맞는다면 자신의 개성을 마음껏 발휘할 수 있는 취미생활도 좋습니다. 교회에 봉사를 하던지, 아니면 이웃돕기도 좋습니다.

당신이 자신을 찾는 행동을 하면 동반의존성에 길들여진 배우자는 불안하게 생각하며 반대할 수도 있습니다. 흔히 한쪽이 정체성을 확립하고 자기만의 활동을 추구하려고 하면 위협을 느끼기 때문입니다. 그러나 상대방 눈치 보느라 예전 상태로 돌아가서는 안 됩니다. 당신은 결혼 밖에서도 중요한 사람이라는 것을 깨달아야 합니다.

그리고 신앙 좋은 친구들을 사귀십시오. 신실한 친구들은 어려운 고비를 만날 때 격려를 해 줍니다. 욥기에 나온 친구들은 아주 극단적인 예일 뿐입니다. 당신이 어리석은 판단을 하거나 계획을 세울 때, 친구들은 당신에게 좋은 충고를 해 주기도 하고 기도를 해주기도 할 것입니다.

자기 분화(Self - differentiation)를 하라.

잘못된 동반의존성에서 치유를 받으려면, 정서적으로 건강한 상태인 자아분화를 해야 합니다. 분화(分化 differetiation)란 가족 구성원이 자기 주변의 연대에 대한 압력으로부터 분리되어 자신의 인생의 목표와 가치를 정의 내릴 수 있는 능력을 의미합니다.

하나님은 인간에게 자유의지와 함께 자기분화의 능력을 주셨습니다. 정상적인 가정의 자녀들은 2세부터 자기분화가 시작되고, 유년기를 지나 청소년기에는 급속도로 가속됩니다.

세 살짜리 어린아이가 '싫어!'라고 외치는 것은 반항이 아니라 자의식의 주장을 하는 것입니다. 그런데 부모노릇이 서툰 사람들은 이런 아이의 반응을 이해하지 못하고 아이의 나쁜 버릇을 고쳐준다고 뺨을 때리며 '그럼, 못써!'하며 야단을 칩니다. 이런 행동은 아이의 마음에 분노를 심는 행위이며 아이의 자의식을 억누르고 건전한 자기분화를 깨트리는 원인이 됩니다.

아이의 그런 표현은 '나야.'(I am)라는 자기 존재의 표현인 것입니다. 아이는 '스스로 있는 자'(I AM)인 예수님의 형상으로 지음 받았기 때문에, 그것에 부응하는 적절한 선언을 하고 있을 뿐입니다.

정상적인 가정의 부모들은 아이의 이런 발달단계를 잘 이해합니다. 그러나 역기능 가정의 부모들은 아이가 독립하는 것을 용납하지 못합니다.

그런 통제를 받고 자란 아이는 합리적으로 사고할 수 없으며 타인을 통제하려고 합니다. 또한 건강한 경계선을 가지고 있지 못하며 자신의 정체감을 느끼지 못하기 때문에 다

른 사람에게 이용당하거나 학대당하는 것을 당연시 여기
게 됩니다.

　이스라엘 민족들은 오랜 세월동안 노예생활 때문에 자신
들의 정체성을 잃어버리고, 자신들이 선택받은 선민이라는
사실도 잃어버리고 자신들을 '메뚜기'처럼 하찮게 생각하게
되었던 것입니다.
　그들은 하나님께 구름기둥, 불기둥으로 인도함을 받으면서
도 자꾸만 뒤를 돌아보며 노예생활을 그리워하였던 것입니
다. 이런 현상은 자기분화가 안 되어서 변화에 대한 두려움
을 느끼기 때문입니다.
　모세가 유대인들을 이집트에서 데리고 나올 때 모두가 따
라 나오지는 않았다고 합니다. 대니얼 고틀립이 쓴 〈마음에
게 말걸기〉에 보면 약 20%의 백성만이 모세를 따라서 탈출
하였다고 합니다. 나머지 80%는 그냥 노예생활에 머물었던
것입니다. 참으로 답답한 일이지만 그들은 변화에 대한 두
려움 때문에 움직이지 못했던 셈이지요.

　당신은 언제까지 노예생활에 안주하고 있으려고 하십니
까? 이제 당신의 발목을 붙들고 있는 쇠사슬을 끊으십시오.
담대히 애급을 탈출하여 자기분화를 선포하십시오.
　다른 사람들이 '당신은 ∼' 또는 '우리는 ∼'과 같이 요구하

는 말을 하더라도 '나는 ~'으로 시작되는 말을 하는 사람이 되십시오. 당신의 감정에 솔직히 'Yes'와 'No'를 분명히 말하십시오. 그래야 다른 사람들에게 지배받거나 조정당하지 않습니다. 물론 부부의 일체감을 나타낼 때에는 '우리는'이라는 말을 써야 하겠지요.

자아가 분화된 사람은 다른 사람에게 지나치게 권력을 행사하지 않고, 자신의 생각과 감정이 분명하고 균형 잡힌 사람을 말합니다. 그들은 생각과 감정을 구별할 수 있으며 감정에 끌려 다니지 않습니다. 그들은 다른 사람에게 자신이 흡수되거나 버림받을까 봐 두려워하지 않고 자유롭게 상대방과 교류할 수 있습니다.

또한 그들은 의존적이지도 않고 독립적이지도 않고 조화를 이룹니다. 그들은 상호의존적이라고 할 수 있습니다. 분명한 자아 정체감을 가지고 있는 사람들인 것입니다. 많은 사람들이 탈진하는 이유는 바로 이런 자아 분화가 제대로 되어 있지 않기 때문입니다. 자아 분화가 잘 된 사람의 특징은 다음과 같습니다.

- 목표를 추구하면서도 관계를 잘 유지한다.
- 상호의존적이다.
- 그리스도인으로서의 정체성(신분)을 이해한다.
- 건강한 경계선을 유지한다.

- 자신의 힘으로 스스로 설 수 있다.
- 비난 게임을 하지 않는다.
- 다른 사람들의 말이나 행동에 부당하게 영향 받지 않는다.
- 죄책감이나 적개심으로부터 자유롭다.
- 언제든지 '예' 또는 '아니오'라고 말할 수 있다.
- 비합리적인 사고를 처리할 수 있다.
- 생각과 느낌을 구분할 수 있다.
- 감정에 지배받지 않으면서도 감정을 있는 그대로 느낄 수 있다.
- 자신의 필요를 정확하게 알고 어떻게 채울지 안다.
- 진지함과 건강한 유머가 균형 잡혀 있다.
- 자신의 실제적이고 진정한 모습을 드러낸다.
- 핍박자, 희생자, 구출자의 역할을 떠맡지 않는다.
- 자아 분화가 잘 되지 않은 사람들에게 위협적으로 느껴진다.
- 필요 이상으로 남을 기쁘게 하려고 하지 않는다.
- 쌍방이 즐거워하지 않는 일에 대해서는 시간제한을 정한다.
- 필요할 때 적극적인 지지를 상대방에게 요청할 수 있다.

자아분화가 잘 된 사람의 특징을 알았으면 이제 당신이 그렇게 변해야 합니다.

자, 그럼 이제부터 자아분화의 과정을 말씀드리겠습니다.

먼저 자신의 가족배경을 객관적으로 바라보는 것은 중요합니다. 그것은 실제로 일어난 현실을 있는 그대로 바라본다는 의미입니다. 대다수의 사람들은 그들의 어린 시절과 관련된 원 가족 문제를 다루려 할 때 큰 어려움을 느낀다고 합니다. 그들은 실제로 일어난 사실들을 부인하고 상황을 합리화 합니다.

"내 부모님은 그분들 나름대로는 최선을 다 하셨어."

"나는 많이 맞았지만 그건 부모들이 나를 사랑하는 표현이야."

"나는 그래도 다른 사람들보다는 그렇게 심하게 당한 편은 아니야."

그런 합리화 자체가 자기분화가 안 되었다는 증거입니다.

객관적으로 정확하게 원 가족과 현재 가족을 바라보는 것을 두려워하지 마십시오. 그렇다고 해서 '네 부모를 공경하라.'는 계명을 어기는 것이 아닙니다. 우리는 부모님을 객관적, 현실적으로 이해하면서도 부모님들을 존경하고 사랑할 수 있습니다.

다음에는 비합리적인 사고체계를 바꾸어야 합니다. 다음과 같은 생각들입니다.

"나는 항상 잘해야 한다."

"나는 친절하고 특별한 대우를 받아야 한다."

"모든 일들은 내가 원하는 방식대로 되어야 한다."

그러나 이런 태도는 잘못된 태도입니다. 왜냐하면 당신은 사람이기 때문입니다. 사람은 실수를 할 수 있습니다. 사람은 개성이 틀리고, 성향이 다르고, 판단 기준이 다르기 때문에 당신을 좋아하는 사람도 있지만, 싫어하는 사람이 있을 수 있습니다.

모든 일은 당신 뜻대로 되는 것이 아닙니다. 때로는 당신이 원하는 방향과는 반대로 진행될 수도 있습니다. 그래서 우리들은 하나님을 의지하는 것입니다.

그런 다음에는 자기주장을 하는 훈련이 되어야 합니다.

자기주장은 단호하고 적절하게 자신의 감정이나 의견을 표현하는 태도입니다. 이런 태도는 자연스럽게 생겨나는 것이 아니라 배움과 훈련을 통해서만 가능합니다.

자기주장은 성경에서 말하는 '사랑 안에서 진리를 말하는 태도'에 해당됩니다. 자기주장은 자신의 감정에 정직하면서도 다른 사람들이 나를 이용하도록 허용하지 않는 다는 뜻입니다. 자기주장이 확실해야 건강한 경계선이 지켜집니다.

부부는 이 과정에서 머무르지 말고, 서로 고마운 일을 발견하면 고맙다고 표현을 해야 합니다. 그리고 할 수만 있으면 서로의 좋은 점을 많이 칭찬 해야 합니다. 칭찬은 로맨틱한 사랑을 회복하는데 특효입니다.

오늘 당장 배우자의 좋은 점 50가지를 적어서 배우자를 앞혀 놓고 읽어주십시오. 칭찬목록에는 상대의 좋은 점과 좋게 느끼는 태도들을 적으면 됩니다. 다음과 같이 적을 수 있습니다.

"당신의 웃는 모습이 너무 예뻐."

"당신이 나를 어루만질 때 그 촉감이 너무 부드럽고 따뜻해. 꼭 어렸을 적 엄마의 손길 같아."

"나는 당신의 목소리가 너무 좋아요."

"당신같이 생각이 깊은 사람도 드물 거예요."

"당신의 포기하지 않는 적극적인 성격은 정말이지 칭찬할 만해요."

이렇게 기록하다보면 잠간 사이에 50가지가 훌쩍 넘어갈 수도 있습니다. 그러면 스스로 깜짝 놀라겠지요. 이렇게 중얼거리면서 말입니다.

"지금껏 내가 손안에 든 보석을 몰라보고 살았어. 허, 그것 참."

"우리 남편이 이렇게 훌륭한 사람이라니…"

이렇게 서로의 좋은 점을 찾으려 노력하고 시시때때로 칭찬해주다보면, 어느 사이에 낮은 자존감도 치유되고 우울증도 사라지게 되는 것입니다. 그리고 그 가정에는 웃음꽃이 필 것입니다.

웃음소리가 집 밖에까지 들리는 가정에 무슨 부부의 갈등이 있고 다툼이 있겠습니까? 그럴 때 자신 있게 자녀들에게 말해 주십시오.

"애들아, 우리 가정이 곧 천국이란다."

독자 여러분의 가정이 그렇게 변하기를 기도합니다.

서로의 비전을 주님의 사랑 안에서 나누는 부부가 되기를
기도합니다.

행복한 가정을 이루었다는 간증들이 도처에서 넘쳐나기를
기도합니다.

"아멘!"

참고문헌

김연, 〈우울증의 귀인모형에 관한 연구〉 (고려대 심리학과, 1985)

김현성·조성의, 〈매력 남녀〉 (베드로서원, 2007)

강경호, 〈역기능 가정의 성인아이와 상담〉 (서울: 한사랑가족연구소, 2002)

박수웅, 〈우리 사랑할까요?〉 (두란노, 2004)

박윤수, 〈치유상담의 이론과 실제〉 (서울: 경성기획, 1994)

변대원, 〈행복한 가정 만들기〉 (대전, 그리심어소시에이츠, 2010)

손매남, 〈인격장애와 치유상담〉 (서울: 한국상담개발원, 2004)

양유성, 〈이야기 치료〉 (서울: 학지사, 2004)

오한숙희, 〈부부성공시대〉 (서울: 웅진지식하우스, 2007)

원호택, 〈이상심리학〉 (서울: 법문사, 1997)

이근호, 〈가정, 그 선한 싸움의 현장〉 (서울: 홍익사, 1991)

이성훈, 〈내적치유〉 (서울: 예영, 1999)

임종천, 〈하나님의 음성을 확실히 듣는법〉 (서울: 도서출판 가이드포스트, 2009)

임종천, 〈하나님 마음에 합한 부자되는 법〉 (서울: 베드로서원, 2008)

임종천, 〈자기양육〉 (바울출판사, 2008)

장경동, 〈장경동 목사의 느낌이 있는 가정 만들기〉 (요단, 2005)

정태기, 〈내면세계의 치유〉 (서울: 규장, 2004)

조용기, 〈화목한 가정〉 (서울서적, 1984)

조혜정, 〈한국의 여성과 남성〉 (서울: 문학과 지성사, 1988)

추부길, 〈가정 클리닉〉 (예향 출판사, 2003)

홍일권, 〈준비된 결혼이 행복하다〉 (생명의 말씀사, 1999)

Adams, Jay E., Pastoral Counseling (Baker Book House) 정삼지 옮김
〈성공적인 목회상담〉 (기독교문서선교회, 1980)

Adams, Jay E., The Language of Counseling (1981) 황희철 옮김 〈언어와 상담〉 (서울: 생명의 말씀사, 1999)

Adrian Rogers, "Ten Secrets for a Successful Family"(1996)

Alister McGrath & Joanna McGrath, Self-Esteem (Leiceter : IVP, 2001) 윤종석 옮김 〈자존감〉 (서울:IVP, 2003)

Arieti, S. and Bemporad, J. R. ed. Severe and Mild Depression. (New York: Basic Books, 1978)

Bill & Pam Farrel, "Men Are Like Waffles Women Are Like Spaghetti" (2001)

Bruce Litchfield and Nellie Litchfield, "Christian Counselling and Family Therapy - Volume 3" (1992)

Beavers, W. Robert, Successful Marriage. New York: Norton. (1985)

C.E. Vincent, "An Open Letter to the Caught Generation," The Family Coordinator 21, No. pp. 143-150.

Collins, Gary R., Christian Counseling (Waco:Word, 1980) 피현희.이혜련 옮김 〈크리스챤 카운슬링〉 (서울:두란노, 1984)

Crabb, Lawrence J., Understanding People (Grand Rapids: Zondervan, 1987) 윤종석 옮김 〈인간이해와 상담〉 (서울:두란노, 1993)

Clyde M. Narramore, Psychological Problems, 김연 옮김 〈이상심리학 백과사전〉 (서울: 보이스사, 1992)

David Stoop & James Masteller, "Forgiving Our Parents Forgiving Ourselves" 정성준 옮김, 〈부모를 용서하기, 나를 용서하기〉 (서울: 예수전도단, 2001)

Dobson, Theodore., Inner Healing: God's Great Assurance (New York: Paulist Press, 1978)

Daniet Gottlieb, 〈Learning from the Heart〉 노지양 역 〈마음에게 말걸기〉 (문학동네, 2009)

Dr. Emerson Eggerichs, Cracking the Communication Code, 최광수 옮김, 〈부부를 세워가는 대화의 기술〉 (죠이선교회, 2009)

E. Bibring, The Mechanism of Depression (New York : Internatianal Universities Press).

Frenk and Chatherine Fabiano, Healing the Past, Releasing Your Future 정문욱 옮김 〈기억 상자 속의 나〉 (서울: 예수전도단, 2005)

Gary Chapman, "The Five Love Languages" (1995)

Gary T. Smalley, "If Only Knew", 김은철 역, 〈남편이 바라는 아내〉 (진흥,1995)

Gordon Macdonald, "If Those Who Reach Could Touch" (2004)

Margaret Hess, "How Does Your Marriage Grow?" 최수경 옮김, 〈더 즐겁게 사는 부부〉 (나침반사, 1992)

Rick Brown, Imago Relationship Therapy: An Introduction to Theory and Practice, 오제은 역, 〈이마고 부부관계치료〉 (서울, 학지사, 2009)

Hart, Archibald D., Dark Clouds Silver Linings 정동섭 옮김 〈우울증 이렇게 치유할 수 있다〉 (서울: 요단출판사, 2000)

Kendall, Philip C. and Watson David. eds. Anxiety and Depression. (New York: Academic Press, 1989.)

John Bradshaw, Home Coming (Bantam Books, 1990), 오제은 옮김, 〈상처받은 내면아이 치유〉 (서울: 학지사, 2004)

Jill Renich, "To Have and Hold" 안정혜 옮김, 〈멋진 아내, 행복한 남편〉 (서울, 국민일보사, 1985)

J0jn Macarthur, "God's Complementary Roles for Men & Women"(2005)

Larry Crabb, Shattered Dreams (Colorado Springs: Waterbrook Press, 2001) 김창동 옮김 〈좌절된 꿈〉 (서울: 좋은씨앗, 2003)

Lawrence Crabb & Allender, Dan B., The Key to Caring 오현미. 이용복 옮김 〈격려상담〉 (서울: 나침반, 1986)

Lee Francis Nigel, The Origin and Destiny of Man 이승구옮김 〈성경에서 본 인간〉 (서울: 엠마오, 1983)

Mark R. McMinn, Cognitive Therapy Techniques in Christian Counseling (Dallas : Work Publishing, 1991),p. 110

Sandra D. Wilson, Moving Beyond the past 정동섭 옮김 〈상한 마음으로 부터의 자유〉 (서울: 두란노서원, 2005)

Susan M. Johnson, "The Practice of Emotionally Focused Couple Therapy" 박상덕 역, 〈정서중심적 부부치료〉 (서울, 학지사, 2006)

Walter Trobisch, "I Married You" 양은순 역, 〈나는 너와 결혼하였다〉 (서울, 생명의 말씀사, 1973)

Wright, Noman, Making Peace with Your Past 송현복, 백인숙 옮김 〈당신의 과거와 화해하라〉 (서울: 죠이선교회출판부, 1980)

여우사냥

다니엘 최 지음 / 반양장 368쪽 / 각권 13,000원

제1권 조선의 왕비를 제거하라
제2권 원수 찾아 삼만리

이 책은 명성황후 시해사건의 핵심 3인방인 이노우에 가오루, 미우라 고로, 그리고 이토 히로부미의 젊은 시절을 추적함으로써 그들과 이 사건의 연관관계를 파헤친다.

가난이 선물한 행복

다니엘 최 지음 / 368쪽 / 11,000원

이 책은 한국판
〈채털리 부인의 사랑〉이다.

직장에서의 퇴출, 창업, 사업실패, 극빈층으로의 전락… 갑작스런 환경의 변화를 견디지 못한 아내는 급기야 불륜의 늪에 빠지고…

슬픔이 밀려올때

컬크 나일리 지음 / 지인성 옮김 / 240쪽 / 12,000원

슬픔치유의 백과사전!

　이제 막 결혼하여 행복한 가정을 이루며 살아가고 있는 아들과 며느리의 삶을 지켜보는 것은 노 목사 부부의 크나 큰 기쁨이었다. 그러던 어느 날 아들의 갑작스런 죽음은 그들 가정에 엄청난 충격을 몰고 오는데…

모세의코드

제임스 타이먼 지음 / 다니엘 최 옮김 / 208쪽 / 올 컬러 / 12,000원

성공하는 기독교인이 되고 싶은가? 지금 당장 이 책을 읽으라!

　3,500년간 감추어졌던 비밀이 이제 세상에 공개된다. 〈시크릿〉에서 시작된 끌어당김의 법칙은 〈모세의 코드〉로 완성된다.

박정희 다시 태어나다

다니엘 최 지음 / 440쪽 / 13,000원

박정희 대통령과 육영수 여사가 만일 비운에 돌아가시지 않고 천수를 다 하셨다면 대한민국은 과연 어떻게 변했을까? 본격적인 가상 정치, 경제, 군사소설.

굿바이 내 사랑 스프라이트

마크 레빈 지음 / 김소향 옮김 / 고급 양장본 / 260쪽 / 9,500원

몸의 여러 질병에도 불구하고 주인에게 기쁨과 위안을 주려는 스프라이트의 노력, 안락사를 시켜야 할지를 두고 고민하는 가족들의 착잡한 심정, 스프라이트를 떠나보내면서 가족들이 흘리는 눈물, 주위 사람들이 보내주는 위로의 편지들…

바다에 산다

다니엘 최 지금 / 208쪽 / 9,000원

눈에는 눈, 이에는 이.
이제는 복수만이 있을 뿐이다!

2002년의 제2차 연평해전에서 온 몸을 다 바쳐서 조국의 바다를 지켜낸 자랑스러운 우리의 해군 용사들. 아, 우리는 왜 그때 그들을 위해서 눈물을 흘려주지 못했던가…